小学数学估算教学思考与实践

汪永贞◎著

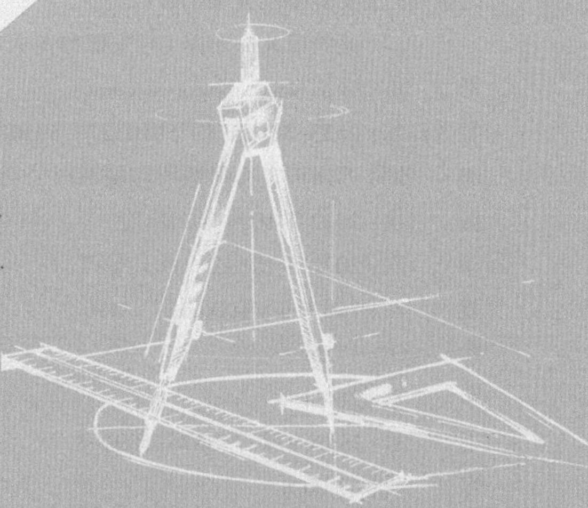

安徽师范大学出版社
ANHUI NORMAL UNIVERSITY PRESS
·芜湖·

图书在版编目(CIP)数据

小学数学估算教学思考与实践 / 汪永贞著 .—芜湖:安徽师范大学出版社,2022.10

ISBN 978-7-5676-5899-8

Ⅰ.①小… Ⅱ.①汪… Ⅲ.①小学数学课—教学研究 Ⅳ.①G623.502

中国版本图书馆CIP数据核字(2022)第181845号

小学数学估算教学思考与实践

XIAOXUE SHUXUE GUSUAN JIAOXUE SIKAO YU SHIJIAN

汪永贞◎著

责任编辑:孔令清　　责任校对:吴毛顺　管健行
装帧设计:张　玲　姚　远　　责任印制:桑国磊
出版发行:安徽师范大学出版社
芜湖市北京东路1号安徽师范大学赭山校区　邮政编码:241000
网　　址:http://www.ahnupress.com/
发 行 部:0553-3883578　5910327　5910310(传真)
印　　刷:苏州市古得堡数码印刷有限公司
版　　次:2022年10月第1版
印　　次:2022年10月第1次印刷
规　　格:700 mm × 1000 mm　1/16
印　　张:17.25
字　　数:260千字
书　　号:ISBN 978-7-5676-5899-8
定　　价:68.00元

目　录

第一章　小学数学估算教学的意义

我们的生活、学习、工作都离不开估算，估算具有重要的应用价值。对于估算意识的培养、估算方法的掌握，要从小学开始，逐步向学生渗透。估算已是学生数学学习和生活中不可或缺的部分，我们不仅要重视口算，加强估算，更要提倡算法的多样化。

那么，到底什么是估算？所谓估算，是指在运算、数量计量、测量以及解决实际问题时不能或不需要精确计算，而进行的大概推断或估计。估算或是为了检验、测量结果的大致范围及准确性，或是为了解决生活中的实际问题。估算通常是在精确计算、测量等前后所采取的计算方法。

一、估算有助于学生形成良好数感

《义务教育数学课程标准（2022年版）》（简称《课程标准》）指出，“数感主要是指对于数与数量、数量关系及运算结果的直观感悟。能够在真实情境中理解数的意义，能用数表示物体的个数或事物的顺序；能在简单的真实情境中进行合理估算，做出合理判断；能初步体会并表达事物蕴含的简单数量规律。数感是形成抽象能力的经验基础。建立数感有助于理解数的意义和数量关系，初步感受数学表达的简洁与精确，增强好奇心，培养学习数学的兴趣。”可见养成良好的估算习惯，有助于学生对运算结果的合理性作出较好的验证与解释。

问题情境：暑假到了，实验小学组织学生参加夏令营活动。参加夏令营活动的有6名辅导员和32名少先队员，每人需要车费、食宿费共245元。请问学校准备了10000元，够吗？

根据题意，此题可以通过精确计算，用总人数38人乘245，即可得出总费用是9310元，可以确定准备10000元足够。但是解决这道题时，利用精确计算有点麻烦，耗费时间，并且对于此道题，不需要计算“还剩下多少钱”，因此可以引导学生尝试观察题中数据，通过估算来快速解决。由于38和245分别接近40和250，所以利用250×40=10000估算出“38×245”的大约结果。在估算的过程中，我们将38、245分别看成比它们大的数，则“38×245”的精确结果必然小于估算值10000。所以这道题利用估算来解决，更加便捷。

回顾上述估算的过程，我们用一些特殊的数进行简便计算，对于估算十分有益。学生根据数据特点，寻求解决问题的方法，对于数、问题、结果等有进一步的感悟，既发展了数学思维，也获得了良好的数感。

二、估算有助于学生提高观察能力

良好的估算习惯是一个日积月累，慢慢形成的过程。学生通过对数的特征、物体量的多少、面积的大小、距离的长短等进行观察，丰富一定的感性认识，并通过感悟，形成一定的理性认识，进而可以对观察对象进行估算和估测，同时增强对周围事物的敏感程度与捕捉信息的能力。

如学校教室门的高度是2米，通过观察门的高度与教室的高度，进行对比和估测，可估计教室的高度大约是3.8米。

再如，图1-1是苏教版小学数学一年级下册第三单元“认识100以内的数”中的内容，引导学生先数一数并圈出10颗星星，再估计一下这幅图中大约有几十颗星星。

5. 每数 10 颗圈一圈，边数边估，大约有几十颗。

图1-1　一年级下册第三单元例2后“想想做做”

学生需要在数一数、圈一圈的基础上，先观察圈出的星星，再估计整幅图中星星的总量。这不仅需要学生有敏锐的观察力，还要求学生具备一定的估计能力。

三、估算有助于学生提高运算能力

运算能力的提高并不是一蹴而就的，学生不仅需要掌握正确的计算方法和运算法则，还需要足够的耐心和细心，更要有检验的意识。特别是对于计算结果是否准确、是否合理，往往可以利用估算加以检视。估算可以快速判断计算结果的合理性，寻找出问题的根源，减少错误。

1.算前估算，确定范围

在笔算教学中，我们要引导学生主动地去估算，产生估算的内在心理需求，从而理解估算的实际意义与价值；同时，不能让估算独立存在，要与口算、笔算融为一体，通过估算来推理分析笔算的结果，让估算成为笔算的有力支架，从而有效地培养学生的估算能力和数感。

问题情境：六一儿童节快到了，光明小学准备举办“六一”文艺汇演，计划购买25套同一种化妆品。每套化妆品的价格分别有以下几种：128元、165元、193元、215元。学校准备了5000元，有几种购买方案？还剩下多少元？

解决这道题的购买方案，我们可以通过估算来快速确定范围，减少不必要的重复计算。我们一起看看教学过程中学生的思考：先判断价格是193元的，把193元估成200元，购买25套大约一共需要5000元。估算时，把193元估大了，实际花的钱一定小于5000元，所以128元和165元的化妆品也一定符合要求；反之，215元的化妆品要买25套肯定大于5000元，所以不能作为购买方案。

结合具体问题情境，经过观察、思考、分析、判断、推理等认知过程，激起学生的估算意识与内在心理需求。解决此题时，组织学生充分经历估算的全过程，先选择合适的数据估算出一个范围，再选择符合要求范围内的化妆品，快速地确定购买方案。这样在笔算前“估一估”，推理出笔算结果的合理取值范围，再完成计算，从而快速解决问题。如此探究过程真正令学生体验到估算的价值，有助于学生提高计算能力，培养良好的估算能力和数感。

2.算后估算，检视结果

计算“3344÷11”时，学生在列竖式计算的过程中，经常会将商中间的“0”占位忘记，导致运算结果是34，而正确结果是304。如果先估算一下，我们把“3344”看成“3000”，将“11”看成“10”，可以很快估算出商大约是300；再者，通过观察被除数、除数，不难发现，试商时商的最高位在百位上，结果一定是三位数。所以，无论是估计得数还是估计商是几位数，都能对计算结果进行有效的验证，避免因粗心造成答案错误，从而提高计算正确率，提升运算能力，培养良好的数感。

总之，无论是算前估算，还是算后估算，都可以帮助学生快速确定计算结果的大致范围，为正确计算提供依据、创造条件，且能找到计算过程中的失误，便于学生及时纠正。所以，估算教学在数学学习中必不可少，具有十分重要的应用价值。

四、估算有助于人们解决实际问题

估算在生活中的应用极其广泛，有许多实际问题可以通过估算来解决，而且有些问题解决时估算比精确计算更加简洁。

随着时代的变化，有些问题已不需要通过精确计算去解决。曾经有一个学者做过一个统计，把一个人在日常生活中运用精确计算的机会和运用粗略计算的机会相比，后者多得多。例如，超市购物，提前估计准备购物所需的钱；根据家庭的收入，计划各项支出；房间铺设地砖时，结合房屋面积估算购买地砖的块数；等等。可见，解决生活中的数学问题时，估算必不可少。因此，在我们的数学学习中，重视估算教学是有道理的，也是有必要的。

第二章　小学数学估算教学要求及具体编排

一、估算教学要求

1.“课程目标”中有关估算教学

《义务教育数学课程标准（2022年版）》第三部分“课程目标”中，关于“核心素养”部分明确指出：“能在简单的真实情境中进行合理估算，作出合理判断”；“初步感知度量工具和方法引起的误差，能合理得到或估计度量的结果。”

2.“课程内容”中有关估算教学

《义务教育数学课程标准（2022年版）》第四部分“课程内容”小学部分“数与代数”中指出：“估算教学要引导学生在具体的问题情境中选择合适的单位进行估算，体会估算在解决实际问题中的作用，了解估算的实际意义。”“图形与几何”第一学段部分指出，“能估测一些身边常见物体的长度”；第二学段部分指出，“能恰当地选择单位估测一些物体的长度和面积”。

综上所述，在小学数学学习阶段，要结合具体的问题情境，培养学生的估算意识，鼓励学生进行充分的交流，掌握合理的估算方法，形成良好的估算习惯，并能结合实际情况选择合适的估算策略解决问题。

3.“课程标准”中关于估算教学实例建议

《义务教育数学课程标准（2022年版）》“附录”中，对“估算”教学以具体实例加以深入阐述，给出了较好的建议。下面6个实例均选自《义务教育数学课程标准（2022年版）》。

例11 现实生活中的估算

学校组织987名学生去公园游玩。如果公园的门票每张8元，8000元够不够？

【说明】在日常生活中，许多问题并不需要精确的答案。这个例子可以让学生了解在什么样的情境中需要估算，认识到能结合具体情境选择适当的单位是估算的关键。例如，在此例中把987人看成1000人，8000元是够的，这里适当的单位是“1000人”。

在估计长度、质量和其他度量值时也需要选择合适的单位。一般地，估计教室的长度时以“米”为单位，估计书本的长度时以“厘米”为单位。此外，还可以引导学生选用自己熟悉的物体的长度为单位，如步长、臂长等。

例15 曹冲称象的故事

通过具体情境认识物体的质量，感悟质量的度量方法，掌握度量单位的换算，感悟等量的概念，尝试运用等量的等量相等进行推理，知道常见数量关系：总量等于各分量之和。

【说明】通过“称重”等具体活动，结合学生生活中对物体质量的认识，帮助学生认识克、千克、吨，了解它们之间的关系，积累数学活动经验，发展量感。

此主题活动可作如下设计。

（1）我也来称象

通过“曹冲称象”的故事引导学生思考下列问题，引发对“质量单位、称量工具”的学习：在古代为什么大象的体重难称量？要称量大象的体重，需要哪些条件？

充分结合学生在生活中对各种物品质量的经验，帮助学生感受“物体轻、物体重”需要规定合适的单位来表示，进而理解克、千克、吨这些常用质量单位的意义及其关系，并尝试利用等量的等量进行推理。

（2）各种各样的秤

组织学生收集各种各样称量物体质量的工具，如生活中常见的秤、实验室中用的天平等，扩展学生对称量工具及质量单位的认识。

（3）都来称一称

学生组建小组，使用某些秤或者已经称量好的物品作为称量工具，如用一袋盐作“秤”，去估一估、称一称，想办法得到教室内、生活中各种物品的质量，经历度量的过程，体会误差，归纳估测的方法，丰富并发展量感。

例 18　估算的上界和下界

李阿姨去商店购物，带了100元，她买了2袋面，每袋30.4元；又买了1块牛肉，用了19.4元。她还想买1条鱼，大一些的每条25.2元，小一些的每条15.8元。请帮助李阿姨估算一下，她此时剩余的钱够不够买小鱼？够不够买大鱼？

【说明】对于给定的数量，许多估算问题是为了得到上界或者下界。为此，需要对给定的数量进行适当放大或缩小，凑整计算。此例中两个问题的核心都是估计用100元购物后的剩余金额，但两种估计方法有所不同。

第一问“够不够买小鱼”需要估计剩余金额的下界（至少剩余多少元），如果下界超过15.8元，就够买小鱼。对于估计下界的问题，购物金额要适当的放大。例如，买1袋面不超过31元，买2袋面不超过62元；买牛肉不超过20元；总共不超过62+20=82（元），至少还剩100－82=18（元）。所以，李阿姨剩余的钱买1条小鱼是够用的。

第二问“够不够买大鱼”需要估计剩余金额的上界（至多剩余多少元），如果上界不到25.2元，就不够买大鱼。对于估计上界的问题，购物金额要适当地缩小。例如，买1袋面至少要30元，买2袋面至少要60元；买牛肉至少要19元；总共至少要60+19=79（元），至多还剩100−79=21（元）。所以，李阿姨剩余的钱不够买1条大鱼。

例33　估计不规则图形的面积

如图13，每个小正方形的面积为1个面积单位，尝试估计曲线所围图形的面积。

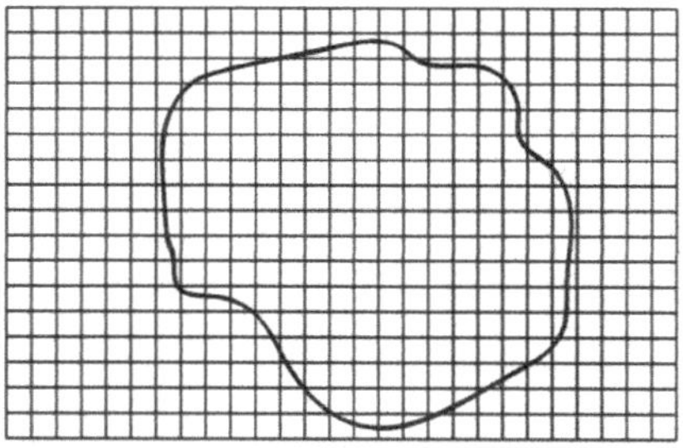

图13

【说明】在教学活动中，可以培养学生有规划做事的习惯和判断结论的能力。例如，可以数出图形包含的完整小正方形的数量，或者数出图形包含的以及边缘接触到的所有小正方形的数量，用数量估计图形的面积。引导学生发现，第一种方法估计的面积比实际面积小，第二种方法估计的面积比实际面积大，由此作出结论，实际面积在这两个估计值之间。

对于学有余力的学生，还可以引导他们理解：如果将小正方形等分成更小的正方形，可以得到更接近实际面积的估计值。

例51　身体上的尺子

引导学生发现自己身体上的长度单位，经历用身体上的长度单位测量物体的过程，直观理解度量的意义。

【说明】学生对测量的学习不应该停留在对标准测量单位的认识，还应了解非标准测量单位，能根据实际需求选择或创造合适的单位，能进行合理估测。应从长度测量的学习开始，通过主题活动帮助学生逐步在具体测量活动中加深对度量思想的体会。

此主题活动可作如下设计。

（1）发现身体上的“长度”

带领学生，探索发现藏在自己身体上的“长度”，如拳头一周的长度、手腕一周的长度、手掌长、脚掌长、头长、一拃长、一步长、一庹长、身高等。

指导小组分工合作，先估一估身体上这些“长度”有多长，然后选择米、厘米等合适的单位，动手测量并记录数据。通过比较估计与测量得到的数据，加深对米、厘米等长度单位的感受，丰富测量的经验；通过比较自己身体上这些“长度”之间的关系，发现自己身体上“长度”的奥秘，如自己的一庹长大约等于身高。

（2）用身体上的尺子测量

用身体上的尺子作为测量工具，开展实际的测量活动。如用自己的步长作单位，测量教室、走廊的长度，甚至可以测量从家到学校的路程；用自己的一拃长作单位，测量教室黑板、家里沙发的长度；用自己的一庹长去测量一棵大树树干一周的长度。在测量中体会单位的选择及估测的策略方法。

（3）交流我们的发现

组织学生交流活动感受，鼓励学生表达发现与收获。

例 58　制订旅游计划

在真实情境中，引导学生经历从数学的角度概括事物的关键要素、有条理地制订计划的过程，积累数学实践活动经验，发展应用意识。

【说明】制订旅游计划包含多个方面的具体内容，如城市间的交通，旅游城市内的交通、住宿、餐饮、景点等，涉及查找火车、航班信息，查找旅游城市的市内交通信息，规划、描述基本的市内交通线路，规划旅游景区内的参观路线、时间，并做出费用的预算等。学生制订计划是一个调动生活经验、充分调查、统筹规划的过程，学生将积累数学活动经验，提高问题解决能力。

因学生的实际情况不同，可以根据本校学生的具体情况，提出具体要求，如限定旅游目的地，规定好交通方式，建议参观的景点等。但应留有学生自己调查研究的空间，保障探究、规划的时间。

此主题活动可作如下设计。

（1）讨论如何制订旅游计划

组织学生结合生活经验展开讨论：制订一个旅游计划涉及哪些问题？如几人去、去哪里、怎么去、需要准备多少钱等，明确旅游计划应包含的基本内容。

和学生一起讨论，初步确定上述信息，如做自己家庭的旅游计划，去首都北京旅游，坐高铁往返等；建议学有余力的学生做计划时考虑两个方案，如乘高铁、飞机两种出行方式，以方便比较和筛选。

（2）收集信息并制订计划

学生可以独立完成，也可以组建小组分工合作，还可以和家长合作，开展调查研究，收集相关信息，制订旅游的具体计划，并估算出所需要的费用。

可根据学生的生活经验情况，提出制订计划的具体要求，如制定“北京市一日游”计划。可以给出北京地铁路线图，明确制订从北京西站到中国科学技术馆的参观计划，缩小调查筛选信息的范围，便于学生把握信息作出合理规划。

（3）交流评价

组织学生交流所制订的旅游计划，对这些旅游计划进行评价。

二、估算内容的具体编排

义务教育教科书苏教版小学数学教材中有机渗透了关于“估算”的内容，分别从“数的认识”“数的运算”“测量”“量的估计”“解决实际问题”等方面进行了合理的安排，适当地分布在不同学段、不同内容领域。

1. 数的认识

根据学生的认知发展规律及思维特点，在“数的认识”部分，教材分别在一、二、四、五年级安排了“100以内的数”“万以内的数”“多位数”与“小数的意义和性质”，逐步向学生渗透有关估算的知识。如教学对100以内物体的数量进行简单的估计与交流，会写已知数的近似数，并能结合实际情境进行估算，会用“四舍五入”法求一个整数或小数的近似数，理解近似数的含义，增强学生的估计意识，发展数感。

2.数的运算

在“数的运算”领域，教材先安排了“两、三位数的加法和减法”有关估算，引导学生能正确地进行接近整百、整千数的加、减法的估算，能通过估算确定两、三位数加减法的和或差的大致范围，能结合具体情境进行估算，解决简单的实际问题；教学“两、三位数乘一位数”时，使学生理解把两、三位数看作相应的整十、整百数来估算，并能具体应用到解决实际问题当中；教学“两、三位数除以一位数”时，主要引导学生把两、三位数看作相应的整十、整百数估算，并能具体应用到解决实际问题中；教学“两位数乘两位数”或“两、三位数除以两位数”时，除了将算式中的数看成接近的整十数或整百数进行估算之外，还要求学生能结合具体问题情境展开估算，体会估算的实际应用价值；关于“小数乘法和除法”，要求学生能根据要求用“四舍五入”法求出小数乘、除法计算中积或商的近似数，初步学会根据实际问题的需要采用“去尾”或“进一”的方法求一个小数的近似数。

3.测量

关于物体或图形的测量部分，教材在认识“厘米和米”“分米和毫米”内容时，要求学生能合理估计一些线段或物体的长度，发展初步的空间观念；在认识“千米和吨”时，引导学生合理估计物体的长度或轻重，选择合适的长度单位或质量单位进行交流，发展估测能力；在教学“长方形和正方形的面积”时，要求学生估测和度量给定物体或平面图形的面积；在教学“圆”时，引导学生运用估算解决有关圆的面积的实际问题；在教学“长方体和正方体”时，要求学生能够估测给定物体的体积或容积，进一步发展空间观念的同时培养估测能力。

此外，教材在“综合与实践”领域专门安排了一些专题活动。如二年级上册教材中“我们身体上的‘尺’”，要求学生根据自己的“一拃长”“一庹长”“一步长”去度量物体的长度，并估计结果，同时注意选择合适的度量单位，培养学生的估计能力。

4.量的估计

教学关于“千克和克”“千米和吨”的认识时，着重引导学生合理估计一些物体的质量，初步形成估计的能力，发展估计的意识；教学“升和毫升”时，让学生能根据需要选择合适的容量单位进行测量和估计，培养估测能力；教学关于“角的认识和度量”时，在掌握度量方法的基础上，让学生结合已有知识经验学会估测角的大概度数。

同样，教材在“综合与实践”领域专门安排了一些专题活动。四年级下册教材中关于“1亿有多大”，引导学生利用“部分量”去估计“整体量”，如利用10枚硬币的高度估算1亿枚硬币的高度，根据100粒大米的质量估算1亿粒大米的质量等。

5.解决实际问题

关于解决实际问题，教材中多处渗透了有关估算的内容，要求学生能结合实际问题情境展开合理的估计，寻求合理的估算方法，将估算与计算有机融合，帮助学生体验估算在解决一些简单的实际问题中的价值。如统计知识部分引导学生估一估平均数，根据“单价”“数量”等估算总价，类似限载问题情境中要求学生依据“上界”或“下界”估计出合理区间值等。

在“综合与实践”领域也安排了关于估算的专题活动。六年级下册教材中“制订旅游计划”，引导学生从“交通费”“食宿费”“景点门票费”等方面统筹考虑，提前规划，估计出旅游费用，也可以进一步估算出不同的消费方式所需费用不同，以此制订合理的出行方案。在此活动中，学生感受到估算的应用价值。

三、估算内容的教学建议

1.一年级下册第三单元“认识100以内的数”

图2-1　教材例6

图2-1所示这部分内容在学生已经认识了100以内的数，以及会比较100以内数的大小的基础上，通过使用“多一些”“多得多”“少一些”“少得多”等词语粗略地描述两个数的大小关系，培养学生在具体情境中进行简单估计的能力和交流表达的能力。

教材把这部分内容安排在“比较数的大小”之后，启发学生除了确定数的大小，还可以根据数的相差程度来做进一步的描述，加深学生对数的大小关系的认识，培养学生简单估计的能力。在教学这部分内容时，要关注以下两点：

①要结合具体情境让学生理解“多一些”“多得多”“少一些”“少得多”这四个词语表示的程度，比如“我做得比小猴多一些”，不仅要理解38比34多，还要理解38比34多的程度。

②引导学生掌握比较数的大小有两种说法，即“甲比乙多”，就是“乙比甲少”；在这里也是一样，“多一些”和“少一些”是相对的，“多得多”和“少得多”是相对的。

2.一年级下册第五单元“元、角、分”

图2-2　教材“小小商店”活动

这部分内容在学生已经了解了付钱、找钱等活动过程，理解了简单购物问题中的基本数量关系的基础上，经历用数学知识和方法解决购物活动中实际问题的过程，培养学生通过计算、估算和判断等方法解决问题的能力。

教材示范性地列举了三个问题（图2–2），其中“有30元钱，买一个熊猫玩具和一个玩具娃娃够不够?”“用50元买货架上的商品，可以买些什么?”进行简单的估算和判断就可以解决。在教学这部分内容时，要关注以下两点：

①引导学生观察场景图，说一说自己的想法，“够不够”的问题不必将物品价格相加，简单的估算便可引导学生体会估算的思考过程。

②“用50元买货架上的商品，可以买些什么”，这一问题有一定的开放性，可让学生根据图中的信息大概地选择购买的商品，再将估计的结果与计算后的结果进行比较，看看自己估计得是否正确。

3. 二年级上册第五单元“厘米和米”

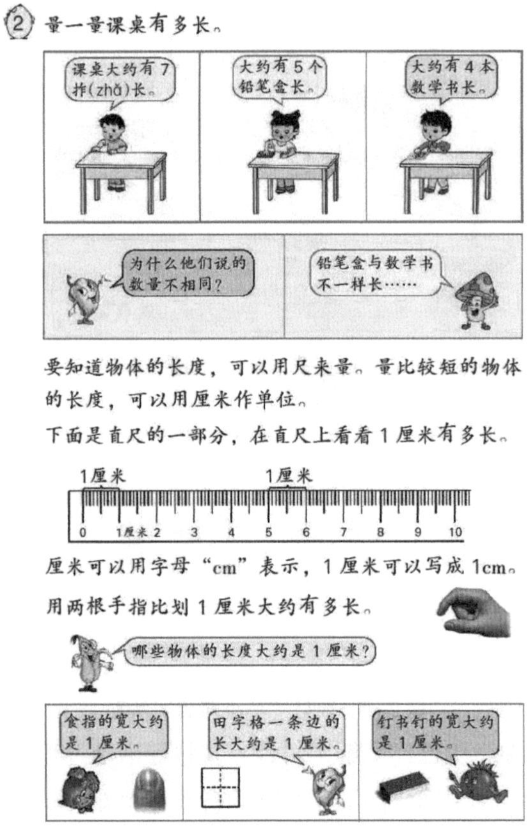

图2–3　教材例2

⑤ 量比较长的物体的长度，通常用米作单位。

米可以用字母“m”表示，1米可以写成1m。

张开两臂比划1米大约有多长。

在米尺上看一看，1米有多少个1厘米？

1米＝(　　)厘米

试一试

用米尺量黑板的长，大约是多少米？

图2-4　教材例5和“试一试”

教学“厘米的认识”和“米的认识”时，要注重通过观察、比画等活动，培养学生的实际测量能力和估计能力，帮助学生感受1厘米、1米的实际长度，初步建立长度观念。教学例2（图2-3）和例5（图2-4）时，可以通过身边的物体或身体做比较来估计1厘米和1米的实际长度。在教学“试一试”时，引导学生通过墙砖和地砖等物体先估计黑板的长，再进行实际测量，最后将估计的长度与实际测量的长度进行对比，通过分析估计长度的合理性，培养学生的估测能力。

我们身体上的“尺”

认识“身体尺”

你的一拃、一步大约各是多少厘米？一庹大约比1米多多少厘米？一脚（穿上鞋后）大约长多少厘米？先量一量，再填表。

一步长50厘米。

一脚长22厘米。

一拃长	一步长	一庹长	一脚长
（　）厘米	（　）厘米	1米（　）厘米	（　）厘米

一拃、一步、一庹、一脚，都是我们身体上的“尺”。

你知道1米大约有几拃？大约有几步？大约有几脚长？先量出1米，再用这些“身体尺”量一量。

1米大约有7拃。

1米大约有2步。

1米大约有5脚长。

图2-5　教材“我们身体上的‘尺’”活动一

图2-6　教材“我们身体上的‘尺’”活动二

在对测量精度要求不高时，可以用“身体尺”当做标准来进行大概的估计，使学生发展初步的空间观念，提高估计物体长度的能力，感受“身体尺”的实际应用价值。

教学这部分内容时，要先让学生建立身体上的“尺”与长度单位的联系，合理估计“身体尺”大约各有多长，再根据所测量物体的大概长度以及场地特点，选择合适的“身体尺”，引导学生用“大约几米”“几米多一些”的语句，将“身体尺”量出的结果换算成大概的用米作单位的数量（图2-5、图2-6）。

4. 二年级下册第四单元“认识万以内的数”

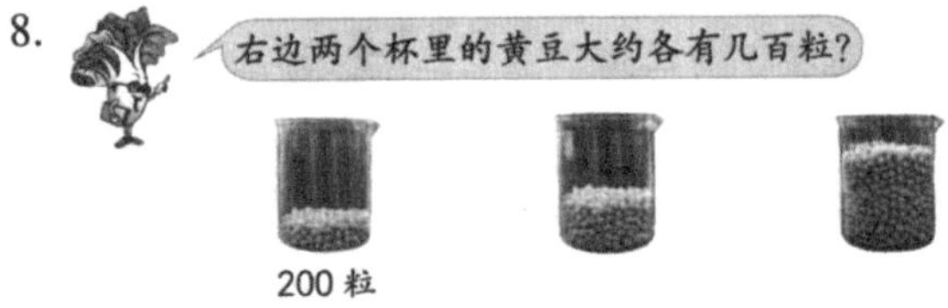

图2-7　教材练习三第8题

在教学图2-7的习题时，要让学生清楚如何根据第一杯黄豆颗数估计出后面两杯黄豆的颗数，引导学生观察第二杯、第三杯大约有几个第一杯那么多的黄豆；还要让学生体会到估计的黄豆颗数只是大概的数字，而不是确切的结果。

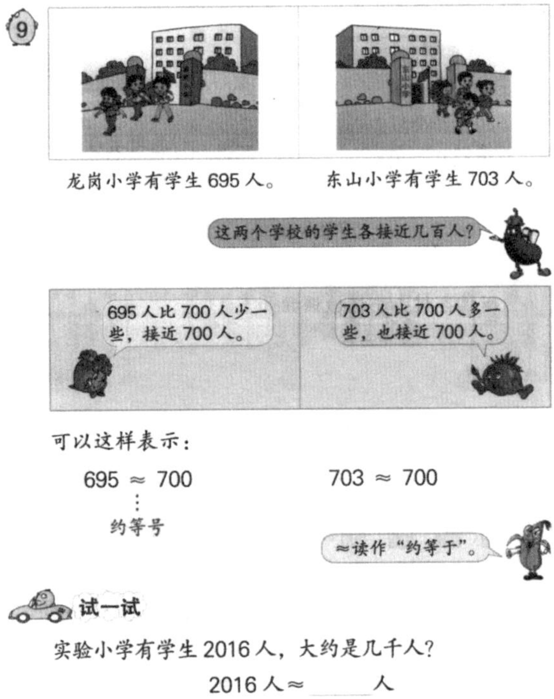

图2-8　教材例9和“试一试”

这部分内容主要教学“近似数的初步认识”，使学生在具体情境中感受近似数，发展数感，培养估计能力，体会把一个数写作“大约是”多少，掌握用约等号“≈”表示一个接近整百、整千的数的近似数的方法。在教学这部分内容时（图2-8），要关注以下两点：

①教学例9时，引导学生用“多一些”“少一些”来描述情境图中的两个数字，让学生明确“比700多一些”和“比700少一些”都是接近700，700可以叫做这两个数字的近似数，用“≈”来连接，同时介绍“≈”的名称是“约等号”，读作“约等于”。

②教学“试一试”时，让学生说一说2016接近几千，使学生理解2016比2000多一些，2000是它的近似数，进一步体会怎样把一个数写作大约是多少，从而感受求近似数方法的合理性。

5.二年级下册第五单元“分米和毫米”

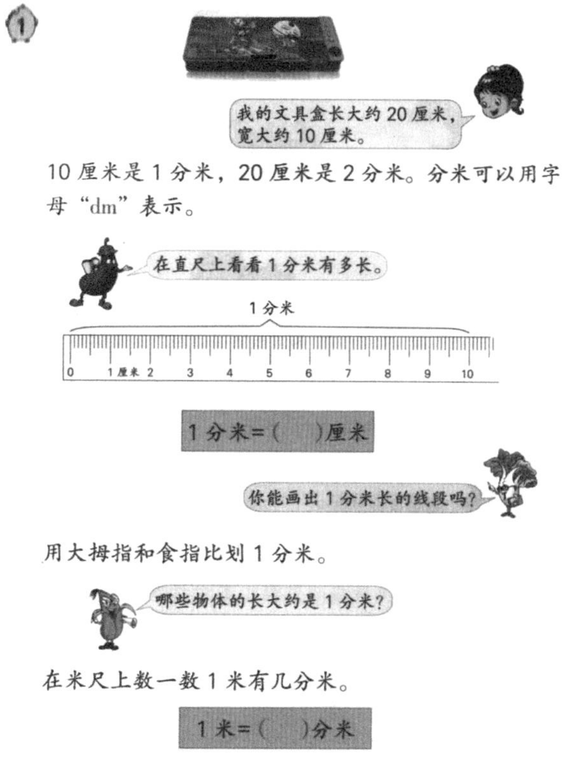

图2-9　教材例1

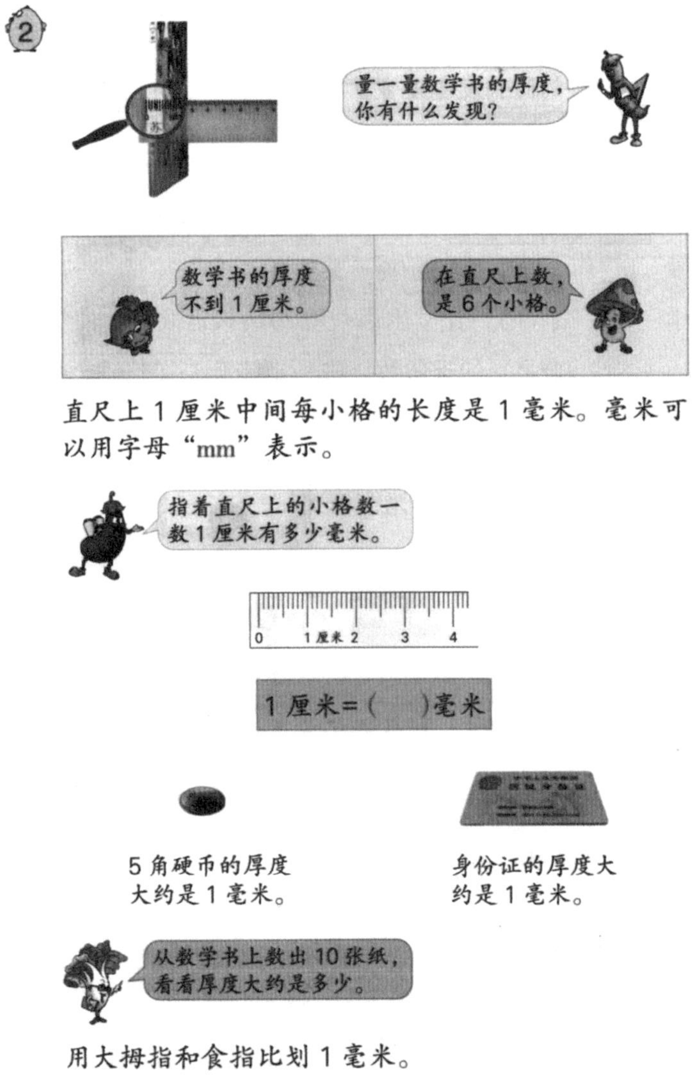

图2-10 教材例2

这部分内容主要在学生认识了“米”和“厘米”这两个长度单位的基础上，教学另外两个常用的长度单位“分米”和“毫米”（图2-9、图2-10）。教学时创设出具体的情境，使学生通过观察、测量、估计、交流等活动，体验1分米和1毫米的实际长度，初步建立起1分米和1毫米的长度观念。在实际测量时存在误差，引导学生用“大约是几分米”“大约是几毫米”来表述，培养学生的估测意识，分析估测结果的合理性。

6. 二年级下册第六单元“两、三位数的加法和减法”

3. 先说说得数是几十多，再口算。

54 + 14 =	38 + 54 =	69 + 25 =
49 + 37 =	26 + 29 =	32 + 45 =

图2-11　教材例1“想想做做”第3题

让学生体会估算的过程，要在心里有个清晰的思考过程。教学图2-11内容时，引导学生先从个位看起，如果个位相加满十，就向十位进一，十位相加就会多一，再提醒学生可以利用得数是几十多进行判断，更快算出得数，培养学生的估算意识。

5. 一年级和二年级学生到剧场看演出，一年级有195人，二年级有198人。剧场共有400个座位，够坐吗？为什么？（口答）

图2-12　教材例5“想想做做”第5题

让学生理解题意，已知剧场共有400个座位，那么观看演出的学生人数就不能超过400人。教学图2-12内容时，引导学生先利用之前所学近似数的知识解决问题，195和198都比200少一些，那么这两个数字相加就比400少一些，所以剧场的座位够坐，再着重引导学生体会估算的思考过程，培养学生的估算能力。

10. 大象上午搬了203根木头，下午比上午多搬98根。下午搬了多少根？（先估一估，再计算）

图2-13　教材练习七第10题

让学生理解题意，下午比上午多要用加法。教学图2-13内容时，引导学生通过估算确定两个数相加的大致结果，203的近似数是200，98的近似数是100，那么这两个数相加的大致结果是300，和明确计算出来的结果301相差不大。因此，学生可以通过估算的过程判断计算的结果是否合理，增强数感和推理能力，培养利用估算辅助计算的能力。

7. 三年级上册第一单元“两、三位数乘一位数”

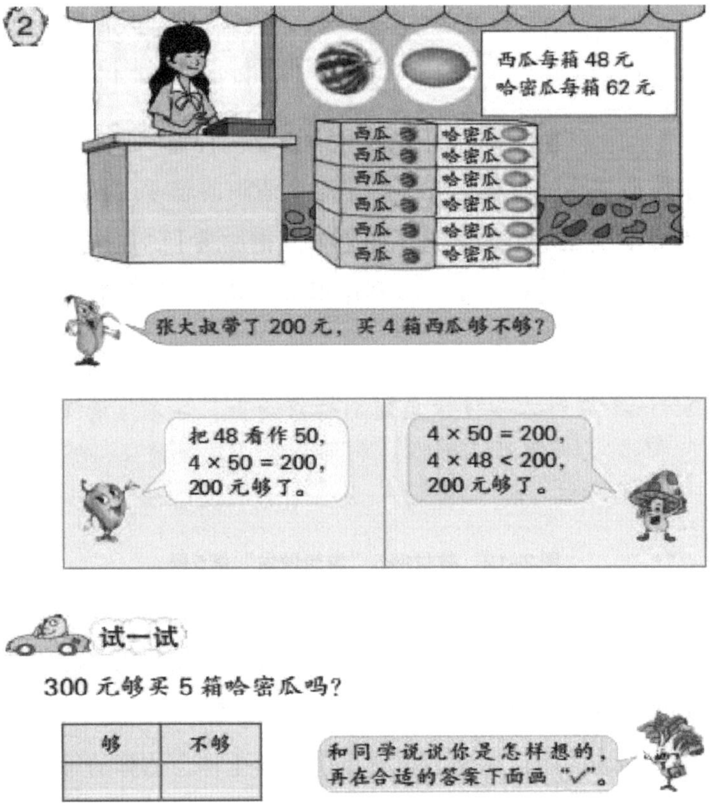

图2-14　教材例2及其后“试一试”

这部分内容主要教学接近整十或整百的“两、三位数乘一位数”的估算，引导学生在巩固口算方法的同时，自主探索并理解估算方法，并在此基础上引导学生把两、三位数看作相应的整十、整百数估算两、三位数乘一位数的积。

教材通过创设购买两种水果的问题情境（图2-14），引导学生进行估算，初步体会估算对于解决实际问题的意义。在教学估算方法时，要关注两点：

①把接近整十的两位数看作整十数进行估算。

②要知道估算出的结果与实际结果的关系，以及估算出的结果是实际结果的上界还是下界。

8.三年级上册第二单元“千克和克”

试一试

称一称你的书包，看看大约重多少千克。你能在书包里拿出或放进一些物品，使称出的结果大约是2千克吗？

图2-15 教材例1后“试一试”

这部分内容主要教学“千克与克”，使学生在熟悉的生活情境中，感受并认识质量单位千克和克，通过观察、操作、推算等活动，初步建立千克和克的质量观念，并在此基础上引导学生合理估计一些物体的质量，初步形成估算的能力，发展估计的意识。

教材在完成教学例1之后，随即安排了“试一试”（图2-15）。教学时让学生先称一称自己的书包，看看大约重多少千克，再通过从书包里拿出或放进一些物品，使称出的结果大约是2千克，帮助学生从对“几千克”和“大约几千克”的初步感知，进一步明确对1千克的直观认识，初步积累估计物品轻重的经验。

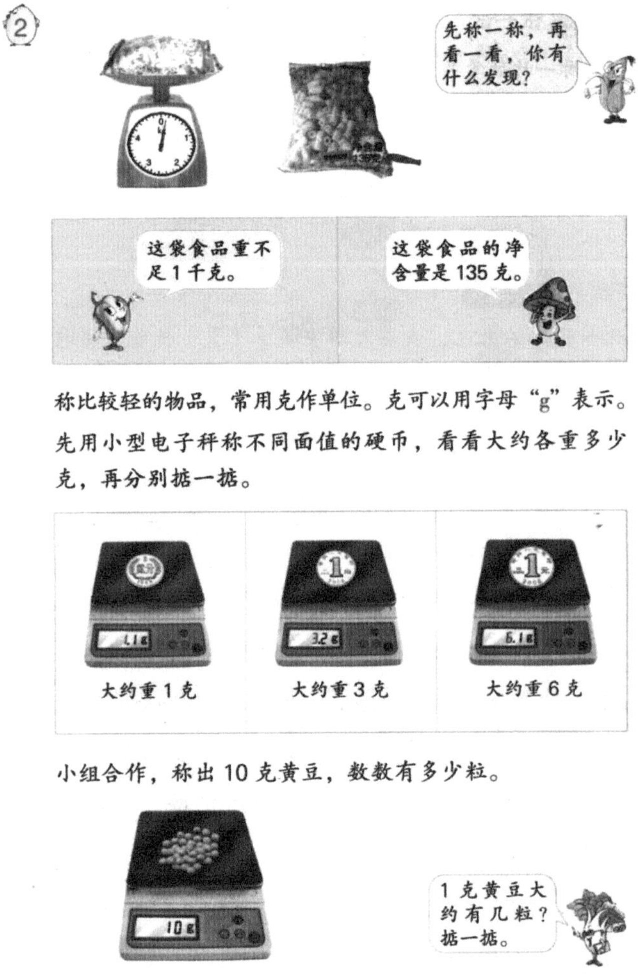

图2-16 教材例2

图2-16中例2主要通过用电子秤称出较轻物品的重量，引导学生初步感知1克和几克物品的实际轻重。教学时让学生称出10克黄豆，一方面可以要求学生数一数一共有多少粒黄豆，并由此推算1克黄豆有几粒；另一方面也可以引导学生估一估1克玉米、1克大米大约有几粒，帮助学生建立量感，培养估算意识。

9. 三年级上册第四单元“两、三位数除以一位数”

⑥ 东港小学 738 名学生分 2 批参观奥林匹克体育中心，平均每批有多少人？

738 ÷ 2 = ______ (　　)

先估计结果大约是几百多，再用竖式计算。

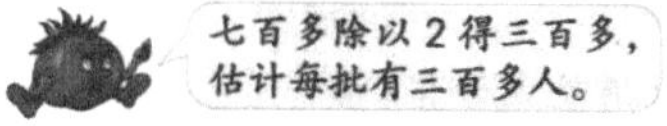

图2–17　教材例6

⑦ 三年级 312 名学生分 4 批参加游泳训练。

312 ÷ 4 = ______ (　　)

先估计商比 100 大还是比 100 小，再用竖式计算。

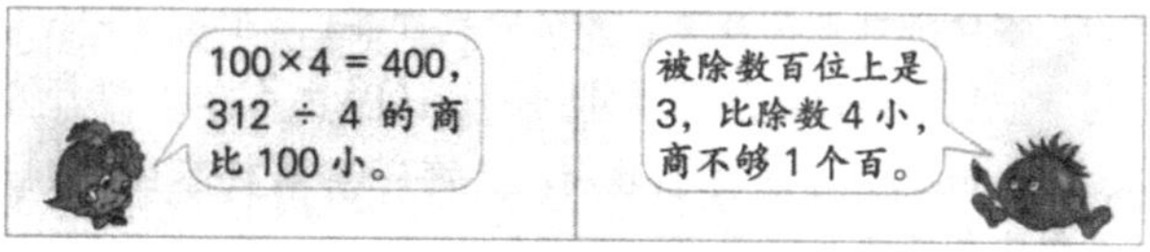

图2–18　教材例7

9 星光小学306名男生表演团体操，每3人托起一个火炬，一共需要多少个火炬？

306 ÷ 3 = （ ）

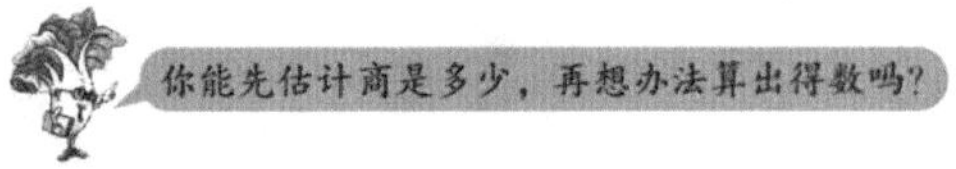

图2-19 教材例9

9. 先说说商各是几位数，再计算。

465 ÷ 3	532 ÷ 4	846 ÷ 6
465 ÷ 5	532 ÷ 7	846 ÷ 9

图2-20 教材练习八第9题

这部分主要教学“两、三位数除以一位数”，使学生经历两、三位数除以一位数计算方法的过程，理解并掌握相关的口算和笔算的方法（图2-17至图2-20）。

教学三位数除以一位数的笔算时，教材注重引导学生估算，以估算结果支撑对笔算方法的探究，在估算过程中反思笔算方法的合理性。具体体现如下：

①在学习笔算前安排估算，为学生指引探究笔算方法的思维方向。在教学首位能整除的除法算式时，先估计商是几百多；在教学首位不能整除的除法算式时，先估算商比100大还是比100小。在教学中间有0的三位数除以一位数时，先引导学生估计商是多少，再以估算的方式引导学生进行探究。

②在学习笔算后安排估算，帮助学生在估算过程中进一步加深对笔算方法的理解，提高对计算结果“值”的把握能力。

10. 三年级下册第一单元“两位数乘两位数”

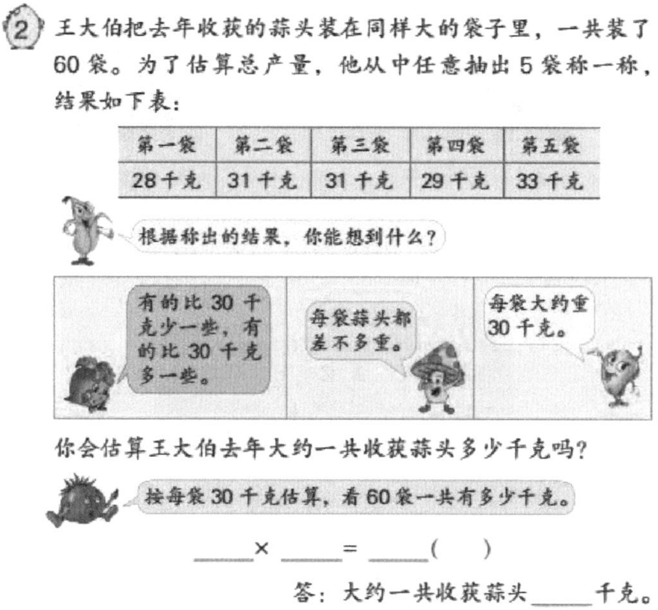

2 王大伯把去年收获的蒜头装在同样大的袋子里，一共装了60袋。为了估算总产量，他从中任意抽出5袋称一称，结果如下表：

第一袋	第二袋	第三袋	第四袋	第五袋
28千克	31千克	31千克	29千克	33千克

你会估算王大伯去年大约一共收获蒜头多少千克吗？

____ × ____ = ____（　　）

答：大约一共收获蒜头____千克。

图2-21　教材例2

这部分内容主要教学“两位数乘两位数”的估算，引导学生通过把两位数看作与之接近的整十数进行思考，掌握估算的方法，进而学会用估算解决实际问题。

教材首先联系现实情境（图2-21），用表格呈现了从60袋蒜头中任意抽出的5袋蒜头的质量，这样的问题情境渗透了简单抽样的方法，有利于学生初步感受样本信息与数据总体的内在联系，从而使得后面的估算教学有了明确的现实意义。

教材重在引导学生联系现实情境体会估算的价值，并主动探究相应的估算方法。在教学这部分内容时，要关注两点：

①王大伯收获的60袋蒜头的轻重会有差异，但差异不大。

②称出质量的5袋蒜头是从60袋蒜头中任意抽出来的。

11. 三年级下册第二单元“千米和吨”

图2–22　教材例1

这部分内容主要教学“千米”，使学生在具体情境和实践活动中，认识并感受长度单位千米，初步建立1千米有多长的观念，并在此基础上引导学生能够选择合适的单位进行交流，会合理估计长度，发展数学推理能力和估测能力。

教材通过便于操作的活动帮助学生建立长度观念（图2–22），先让学生联系操场上100米跑道的长度，具体感知10个100米就是1千米，再让学生联系学校整个跑道的长度，感知1千米是几圈。在随后的“想想做做”中，通过类推感知1千米的长短：先让学生沿100米的跑道走一走，数数走了多少步，要用多长时间，再推算从学校门口到哪里大约有1千米，帮助学生从不同角度丰富对1千米实际长度的体验。

2

称比较重的或大宗的物品，通常用吨作单位。吨可以用字母“t”表示。

1000千克

每袋大米重100千克，10袋大米重1000千克。1000千克就是1吨。

1吨 = 1000千克

了解全班每个同学的体重，估算一下，小组里所有同学的体重大约一共有多少千克？全班同学的体重呢？

全班同学的体重相加，有1吨吗？

图2–23 教材例2

这部分内容主要教学“吨”，引导学生结合生活经验和简单推理感受1吨的实际轻重。由于学生在生活中缺少接触较大长度单位和质量单位的机会，因此建立1吨的概念需要依赖于间接的感知。

教材在教学1吨有多重后，引导学生估算小组同学的体重，并汇总得到全班同学的体重，通过将全班同学的体重与1吨做比较，获得1吨有多重的体验，从而发展量感。

在教学这部分内容时（图2–23），要关注以下两点：

①事先准备100千克大米，让学生拎一拎，初步建立100千克是很重的印象，再引导学生想象10袋这样的大米即1吨有多重。

②组织学生估计小组同学体重之和时，引导学生根据本小组的数据特点灵活地进行估算，可把每个数据看成与之最接近的整十数，也可以算出大小接近的几个数的和，再用算出的结果加上其余的数。

12. 三年级下册第六单元“长方形和正方形的面积”

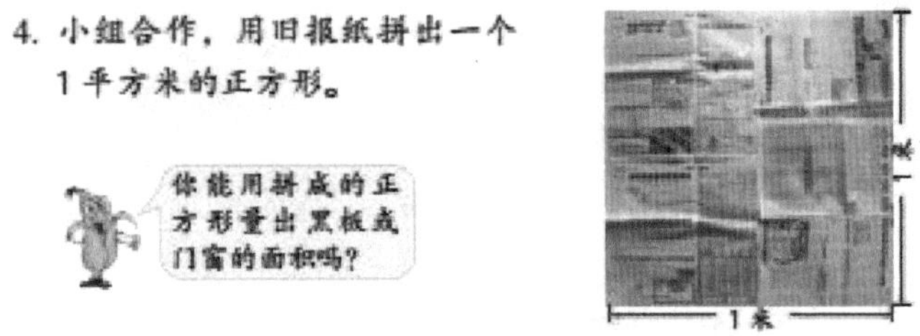

图2-24　教材例3后“想想做做”第4题

这部分内容主要教学面积单位，使学生通过观察、操作、交流等活动知道1平方厘米、1平方分米、1平方米的含义和实际大小，帮助学生在各种活动中初步建立这些常用单位面积实际大小的表象。

教材在例3之后，安排学生小组合作（图2-24），用旧报纸拼出一个1平方米的正方形，再用拼成的正方形量出教室里黑板或门窗的面积，引导学生在直接计量的操作中积累经验，为后面学习估计平面图形或物体面积的大小奠定基础。

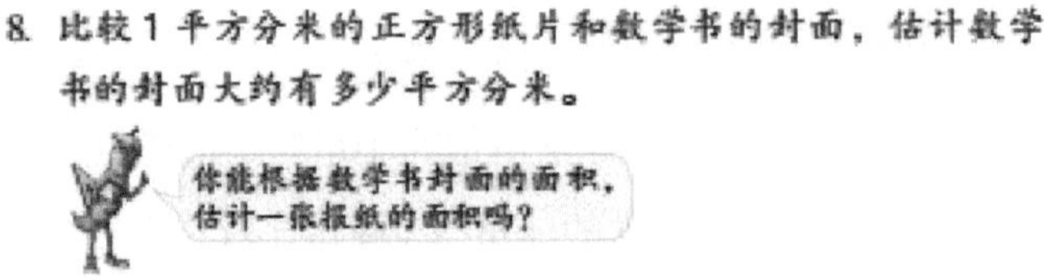

图2-25　教材练习八第8题

在教学练习八第8题（图2-25）时，引导学生先比较1平方分米的正方形纸片和数学书的封面，估计数学书封面的大小，在此基础上再根据数学书封面的面积估计一张报纸的大小。通过与相关面积单位的直接比较确定物体表面的大小，是估计物体面积大小的一种常用策略，可引导学生借助推算进行估计，发展空间观念。

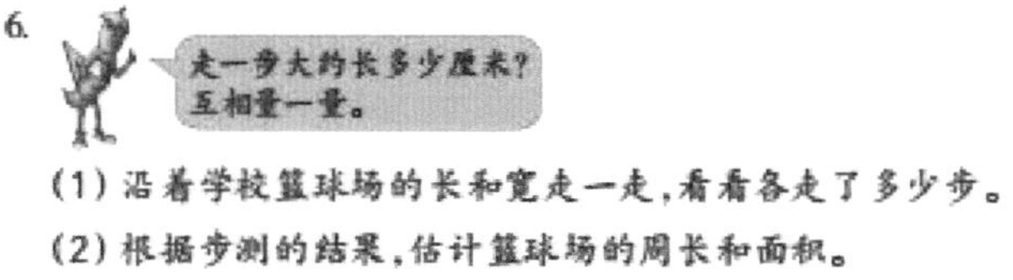
6.

(1) 沿着学校篮球场的长和宽走一走，看看各走了多少步。
(2) 根据步测的结果，估计篮球场的周长和面积。

图2-26　教材练习九第6题

在教学练习九第6题（图2-26）时，通过估计篮球场的长和宽，引导学生运用面积公式进行估算，体现了计量方法的简便性和可操作性，同时也可帮助学生在活动中加深对平面图形周长和面积计算方法的理解。

13. 四年级上册第一单元“升和毫升”

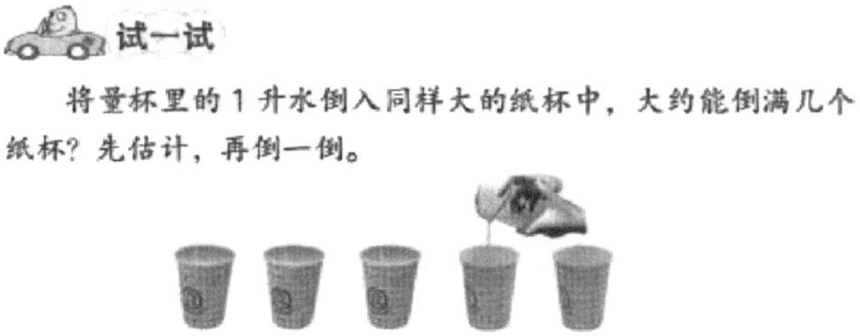

将量杯里的1升水倒入同样大的纸杯中，大约能倒满几个纸杯？先估计，再倒一倒。

图2-27　教材例1、例2后“试一试”

这部分内容主要教学“升和毫升”，使学生在具体的情境中通过观察、操作等活动，认识容量单位升和毫升，帮助学生初步建立1升、1毫升的容量观念，并在此基础上引导学生初步了解测量容量的方法，能根据需要选择合适的容量单位进行测量和估计，培养学生初步的估测能力。

教材在例1、例2之后，随即安排了“试一试”（图2-27），先出示1升水和一个纸杯，让学生估一估把1升水倒入这样的纸杯中，大约能倒几杯。这里让学生估一估、倒一倒，可使学生对1升的认识更加深刻。在教学这部分内容时，要关注以下两点：

①引导学生掌握估计的方法，先从盛1升水的量杯中倒出1杯水，观察杯中的水少了多少，再结合1升水和1杯水之间的关系进行合理估计。

②让学生将估计的结果与操作后的结果进行比较，看看自己估计得是否合理。

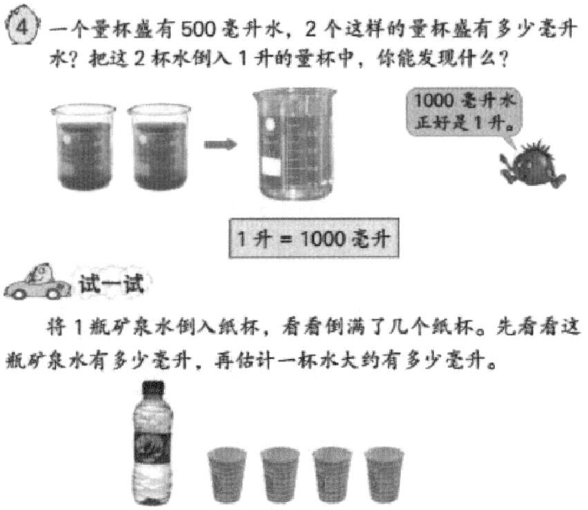

图2-28　教材例4后“试一试”

教学“试一试”（图2-28）时，可以先让学生结合矿泉水瓶上的标识知道这瓶水共有多少毫升，再提出估计的要求，组织学生试着估一估，最后通过操作加以验证，逐步培养学生的估计能力，加深对毫升的认识与感悟。

14. 四年级上册第二单元“两、三位数除以两位数”

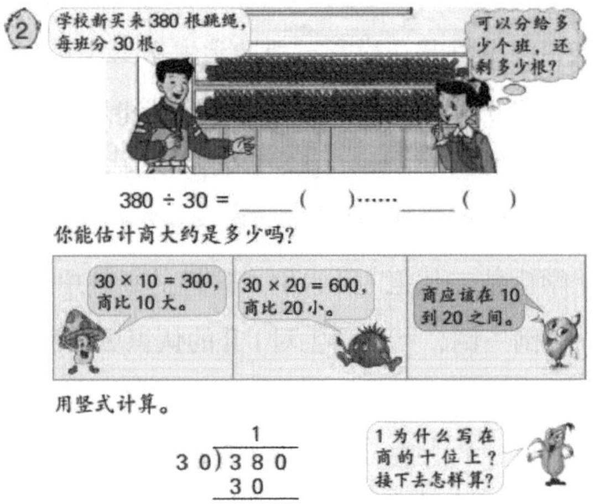

图2-29　教材例2

这部分内容主要教学“两、三位数除以两位数”，使学生结合具体实例，理解两、三位数除以两位数的笔算，掌握相应的计算法则，能正确地进行笔算和估算，培养运算能力和推理能力。

例2（图2-29）主要教学“三位数除以整十数商是两位数的笔算除法”。在教学“380÷30”时，不应立即要求学生用竖式计算，而要引导学生估算380÷30的商大约是多少，先估算出商的范围，再明确商的首位应该写在哪一位上。

图2-30　教材例3

例3主要教学用“四舍五入”法试商。教材先通过例题教学用“四舍”法试商，再通过例3后“试一试”教学用“五入”法试商（图2-30）。由于学生第一次接触除数不是整十的除法，不容易想到把除数看作与它接近的整十数来试商，所以在学生列出竖式后，引导学生在例3中把32看作30，在“试一试”中把39看作40来试商，并在此基础上引导学生利用已有知识，尝试用竖式算出得数，初步理解用估算试商的方法。

15. 四年级上册第四单元“统计表和条形统计图”

2. 根据下面四年级二班女同学1分钟仰卧起坐的成绩记录（单位：个），把统计表填写完整，再回答问题。

45	57	39	44	47	49	28	37	37	41	50
49	37	38	40	42	40	53	26	43	38	39

四年级二班女同学1分钟仰卧起坐成绩统计表

年　月

成绩/个	合　计	20~29	30~39	40~49	50~59
人　数					

（1）这个班女同学1分钟仰卧起坐成绩在哪一段的人数最多？

（2）张小红1分钟仰卧起坐的成绩在这个班女同学中排在前10名。你能估计她的成绩可能是多少吗？

图2–31　教材练习七第2题

这部分内容主要教学“统计表和条形统计图”，使学生经历收集、整理、描述和分析数据的过程，认识简单的统计表和条形统计图，了解它们的结构和特点；会分段整理数据，能用统计表和条形统计图描述数据；能结合统计表、条形统计图对简单数据进行分析和整理；能根据数据估算出平均数在最小值和最大值之间，体会估计的方法。

教材练习七第2题（图2–31），是配合例2安排的。教材提供了四年级二班22名女同学1分钟仰卧起坐的成绩，先让学生完成数据的分段整理，再根据整理的结果进行简单的数据分析，最后要求根据“张小红1分钟仰卧起坐的成绩在这个班女同学中排在前10名”的条件，估计“她的成绩可能是多少”。教学时，可以引导学生根据统计表思考各分段成绩中的人数，得出前10名的成绩应该在40～45个，也可以让学生把女同学1分钟仰卧起坐的成绩按从高到低的顺序排一排，找到第10名的成绩，并和估计的结果比一比，以感受估计方法的合理性。

6. 四年级二班4个小组同学的植树情况如下图：

四年级二班同学植树情况统计图

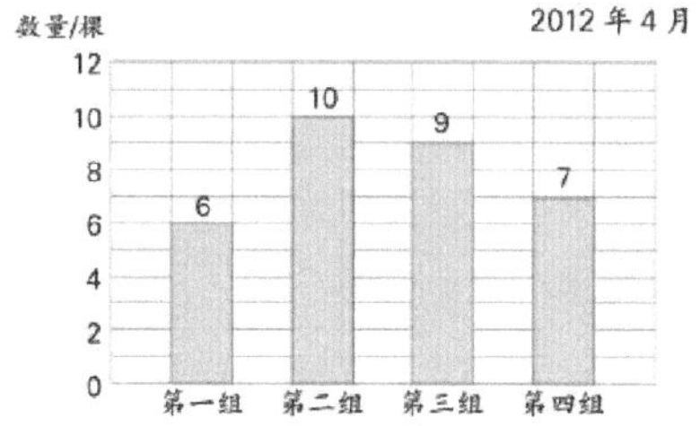

（1）植树最多的是哪个小组，最少的呢？

（2）你能估计平均每个小组植树多少棵吗？

图2-32　教材练习八第6题

教学教材练习八第6题（图2-32）时，可以先让学生看图回答第（1）题，明确平均每个小组植树的棵数在6棵和10棵之间，再让学生看图进行估计，具体说说估计一组数据平均数的方法，以及这样做的理由，最后通过计算验证，体会估计策略的合理性。

16. 四年级上册第八单元“角的认识和度量”

3. 下面的角大小相等吗？先估计，再用量角器量。

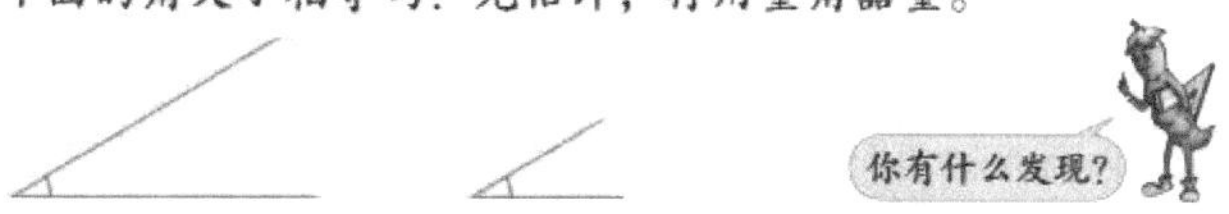

图2-33　教材例3后“练一练”第3题

这部分内容主要教学“角的认识和度量”，使学生在具体的操作和交流中进一步认识角，学会用量角器测量角，能估计出平面图中角的大小，培养学生的估测能力。

教材在例3“用量角器量角”后，随即安排了“练一练”（图2-33），第3题中呈现了两个角，先让学生估计这两个角的大小是否相等，再引导学生通过用量角器测量来检验。这道题目可帮助学生进一步巩固用量角器量角的方法，同时增强学生把握角大小的能力。在教学这部分内容时，让学生体会到：角的两条边都是射线，是无限长的；画角时，无论把角的两边画多长，角的大小都不改变，只与两边张开的程度有关。

13. 先估计，再量一量。

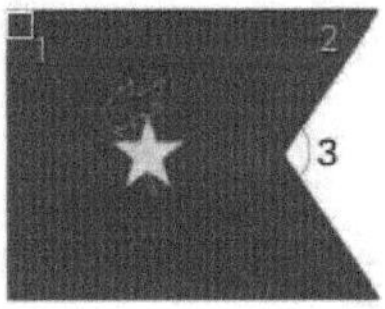

	估计	实际
∠1	(　)度	(　)度
∠2	(　)度	(　)度
∠3	(　)度	(　)度

图2-34　教材练习十三第13题

教学图2-34这道习题时，可以先让学生估计每个角的度数，并把估计的结果填在表里，然后再用量角器测量，并记录测量的结果，最后把估计和测量的结果比一比，看估计得怎样。这里可以启发学生用一个范围来表示估计的结果，培养学生的估计能力。

17. 四年级下册第二单元“认识多位数”

图2-35　教材例6

这部分内容是在认识千亿以内的计数单位、数位顺序，理解多位数的组成，掌握多位数的读、写方法的基础上，教学多位数近似数的含义以及用“四舍五入”法求一个数的近似数，引导学生从解决问题的需要出发，经历自主建构近似数的概念、探究求一个数的近似数的方法的过程，体验近似数在日常生活和生产中的广泛应用，从而培养学生的估计意识。

教学教材（图2–35）例6时，着重引导学生结合已有知识和日常生活经验，通过对两组数据的分析与比较，体会现实情境中数据的不同特点，使学生明确：生活中一些事物的数量，有时不需要用精确的数表示，而只用一个与它比较接近的数来表示即可，这样的数便是近似数。揭示近似数的含义后，再让学生说说例题中的四个数哪些是近似数，还可以让学生说说日常生活中在哪些地方见过或用过近似数，以帮助学生进一步体会近似数的特点，建立近似数的概念。

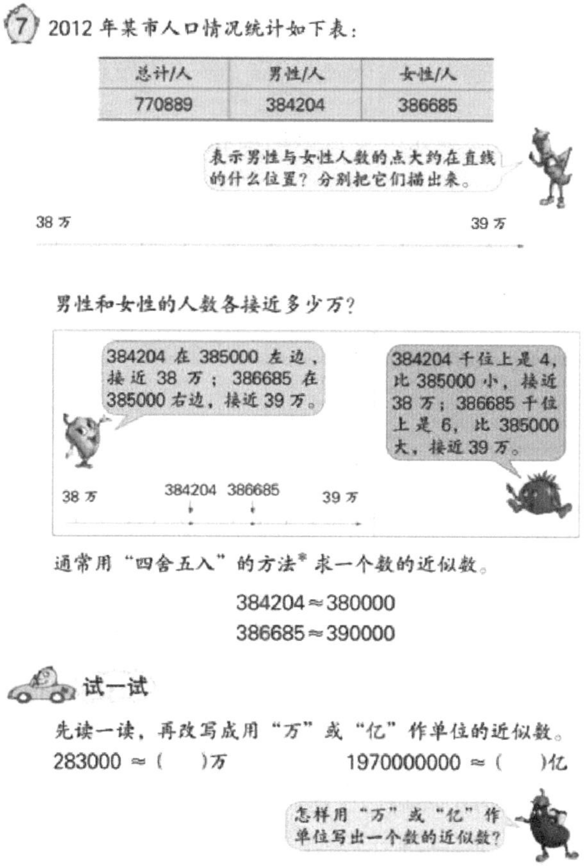
7 2012 年某市人口情况统计如下表：

总计/人	男性/人	女性/人
770889	384204	386685

表示男性与女性人数的点大约在直线的什么位置？分别把它们描出来。

38 万　39 万

男性和女性的人数各接近多少万？

384204 在 385000 左边，接近 38 万；386685 在 385000 右边，接近 39 万。

384204 千位上是 4，比 385000 小，接近 38 万；386685 千位上是 6，比 385000 大，接近 39 万。

38 万　384204　386685　39 万

通常用“四舍五入”的方法* 求一个数的近似数。

384204≈380000

386685≈390000

试一试

先读一读，再改写成用“万”或“亿”作单位的近似数。

283000 ≈（　）万　　1970000000 ≈（　）亿

怎样用“万”或“亿”作单位写出一个数的近似数？

图2–36　教材例7及其后“试一试”

教学教材例7（图2–36）时，可以先让学生读一读表中的数据，说说从表中知道了什么，想到了什么，引导学生讨论“某市的人口数量是不是正好和表中的数量相等”，使学生意识到：一个城市人口数量是不停地在变化的，像这样的数量一般不需要十分精确，只用与它比较接近的数来表示即可。接着出示题中直线，试着让学生描点表示男性和女性人口数量，说说哪个点离表示38万的点近，哪个点离表示39万的点近，这两个数哪个数比38万5千少，哪个数比38万5千多。在此基础上，向学生说明用“四舍五入”求一个数的近似数的方法，并结合例题中的数做具体介绍。

教学例7后“试一试”时，可以引导学生将大数改写成用“万”或“亿”做单位的近似数的方法，和前面整万或整亿的数改写成用“万”或“亿”做单位的数的方法进行比较，进一步培养学生的估计意识。

18.五年级上册第二单元“多边形的面积”

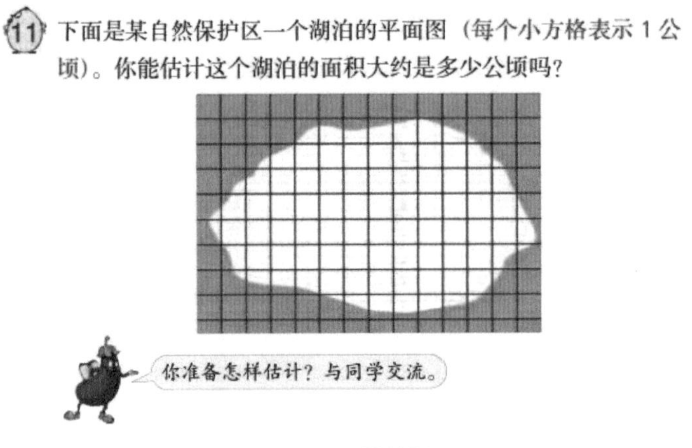

图2-37　教材例11

这部分内容主要是引导学生探索简单组合图形的面积计算方法和不规则图形的面积估计方法，一是为了帮助学生进一步丰富对平面图形面积计算方法的理解，二是为了促进学生进一步提高应用所学知识解决问题的能力，积累“图形与几何”的学习经验。

教学教材例11（图2-37）时，可用数方格的方法估计不规则图形的面积。教学这部分内容时，需要关注以下两点：

①注意引导学生采用不同的估计方法，可以只数整格的个数，也可以

把不满整格的都当成整格来计数，还可以分别数出整格和不满整格的个数，把不满整格的都按半格来计算。

②引导学生通过不同估计方法的比较，初步体会确定上、下界对于面积估计的意义和价值。

练一练

1. 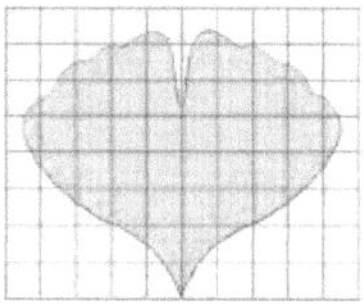

估计一下，左图中树叶的面积大约是多少平方厘米？（每个小方格表示1平方厘米）

2. 先在方格纸上描出自己手掌的轮廓线，再用数方格的方法估计自己手掌的面积大约是多少平方厘米。

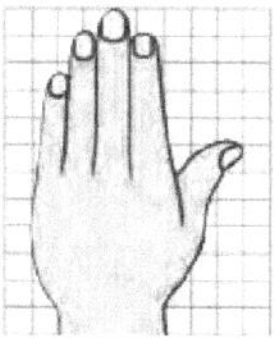

图2-38　教材例11后“练一练”

例11之后，教材随即安排了两道估计练习题（图2-38），让学生应用上面学到的方法估计一片树叶和自己手掌的面积，这样有利于学生进一步掌握估计方法，锻炼动手实践和解决问题的能力。教学时，可以让学生以小组为单位开展活动，先在小组里确定估计的方法，再按确定的方法数一数、算一算。在小组汇报时，可以引导学生用“面积不少于多少，不超过多少”来表达估计结果，也可以用“面积大约是多少”来表达。

9. 采集一片树叶，把它的轮廓线描在方格纸上，估计它的面积。

图2-39　教材练习四第9题

13. 找一个小动物的头像，在方格纸上描出它的轮廓线，再估计它的面积。

图2-40　教材整理与练习第13题

图2-39和图2-40中，这两题很相似，都是先在方格纸上描出图形的轮廓线，再估计面积。课前先让学生准备树叶、小动物头像，课堂上可以两人一组合作进行描画。估计图形面积时，先商定一种估计方法，再按商定的方法数格子、做运算，以帮助他们进一步掌握不规则图形面积的估计方法，发展解决问题的策略。

19. 五年级上册第五单元“小数乘法和除法”

⑦ 下面是小明房间和外面阳台的平面图。

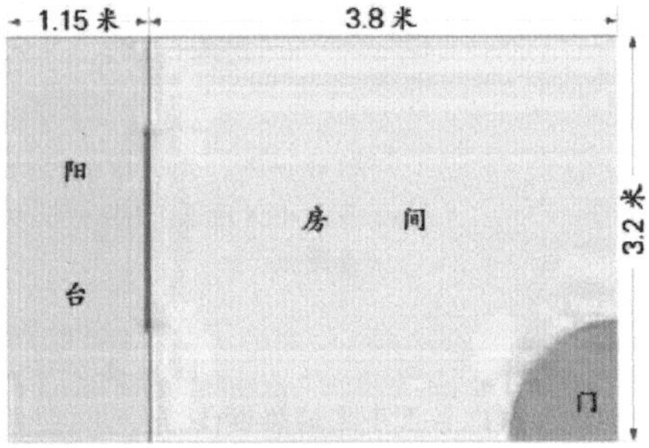

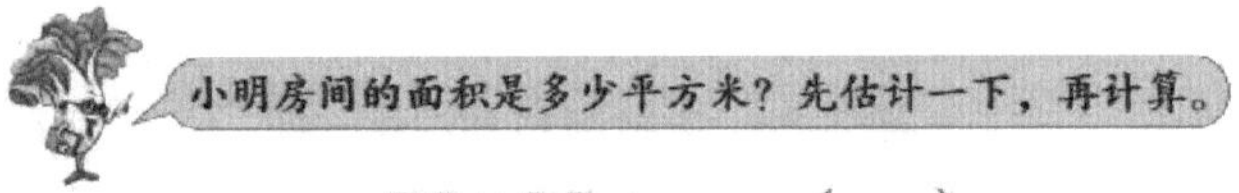

3.8 × 3.2 = ______(　　)

图2-41　教材例7

这部分内容是在学生已经掌握了整数乘除法计算方法的基础上，教学小数的乘除法。教学时，结合具体情境，使学生经历估算、猜想、推理、验证的探索过程，掌握正确计算小数乘除法的方法，学会用估算的方法解决一些实际问题，培养估算能力。

教学例7（图2-41）时，先让学生利用已有的知识和经验，估计3.8×3.2的积，弄清这个结果不少于多少、不超过多少、大约是多少，从而为接下来确认笔算方法合理性提供支持。这里可以把3.8米估计成4米，3.2米估计成3米，它们的乘积大约是12平方米。学生在掌握了小数乘小数的方法后，先计算出3.8×3.2的积，再与估计值比一比，感受估算的价值。

3. 一种西服面料，每米售价58.5元。买5.2米这种面料，应付多少元？（先估计得数，再计算）

图2-42　教材练习十二第3题

教学例7后完成练习十二第3题（图2-42），先让学生说说估计的方法，这道题可以把58.5元看作60元，把5.2米看作5米，估计出买这些面料大约需要300元；也可以引导学生把58.5元看作60元，计算60×5.2=312，这样也可以估算出买这些面料大约需要312元。然后让学生通过列竖式计算出58.5×5.2的得数，最后引导学生比较笔算和估算的结果，更好地感受估算的价值。

16. 一块平行四边形塑料板，底3.2分米，高1.84分米。它的面积大约是多少平方分米？（先估计，再计算，得数保留一位小数）

图2-43　教材练习十二第16题

教学图2-43这道题时，先估计这块平行四边形塑料板的面积，引导学生把底和高分别看作3分米和2分米，这样可以估计出面积大约是6平方分米，再计算3.2×1.84并把得数保留一位小数。这样安排既体现了不同计算方法的相互支撑性，又有利于学生体会数学估算的实际应用价值。

12. 妈妈带100元到超市购物，买了2千克鸡蛋，单价是6.9元/千克，又买了2箱牛奶，单价是29.8元/箱。

（1）估计一下，妈妈大约用去多少元？

（2）超市的大米有两种规格的包装，大袋的单价是35.4元/袋，小袋的单价是24.6元/袋。剩下的钱还够买一袋大米吗？能买大袋的，还是小袋的？

图2-44　教材练习十四第12题

练习环节，图2-44这道题先让学生估计“妈妈大约用去多少元”，可以引导学生把6.9元/千克看作7元/千克，把29.8元/箱看作30元/箱，由此可以估计出妈妈最多用去74元，然后让学生联系估算的结果，这样就容易知道剩下的钱只够买1袋价格是24.6元/袋的大米。这道题学生用估算来解决，体现了不同计算方法对于解决问题的意义，提高了学生分析和解决问题的能力。

7. 小明家七月份用水12.4吨，八月份用水13.6吨，九月份用水11.7吨。他家这三个月平均每月用水多少吨？（先估计得数在什么范围内，再计算，得数保留整数）

图2-45　教材整理与练习第7题

教学整理与练习第7题（图2-45）时，引导学生联系平均数的含义，估计出得数在什么范围，使学生通过解决简单的实际问题，体会小数乘、除法的实际应用价值，感受估算在实际应用中的价值。

20. 五年级下册第六单元“圆”

6. 估一估，半径是5米的圆，有一间教室那么大吗？半径是10米的圆，大约有几间教室那么大？

图2-46 教材整理与练习第6题

这部分内容主要教学“圆的面积”，使学生在灵活运用圆面积公式的基础上，在解决问题的过程中进一步加深对圆面积公式的理解，同时让学生将估计的圆的面积与身边熟悉的面积作比较，感受圆与生活的密切联系。

教学整理与练习第6题（图2-46）时，先让学生试着估一估“半径是5米的圆，有一间教室那么大吗”，启发学生把计算的圆的面积与本班教室的实际面积相比较，再让学生试着估一估“半径是10米的圆，大约有几间教室那么大”，这里需让学生通过计算加以验证。这部分的教学，主要是引导学生感受到：半径是10米的圆的面积是半径是5米的圆的面积的4倍，也就是当一个圆的半径是另一个圆的半径的2倍时，大圆的面积应该等于小圆的面积的4倍。通过比较这些数据，帮助学生提升估算能力，进一步提升对圆面积的认识。

21. 六年级上册第一单元“长方体和正方体”

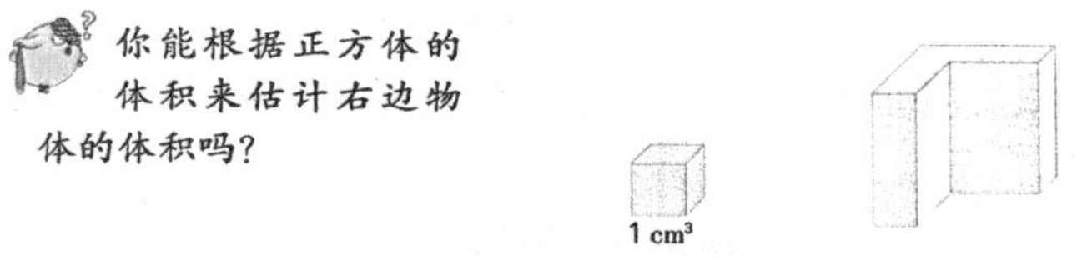

图2-47 教材练习三思考题

这部分内容主要教学“体积和体积单位”，使学生在具体情境中通过观察和操作等活动，理解体积（容积）的意义，帮助学生初步建立1立方米、1立方分米（升）、1立方厘米（毫升）的空间观念，并在此基础上引导学生估测给定物体的体积，培养估测能力。

教材练习三思考题（图2-47），先让学生以左边1立方厘米的正方体为标准，鼓励学生独立思考，估计右边图中物体大约有多少个1立方厘米。这里引导学生通过分割和推理算一算，具体说说运用了怎样的估算策略。其实分割的过程中可以把物体从上往下看作3层，每层有5个1立方厘米，这样物体的体积大约是15立方厘米。

第三章　小学数学估算教学现状

在小学数学教学中渗透估算教学是非常重要的。对于估算教学，学生不仅在课堂上进行学习探究，在生活中也常常应用到，具有重要的现实意义。因此，培养学生的估算意识，发展学生的估算能力，让学生拥有良好的数感，具有重要的价值。然而，现阶段小学数学教学中的估算教学效果并不理想，不尽如人意，学生的估算能力与估算意识不足，对此，我们提倡教师应重视估算教学。

从估算教学现状分析，有三个方面值得关注。一是教材层面，教材倾向于计算教学，忽视了借助估算验证精算的结果，同时教材没有很好地呈现估算在生活中的广泛应用；二是教师层面，估算教学处于两难之地，教师重视程度不够，学生又不愿意涉及；三是学生层面，生活中没能深刻体会到估算的有效价值，导致估算意识缺失。

一、教材层面现状分析

苏教版小学数学教材在“运算板块”中与估算有关的内容，都是以渗透的方式零星出现在相关的章节中。如两位数乘两位数的乘法计算中，借助估算确定积的取值范围，此举可以较快地确定积的大致范围，亦可迅速地运用估算的方法来判断精确计算的准确性。这样的安排虽然具备一定的科学性，但作为估算来讲，本身除了有助于学生的数感培养，还应结合具体情境体现估算的应用价值，让人们感受到在日常生活、生产中估算之快捷。而教材并没有针对这一点进深入挖掘，使得估算教学在计算中发挥的作用与生活中的应用割裂开来。

2015年6月第2版苏教版小学数学教材体系中涵盖的与估算有关的知识统计如表3-1。

表3-1 苏教版小学数学教材中估算内容的编排体系汇总

册名	相关内容	估算教学目标
一年级下册	第三单元“认识100以内的数”	能对100以内物体的数量进行简单的估计与交流
	第五单元“元、角、分”	能用估算与计算相结合解决一些简单的实际问题
二年级上册	第五单元“厘米和米”	能合理估计一些线段或物体的长度，发展初步的空间观念
二年级下册	第四单元“认识万以内的数”	会写已知数的近似数，能结合实际进行估算，增强估计意识，发展数感
	第五单元“分米和毫米”	能合理估计一些线段或物体的长度，发展初步的空间观念
	第六单元“两、三位数的加法和减法”	能正确地进行接近整百、整千数的加、减法的估算，能通过估算确定两、三位数加减法的和或差的大致范围，能结合具体情境进行估算，解决简单的实际问题
三年级上册	第一单元“两、三位数乘一位数”	能通过把两、三位数看作相应的整十、整百数估算两、三位数乘一位数的积，并能具体运用解决实际问题
	第二单元“千克和克”	合理估计一些物体的质量，初步形成估计的能力，发展估计的意识
	第四单元“两、三位数除以一位数”	会估算两、三位数除以一位数的商

续表

册名	相关内容	估算教学目标
三年级下册	第一单元“两位数乘两位数”	能估算两位数乘两位数,并能具体运用解决简单实际问题
	第二单元“千米和吨”	能合理估计长度或物体的轻重,选择合适的长度单位或质量单位进行交流,发展估测能力
	第六单元“长方形和正方形的面积”	能估测和度量给定物体或平面图形的面积
四年级上册	第一单元“升和毫升”	能根据需要选择合适的容量单位进行测量和估计,发展估计意识
	第二单元“两、三位数除以两位数”	能估算两、三位数除以两位数,并解答简单的实际问题
	第四单元“统计表和条形统计图”	能估计一组数据的平均数
	第八单元“角的认识和度量”	能估测角的大概度数
四年级下册	第二单元“认识多位数”	会用“四舍五入”法求一个数的近似数,并理解近似数的含义
五年级上册	第二单元“多边形的面积”	会用数方格的方法估计不规则图形的面积
	第五单元“小数乘法和除法”	能根据要求用“四舍五入”法求出小数乘、除法计算中积或商的近似数,初步学会根据实际问题的需要采用“去尾”或“进一”的方法求一个小数的近似数
五年级下册	第六单元“圆”	会运用估算解决有关圆的面积的实际问题
六年级上册	第一单元“长方体和正方体”	会估测给定物体的体积或容积

审视教材的内容设置及编排，对估算内容偶有涉及，形式与范围也比较窄，且在整个计算教学中也少见对估算知识的有效提醒和合理渗透。

二、教师层面现状分析

不少教师对估算教学主观意识上存在偏差，忽视了估算会对学生的数感、思维及计算能力产生深远的积极影响。正是这样的心理误导，很少有教师把精力花在估算教学上，更不愿意对估算教学进行有效的研究与实践。

估算的本质是在计算和测量的结果无法得到或者没有必要进行精确计算的情况下，在允许的范围内，迅速确定结果的大致范围。那么“允许的范围”究竟是多少？怎样的估算结果才是合理的？如何评价估算结果的合理性？这一系列的问题成为研究者心中的疑惑。

1.重视程度不够

首先，缺乏考查评价。从考查学生的检测试题看，试题本身更关注精确计算，很少出现与估算有关的题目。这往往令广大教师在平常的课堂教学中忽略估算教学，不愿意在“估算”上花太多的时间。

其次，应用意识不强。其实，估算在日常生活中的应用极其广泛，如超市购物问题，根据不同商品的价格，初步估计总价；再如乘车问题，根据车辆座位数及人数来估计需要的车辆数等。然而，我们的数学课堂对估算的应用大多是“纸上谈兵”，老师们一般不会为了估算学习在教学中花费很多时间。

再次，缺乏教学经验。对于估算教学领域，教师主要是通过观摩或研讨一些课例，得到一些零星的认识，很少从课程内容、教材内容等方面去系统认识它，缺少教学经验。因此，教师需要提高估算教学的思想认识，增强估算意识。

一方面教师要善于提高学生乐于学习估算的意识，使其对估算感兴趣，产生主动运用估算解决实际问题的内在心理需求，让他们深刻感受到“估算”是判断或解决问题的一种重要方法。为此，教师要将估算的学习与实际生活情境紧紧地联系在一起，让估算学习不脱离生活实际，使之得到有效落实。另一方面，教师要引导学生体会估算学习的有效价值，发现估算能给学习和生活等带来极大的便利。

2.估算情境缺失

要想估算教学行之有效，学生拥有估算意识并乐于估算，良好的估算教学情境创设必不可少。特别是一线教师，在课堂教学中要适时将估数、估算、估测置于学生熟悉的生活场景中，深入挖掘教材，整合资源。事实上，生活中有许多我们熟知的场景离不开估算或估测，这些场景有利于学生形成估算意识，抓住估算时机，掌握估算技巧。

例如，从低年级数学教学起，学生就要理解并掌握“多一些”“少一些”“多得多”“少得多”等概念，学会通过观察图片上物体的多少作出估测、判断，或者与自己的亲人朋友比一比身高，或者观察一本数学书与五本数学书的厚度，再通过估测比一比。这些贴近生活的情境，学生既感兴趣，又便于估测，可较好地培养估算意识和估测能力。

正确区分具体情境，是提高估算教学有效性的必要条件。具体情境有助于提高学生对算理的理解，也有助于学生体验估算与实际生活的关系。教师在教学中应创设现实、有趣、富有挑战性的情境，通过具体事例，让学生了解到估算在生活中的作用，使学生逐步体验估算的优越性。估计不仅仅是一种技能，更主要的是一种良好的意识和习惯。设计开放性估算题，有利于提高学生的估算兴趣。在估算的过程中，学生的各种能力都会得到综合的运用与提高。如根据自己的身高估计桌子的高矮，根据一堆物体的大小估计盛放容器的大小，根据房间的面积估计所需瓷砖的多少……在计算时，教师要多提出引导性的问题，如“得数大约是多少”“你是怎么知道的”，计算前先估算，判断得数的大致范围，可为精确计算创造条件。

【材料一】“多位数加法估算”案例情景

活动1：切入生活，激发兴趣

师生课前谈话，了解到大部分学生都有自己买东西的经历。在上课的时候，教师提出了这样的问题：“小朋友们自己去买过东西吗？能说说你买过什么东西，大约带了多少钱吗？”听到老师的问题，学生们兴趣盎然，畅谈买东西的经历。教师根据学生的交流情况，进一步了解到学生不仅会自己去买东西，而且初步懂得依据东西的价格确定所需的钱数。教师及时捕捉信息，宣布这节课的学习任务——大家一起去“逛商场”，同时出示教学图片，图片内容为：手表295元，洗衣机3015元，自行车698元，电饭锅302元，摩托车8295元。

活动2：创设情境，探索估算

教师先让学生根据教学图片寻找数学信息，然后让学生根据这些信息提出数学问题。学生的思维很活跃，同时教师参与提出问题和解决问题的过程。下面是师生一起活动的过程：

师：王老师搬新家，需要买洗衣机和电饭锅，请你当参谋，老师大概需要带多少钱？

进行估算时，大家思维活跃，兴趣盎然。大部分学生都把3015元估算为3000元，把302元估算为300元，于是得出大概要带3300元。

一名学生站起来说：不行，不行。这样估算的话，带的钱就不够了，估计3300元不合适。

他的话真是一石激起千层浪，同学们七嘴八舌说开了，有赞成的，也有反对的。

生1：我反对，因为估计3300元比实际需要少了，带的钱少了东西就买不成。我认为应把3015元看作3020元，302元看作300元，这样3320元就够了。

师：我明白了，你的意思是在购物估算时，要注意往大的整数靠，使估算的结果比实际支出多一些，才能买到东西。大家还有不同的看法吗？

生2：按标价买，3300元是不够的，但是，我们买东西可以讲价，我想3300元是够的。

生3：我同意带3300元，可以对老板实话实说，“我只带了3300元，卖不卖随你”，然后装着要走，老板一急，不就卖给你了嘛！（生笑）

生4：（不以为然）如果是在超市，不能讲价怎么办？

生3：（补充说）可以让老板送货上门，再给钱也不迟啊！

生5：我赞成，既然是估计，结果只要求接近准确数值，数大一些或小一些没关系。

学生各抒己见，畅所欲言。教师趁机质疑：对于“出门购物时，怎样估算更合理”这一问题，同学们都敢于发表各自的见解，估算方法多种多样。看来，生活中常常要用到估算，那么怎样把估算的知识学得更好呢？

针对这一问题，学生各自说出自己的想法。老师根据学生的实际情况，出示教材中题目，先让学生尝试着做，然后在交流讨论的基础上，让学生在黑板上展示各自的估算策略。

①$305+198\approx300+200=500$　　$305+198\approx310+200=510$

$305+198\approx300+190=490$

②$7990-1995=8000-2000=6000$　　$7990-1995\approx7900-2000=5900$

$7990-1995\approx7990-1990=6000$

师：看了这些不同的估算方法，你发现了什么？

生6：我发现，它们的相同点都是先把前两个数进行估计再算出得数，不同点是估计的数有些不同，结果也就不同了。

师：你观察得很好，发现了近似数的取法会直接影响估算的结果，那么大家认为怎样取近似数合适呢？

生1：我认为可以去掉最高位或第二位后面的尾数。（师让其举例验证。）

生2：我懂得一种“四舍五入”法，尾数小于4的就去掉变为0，大于4的就进1。

生3：取整十、整百、整千数计算比较简便。

师：同学们想出了多种方法来估算，尽管方法不同，但老师发现大家在估算时使用了同一个数学方法，想想是什么呢？

生：我们都在想方设法凑整数。

师：对，在估算时，把不是整十、整百、整千的数当成整十、整百、整千的数，使估算后的计算结果更简便。

活动3：应用拓展，解决问题

在学生基本掌握了估算方法后，教师抛出了买东西的应用问题，先出示一些图表，然后提出一系列的数学问题让学生解决，并且提出和生活联系紧密的拓展性作业，从中来了解学生学习的基本情况。

拓展性作业：调查家庭的收入与开支情况，估算出每月的收入与支出。

我们应该清楚地看到，估算教学的情境创设目标应该是为学生学习估算服务的，应该是与学生的现实生活和以往的知识体系有密切关系的，能让学生“触景生情”，提高数学思维的积极性，引起更多的数学联想，这样才能发挥教学的导向作用，保证教学的实效性。

【材料二】

素材1：早晨淘淘用15元钱购买了牛奶、面包和鸡蛋，当他到达商店时，在下列哪种情况下使用估算比精算有意义？

A. 当淘淘试图确定15元钱是否够用时

B. 当售货员将一种食品的价格输入收银机的时候

C. 当淘淘被告知应付多少钱的时候

D. 当收银员数淘淘所付的费用的时候

素材2：

问题1：姑姑准备接你和你的朋友去游玩，为了接你的朋友，她需要知道你朋友的地址，你觉得提供一个近似数行吗？

问题2：你和朋友约好了上午11：45在入口的地方会面，你觉得把时间近似为11：00到达合适吗？

问题3：你想要买3个1.5元的游戏币，除此之外还想买2.95元的面包，你一共有5元钱，你需要求出精确值才能够进一步判断你的钱够不够？

老师要引导学生在真实的情境中理解估算的意义。张奠宙教授在《课程・教材・教法》中有这样一段论述：小学数学中的估数、估测学习为估算做铺垫，编排的逻辑顺序脉络要清楚，不可混为一谈。应先考虑估数—估算、估测—估算，继而估数、估测—估算。根据张教授的论述可知，估算价值型课程非常重要。

以上材料明确指出了近似数和精确数的概念以及两者之间的差别，使得学生在具体的情境中通过具体的理解知道近似数和精确数，从而完善自己的建构，让学生清晰地知道估算在什么时候用，精算又在什么时候用。这样的教学重视培养个体估算意识的首先性，自觉地应用估算，充分体会估算的用途。估算意识的产生往往是数学的直觉，它以高度浓缩的形式洞察估算问题的本质，这样对学生理解问题、建立新的猜想大有裨益。

3.估算方法偏位

尽管有一些教师传授给学生合理的估算方法，但在日常教学过程中，他们并没有充分了解估算教学的实际意义和估算所表达的现实意义。他们常常就题论题，将估算一般方法枯燥地讲解给学生，学生则按部就班地完成估算，找到估算结果，就算完成任务了，很多学生没有真正地理解这样估算出的结果到底有什么意义。

教师要引导学生在具体的情境中体会估算方法。估算是一种能够用于解决非常规问题情境的技能，也是一种用于解决问题的情境性工具。课程标准要求学生在情境中合理估算和判断结果的合理性，教学设计必须依赖于问题情境的现实性，这是估算教学的出发点，也是估算教学的归宿。张奠宙先生曾说：为了达到新课标中能选择合适的方法进行估算的学习要求，教材在方法上应先介绍“放大估（进位估）”，再到“缩小估（去尾估）”，然后在放大估与缩小估同时使用的内容或题目出现，以免造成学生认知上的混乱。

情境1：航模198元1个，买12个，只有2000元够不够？你是怎样想的？（放大估好些）

情境2：学校组织350位学生外出参观，现有7辆车，每辆车有56个座位。估一估，够不够坐？

对于情境2，学生感觉缩小估好一些，因为每辆车有56个座位，如果你估成60个，就可能不够坐。

情境3：一个菜园里有84垄白菜，每一垄有57棵，下列哪个选项最好地估计了这个菜园里总共有多少棵白菜？

A.100×50=5000　　B.90×60=5400　　C.80×60=4800　　D.80×50=4000

通过以上情境让学生体会估算的应用性，方法的多样性，进一步体验估算的价值，领略估算的魅力。根据问题情境，使用估算方法，可丰富学生的学习经验。估算是一种开放性的创造活动，往往带有不确定性。估算教学不仅是教会学生解题，还要让学生掌握估算的技能，知道如何根据具体情境灵活选择估算方法。这些估算技能的学习，贯穿于学习的全过程，不仅可以把数“往大了估”“往小里估”“往中间估”，还可以运用“四舍五入”等方法。估算的过程大致有三个阶段：第一，简化数据，利于口算；第二，口算出结果；第三，调整结果，趋于合理。在这个过程中，学生经历复杂问题简单化，可以通过估算值和精确值的比较，优化自己的估算方法，提高估算能力。

4.估算评价错位

估算教学的总体目标难以掌握，估算的价值评价也难以判断。虽然估计的方式多种多样，但估算结果并没有严格统一的标准。所以，当我们在解决实际问题时，只要能够充分体现出估算结果的合理性，估算的价值就是有意义的。

教师要在不同的情境中关注估算评价。评价不是为了证明，而是为了改进。评价方法是开放的，评价结果是多元的，不是越精确越好，要对评价对象进行全面、深入、真实的观察，采用多种评价方式来获取评价对象的全面信息。我们可以采用口头测试这种评价方式，即通过面对面问答的形式，让学生口算出结果，逐步走出“先算后估”的困局。

例如：估算“287+145”。如果是在购物情境中，一件上衣287元，一条裤子145元，买一套这样的衣服，带450元够吗？那么就要从“上界”角度来思考，把287看成300，145看成150，300+150=450，妈妈带450元足够。如果是安排座位的情境中，左边有287个座位，右边有145个座位，400人够坐吗？那么就需要从“下界”角度来思考，适当“往小里估”，把287看成260，145看成140，260+140=400，够坐。所以说，在不同的情境中估算的结果是不同的。但只要有一定的依据，能对实际问题作出合理的解释，就是合理的，估算的结果没有对错，只有好坏之分。教师要充分发挥以“评”促“学”的功能，促进学生自觉反思，提升估算技能。在笔试的估算中，教师要尽量展示估算过程，全面了解学生的思维过程、解决问题的方法，为评价提供真实材料。

三、学生层面现状分析

《义务教育数学课程标准（2022年版）》在第四部分“课程内容”小学部分“数与代数”中，明确指出要强化估算的作用。在第二学段中提出，“在解决实际问题的过程中，能结合具体情境，选择合适的单位进行简单估算，体会估算在生活中的作用。”“估算教学要引导学生在具体的问题情境中选择合适的单位进行估算，体会估算在解决实际问题中的作用，了解估算的实际意义。”在第三学段中提出，“能在解决实际问题中运用恰当的方法进行估算，并能描述估算的过程”等。总之，小学生要能够结合具体的情境选择适当的单位进行简单的估算，体会估算在实际生活中的广泛应用。

估算是在实际计算和测量过程中无法准确计算或无须计算准确结果时

使用的一种计算方法。它可以合理地估计或推断数量关系和空间形式，广泛应用于日常生活和学习中。培养学生的估算意识和估算能力，对提高学生观察、处理和解决实际问题的能力具有重要价值。因此，从某种意义上说，在小学数学教学中，估算应作为一种重要的思维方式加以培养。

然而，学生的估算意识明显淡薄，估算能力不强，这不能不说是数学教学的一大憾事，故深化估算教学已经迫在眉睫。

1.估算意识不强

在实际教学中，教师一直非常重视笔算的正确率和熟练度，但对估算教学缺乏重视，以致学生缺乏估算意识，没有掌握合理的估算方法，也没有养成估算的习惯。

（1）估算意识缺失。

教师对估算教学认识不足。由于缺少明确指出估算教学意义的具体内容，教师在把握教学目标时容易出现偏差，导致在教学过程中对估算教学不够重视，经常将估算方法的教学与实际分割开来，让学生做大量的估算练习，强调一些关于估算的书本知识，并将一系列与估计相关的词汇，如“可能”“大约”刻进学生的头脑中。

学生缺乏估算意识。教师对估算教学的“敷衍”，使学生不理解他们为什么要学习估算，更不知道如何运用估算去解决问题，甚至弄不清楚什么情况下使用估算。例如，估计“11×502”，学生都知道11×502≈10×500。但在解决问题“502名学生参观动物园，票价为11元/人，老师只有5000元钱，够买门票吗?”时，因为题目中没有“可能、大约”这样的词，很多学生没有意识到可以使用估算进行快速判断，却从容地选择了精确计算进行结果比较。

（2）估算知识点常常被忽视。

一年级数学教材就出现了估算内容，但往往被忽略。例如：一年级上册教材第83页，“4.先估一估是多少，再数出来。”在教学时，可以让学生先看图估一估，再数一数，看看自己估计得怎么样，以此积累估计的经验，一定要避免学生先数后估。但学生更多的是忽略估计，直接去数，得到精确的数字。一年级下册教材第33页，学生开始认识到“多一些”与“多得多”、“少一些”与“少得多”表示了两个数量相差的程度。这些“多得多”“少得多”“多一些”“少一些”的数学语言，给予了学生最初的估算知识。在学完数的认识（100以内数的认识、万以内数的认识），了解了准确数和近似数后，就开始了估算学习。三、四年级学完“两位数乘两位数”“三位数乘两位数”的乘法运算及除法运算后，估算的问题渐渐凸显。五、六年级学完分数、小数后，估算知识加以深化。

《课程标准》指出：在义务教育阶段，数学课程要培养学生的核心素养，其一就是会用数学的眼光观察现实世界。而在义务教育阶段，数学眼光主要表现为抽象能力、几何直观、空间观念与创新意识，抽象能力包括数感、量感和符号意识。小学阶段的数感中，“能在简单的真实情境中进行合理估算，作出合理判断”，以及量感中“能合理得到或估计度量的结果”，其实都占有很大比重。

教材中的例题和习题也体现了对估算素养的培养。这就要求教师在读懂《课程标准》的前提下，对小学阶段的教材有整体的认识，多看教材，更好地把握估算知识的脉络，对估算有更深刻的认识。

（3）对用估算解决问题的作用体会不深。

计算是数学的重要组成部分，是学生学习数学的基础，也是学生应该具备的基本技能。计算能力的训练，有助于培养学生敏锐的观察力、综合思维能力及快速反应能力。

估算是计算的重要组成部分。估算在日常生活和学习活动中具有极为重要的作用。目前，学生的估算意识较低，与他们对估算作用的体验不深有直接关系。

估算以口算为基础，同时又能促进口算能力的提高。两者的有机结合，可以有效提高精确计算的准确率和计算速度，并且估算对精确计算具有一定的矫正作用。

估算有助于丰富学生对事物的感性认识。提高估算能力有助于加深学生对计算和测量结果的概括性理解。如二年级上学期学习“厘米和米”这一单元时，教材中有很多习题是让学生先估计再测量的。理论上说，估量橡皮、粉笔、数学书这些学生学习生活中常见的物品难度不大，但在实际操作中很多学生的估量差距较大。一是因为学生对于1厘米、1分米建立的实际长度表象不足。二是忽略了在测量后与自己估计结果的对照。因此，学生要将测量结果与估计结果做比较，对比差距较小，说明估计得较准；差距较大，说明估计得不够准确。经历多次这样的比较过程，学生对于各个单位的理解才会更加深刻全面。

估算有利于培养学生的观察能力。估算习惯的培养需要日积月累，生活中的很多现象都会成为估算的依据，尤其是一些常见的量。在数学课中，学生对抽象概念的理解，往往显得很迷茫。如四年级下册“升和毫升”这一单元，学生在没有认识体积之前就来认识容量单位“升”和“毫升”，要真正建立起对空间单位的概念表象，着实困难。这部分内容的教学，教师应引导学生进行估量、测量、计算和比较，使抽象的“升”和“毫升”具体可见，让学生在感悟“升”和“毫升”的过程中，不断培养量感。长此以往，估算教学有利于增强学生捕捉周围事物信息的敏感性和主动性。

估算是学生检验运算结果的重要方法。我们要加强口算，重视估算。估算在数学学习中，尤其是计算学习，占有重要一席。如果我们在准确计算前进行估算，就可以估算出大致的结果，为正确计算创造条件；如果在准确计算后进行估算，就可以检验计算结果的合理性，大概地判断出计算有无错误，并找出错误的原因。因此，良好的估算习惯，将有助于增强学生对计算结果的检验意识，形成自我检查、自我监督的良好学习习惯。

估算为谋划事件的可行性提供重要支撑。我们在谋划一件事时，可以先对相关问题做出粗略的初步估计，以确定其是否可行，然后根据实际情况做出最终决定。例如：学校组织987名学生去公园游玩。如果公园的门票每张8元，问8000元够不够？在解决此类问题时，同学们由于惯性思维，提笔便算。其实完全可以先估算，987看作1000，那么8×1000=8000。因为在估算的时候把人算多了，所以8000元足够。日常生活中，同样有许多问题并不需要精确的答案，完全可以选择估算。

2.估算方法把握不准

估算虽然是一种大致的估计，但并不是凭空猜想。那么，如何使估算更加合理呢？事实上，存在多种估算策略。那么哪些估算策略是合适的？这就需要估算原则。估算原则是指计算方便、能接近准确值，并且符合实际需要。

常见的估算策略有以下几种：

①凑整法。这种方法在日常生活中应用最广泛，也是最基本的估算方法，即把数量看成整十、整百、整千等再计算。如，497看作500，221看作220或200等。

②进一法。即在每个数的最高位上加1，再取整十、整百数等进行计算。如，39+26+8+38≈40+30+10+40=120。

③部分求整体。即把一个大的整体平均分成若干份，根据部分数求出整体数。比如，估计操场上的学生数，先将每个班看成一个整体，数一数其中一个班有多少人，然后估计出操场上的班级数，最后推算出整个操场的人数。

④以某一标准进行实际估计。这是通过学习和掌握计数单位和测量单位的知识来估计现实生活中的事物。这种方法有三种常见形式。第一种方法是使用计数单位进行估计。第二种方法是使用计量单位进行估算。例如，在学习了“米”和“厘米”之后，学生可以估计同学的身高、教室门窗的长度以及球门的高度。第三种方法是使用对象作为估计的参考。例如，如果已知小兰的身高为120 cm，小琴和小婷分别站在小兰的左右，根据她们与小兰的身高差，估计她们的身高。

⑤根据位数估算。例如，“两、三位数除以两位数”中，296÷37=12。因为除数是两位数，被除数的前两位比除数小，所以商应该是一位数，于是判断商“12”是错的。

⑥根据运算性质估算。例如，849+136−109=836。根据“减去的数比加上的数小，其结果应比原数大”，可判断“836”是错误的。

⑦利用特殊的数作参照。例如，看到126×8，就可以想到125×8，直接得出它的结果大约是1000。

⑧根据生活经验估算。例如，在计算优秀率、出勤率或者正确率的时候，答案出现大于100%肯定就是错的。又如一批零件需要加工，李师傅单独加工完成需要7小时，王师傅单独加工完成需要8小时，王师傅和李师傅一起完成需要几小时？根据经验，两位师傅合作的时间肯定比他们单独完成的时间少一些。如果计算结果大于7，肯定是错误的。

在估算时，不可避免地会有各种策略。教师应尊重每个学生的想法，给他们足够的时间和空间，鼓励他们寻求多样化的估计方法，同时组织学生积极交流，大胆表达自己的观点和想法。然后，引导学生对这些评估方法进行比较和优化，掌握更合适的评估策略。

在教学实践中，大多数学生对为什么要进行估算感到困惑，不能正确理解估算的意义和价值。因此，估算必须在具体情境中进行。只有通过创设生活场景，让他们体验估算的便利性和实用性，他们才能感知，形成估算意识，发挥估算作用，才能真正理解估算。

例如，在教学中，教师可以创设一个学生到超市买东西的情境：该生分别买了5.4元的面包、12.8元的酸奶、7.5元的笔这三样物品。问：妈妈给的30元钱够买这些东西吗？这样的情境学生很熟悉，自然会激发他们在课堂上学习的积极性。一些学生可以很快回答，30元足够买这三样物品，而其他学生还在计算。为什么有学生能这么快断定30元足够买到这些物品？于是，教师让这部分学生讲述他们的解答方法，了解估算和精算的区别。当问题不需要准确答案时，我们可以通过估算快速解决问题。通过这样的情景教学，让学生了解估算的价值，培养估算意识。

在教学中，教师应把学生带入生活情境。从学生现有的生活经验出发，创设生活情境，引导学生观察、猜测、推理和交流，从而获得估算相关的知识体验。在课堂教学中，教师可以引导学生从原始信息中思考，体验“再创造”的过程，使学生主动探究，在感受中发现，在发现中交流，在交流中发展，学习不同的估算策略，体验估算的现实意义，体验成功的乐趣，养成良好的学习习惯。

在教学中，教师起主导作用。例如，当学生使用寻求精确数的方法时，老师并不否认他的想法，而是引导大家再次观察问题，从问题出发，思考更简单的方法。当学生回答了估算方法，还可以引导他们思考“有什么不同的想法”以分散学生的思维，让他们在解决实际问题时体验不同的估算策略，感受数学来自生活，数学在我们的生活中。教师的评价首先肯定学生使用的联想方法是数学学习中经常使用的策略，同时指出，为了确定联想内容的正确性，需要对联想结论进行验证。这种评价不仅保护了学生学习的积极性，而且给出了学习数学知识的一种常用的策略，同时这种学习的策略在其后续学习中会发挥很大的作用。

课堂教学的多元评价是我们应该不断探索和研究的问题。只要我们关注每一个细节，关注每一个问题的生成，评价得当，就能促进学生估算意识的发展和提高教学的有效性。

3. 先算后估，本末倒置

习惯于“算着估”。估算“78+13”时，有学生是这样解释估算过程的：70+10=80，8+3=11，80+11=91，所以78+13大约是90。他们采用的方法用口算过程来解释估算，即先计算再估计。

为什么“先精确算后估算”的情况常常出现？首先，从教材编排的角度来看，二年级估算的教学内容是在学习了“100以内的加减法”后进行编排的。学生已经非常熟悉“78+13”的计算，实际计算能力已超过本题要求。然而，从学生知识的出发点来看，这种“伪估算”意义不大。“为什么要估计？是否可以口头完成？”学生如何从实践中体验估算的价值和必要性。因此，尽管这种情况是“具体的”，但它并不“适当”，也就谈不上有效了。

认知心理学认为，学习是强调学生将新知识与自身原有的认知结构建立联系的过程。为了建立原有认知结构与新知识之间的联系，需要“先行组织者”的教学策略。所谓“先行组织者”，是指在学习任务本身之前呈现的一种引导性材料，它可以将认知结构中的原有概念与新的学习任务清晰地联系起来。这里的引导性材料是使学生能够顺利地将旧知识与新知识联系起来的学习材料。换句话说，有效的练习应该根据学生原有的知识、经验和思维基础来设计。

4.对估算的实际意义把握不准

在小学数学估算内容的教学实践中，学生总认为，如果题目中有“大约”这个词，就不能准确计算，需要对其进行估算。这实际上是对估算的误解，一方面，这是因为对估算本身理解不足，另一方面，可能是因为对“大约”的用法不明确。

“大约”并不是一个具有严格意义的数学术语，因此在不同语境的使用中，其含义是会出现差异的。

“大约”的第一种用法是表达“无法准确”的数量或数量关系。比如圆周率大约是3.14或者近似于3.14。

“大约”的第二种用法是表达某类事物或动物的数量属性。比如，苏教版小学数学五年级上册第73页“小数的乘法和除法”中有题：“世界上最大的鸟是鸵鸟，一个鸵鸟蛋约重1.5千克。一个鸡蛋一般只有0.06千克。一个鸵鸟蛋的质量大约是一个鸡蛋的多少倍?”这里的鸵鸟蛋或者鸡蛋不是特定的一个，不可能所有的鸵鸟蛋或者鸡蛋的质量都一样。这里的“约”反映的是鸡蛋或者鸵鸟蛋的普遍规律，即“鸵鸟蛋质量接近于1.5千克”以及

“鸡蛋质量接近于0.06千克”。“1.5千克”或“0.06千克”应当是对大量鸵鸟蛋和鸡蛋进行称量后所得的平均值，因此这里的“大约”实际上是统计中“平均”的意思，也可以说“一个鸵鸟蛋平均重1.5千克”以及“一个鸡蛋平均重0.06千克”。

“大约”的第三种用法是“无法准确”地对运动或变化的数量进行描述。比如，苏教版小学数学四年级上册第27页“两、三位数除以两位数”中有题：“小红从家到学校用了13分钟，平均每分钟走多少米？她用同样的速度从家到少年宫要走几分钟？”题目中叙述的“小红从家到学校用了13分钟”，并不意味着小红每一次从家到学校都是13分钟，行走过程中速度时快时慢是很正常的，所以这里的“用了13分钟”也是一个统计意义的平均值，因此也可以表述为“小红从家到学校大约用了13分钟”。因此“小红家到学校大约有多少米？”中的“大约”，并不是要求运用估算解决问题，而是伴随着前面“每分钟大约走65米”而出现的。类似的例子还有：中国大约有14亿人口。事实上人口数量每时每刻都在变化，只能用“大约”来表述。

未知因素的干扰也会导致结果“不准确”，也需要用“大约”来描述。比如，苏教版小学数学六年级下册第19页“圆柱和圆锥”中有题：“一个用塑料薄膜覆盖的蔬菜大棚，长15米，横截面是一个半径2米的半圆形。(1)搭建这个大棚约要用多少平方米的塑料薄膜？(2)大棚内的空间大约有多大？”用薄膜覆盖大棚，实际过程中需要考虑覆盖时的损耗以及覆盖过程中需要留边压条的情况，这些情况造成的损耗是很难准确计算出来的。因此，题目中“大约要用多少薄膜”中的“大约”应当是针对此情况而使用的，并不是要求计算过程要用估算。同理，大棚所呈现的半圆柱并不是一个标准的半圆柱，因此大棚内的空间也只能用“大约”描述。另外，这道题目的计算中还会用到无理数π，如果最后结果取了π的近似值，那么这里的“大约”还有“近似”的含义。

5. 没有养成良好的估算习惯

著名的英国哲学家培根说：习惯真是一种顽强的巨大力量，他可以主宰人生。可见，良好的习惯可以成就人生，使人终身受益。同样，数学学习也要养成良好的习惯，尤其在计算学习中，良好的估算习惯可以帮助学生快速解决许多实际问题。然而，很多学生对估算并不感兴趣，不愿“估”，不想“估”，也不会“估”。

（1）不愿“估”。

生活中的实际问题不愿意去估算。随着信息化时代的飞速发展，科学技术替代了人的很多思维活动，计算器在课堂中的应用越来越多。根据新课标的要求，在数学的运算方面，要重视口算，加强估算，淡化笔算，学会使用计算器，鼓励算法多样化。淡化笔算的具体方法是引入计算器代替部分笔算，降低对笔算的要求。计算器引入课堂教学是必然的：一方面，可以减少计算时间，提高计算速度；另一方面，可以引导学生在计算器的帮助下探索一些复杂和更现实的应用问题。从教学的实际效果来看，计算器的引入对减轻学生的学业负担、缓解计算恐惧起到了很好的作用。

现在我们需要解决的正是学生对计算器的过度依赖。毕竟，计算器的过度使用也带来了一些不利因素。在现实生活中，教师和学生普遍感到自己的计算能力有所下降。更严重的是，一些学生在离开计算器后，一些简单的运算都做不对，更谈不上根据问题有选择地估算。

如何让学生意识到有些问题不需要借助计算器也可以轻松解决？或者说，有些问题即使依赖计算器也没有办法解决，但我们却可以利用现有的知识经验，经过思考后解决。比如，苏教版小学数学一年级下册第41页“综合与实践”中问题：“先抓一把蚕豆，数一数有几粒；再抓一把花生米，猜猜大约有多少粒。”虽然解决这个问题需要一定的过程，但很明显已经不是计算器能帮忙解决的。通常这样的题目，教师受限于材料，很难让学生经历解决问题的过程。其实，教师可以在超市买一些蚕豆和花生米，拿到课堂上，让学生真实经历解决问题的过程。教师先指导学生抓豆子的方法，不宜过松、过紧，保证抓法的一致性，学生抓完蚕豆数一数，再猜测自己抓的花生米的数量。需要注意的是，一定要把猜测的数量写下来，与之后数出的结果进行对比。另外在估计的过程中，要引导学生适当交流，以便调整估计的结果。引导问题类似于：一粒花生米比一粒蚕豆大一些还是小一些？一把花生米比一把蚕豆的粒数多一些还是少一些呢？

在经历这个完整的估计过程后，学生再碰到类似的估算问题时，便不会有畏惧感，因为他们成功经历了估计的过程。

（2）不想“估”。

学生在解决精确计算的问题时，往往觉得没有必要去估算，只要细心计算就可以了。而且，他们认为估算只会耗费时间，没有必要养成用估算的结果去检验精确计算的结果的习惯。

比如，苏教版小学数学二年级下册第71页“两、三位数的加法和减法”中有题：“一年级和二年级学生到剧场看演出，一年级有195人，二年级有198人。剧场共有400个座位，够坐吗？为什么？”判断座位够不够，要看两个年级的人数和会不会超过400。完全可以把195看作200，把198看作200，都把原本的学生数看作比它们大的整百数，所以两个年级的实际人数和不会超过400。类似这样的问题，不需要精确计算获得正确的结果，只要判断就可以了。数字越大，估算比精确计算越快。

估算除了在解决实际问题时可能节省时间之外，还能检验计算结果。例如：计算48×4。先引导学生估算，一般把48看作50，再用50乘4，结果是200。那正确结果比200大还是小呢？同学们思考后会异口同声：实际结果比估算结果小。为什么呢？部分同学一下子看出了问题的关键所在：把48看成50实际看大了，估算的结果就大了，所以实际结果应该比估算结果小。之后进行笔算，结果为192，再让学生验证它的准确性，显然接近估算的结果，且比估算的结果小。这一教学过程便于激发学生估算与计算的兴趣，也能提高他们估算与计算的能力。

除了验证计算的结果，估算还可以为我们划定结果所在的范围。比如，苏教版小学数学五年级上册第22页“多边形的面积”中有题：“下面是某自然保护区的一个湖泊的平面图（每个小方格表示1公顷）。你能估计这个湖泊的面积大约是多少公顷吗?”利用方格纸估计不规则图形的面积，有两种基本方法。第一种方法是估计面积的大小范围，题中的湖泊平面图，如果只数整格的，共计55格，也就是说湖泊的面积不少于55公顷；如果把不满整格的都当作整格计算，共计91格，也就是说湖泊的面积不超过91公顷。综合来看，这个湖泊的面积在55～91公顷。这个范围可以作为我们检验第二种方法计算结果的依据。第二种方法是把不满整格的都当做半格计算，题中的湖泊平面图包含55个整格和36个半格，湖泊面积大约是55＋18=73（公顷）。显然，73在55～91这个范围里。

（3）不会“估”。

小学数学应该与现实生活相联系，使学生的学习更具有现实性、趣味性和挑战性。估算在实际生活中有着广泛的应用，与其他知识也密不可分。

比如，苏教版小学数学五年级上册第82页综合与实践——班级联欢会，确定购买物品的种类和数量，再估一估、算一算，大约一共需要多少元?这其实是生活中常常会遇到的制订预算问题。在调查完相关商品的信息后，引导学生根据实际需要最终确定购买商品的种类和数量，并依据调查的信息算出每种商品的总价、所有商品的总价，以及全班的人均费用。这个计算过程事实上是估算过程。因为在实际生活中，购物所需的费用常会因为一些特殊情况略多于或少于预算。比如，在实际购买中发现超市的某个物品的价格出现了浮动，或者原本制订的计划中物品数量不足需要别的物品来替换，当然也会因优惠产生结余等，这些情况都会让实际费用出现浮动。在活动过程中，一方面需要尽可能详尽地记录购物情况，以便后期与预算做对比；另一方面，在经历制定预算、购物记录、对比实际与预算这些活动后，学生获得了应用数学知识和方法分析和解决问题的直接体验。特别是在估算实际生活中的应用问题时，他们会考虑更多现实的因素。

在平时的课堂教学中，教师应该有意识、有系统、有规律地培养学生的估算意识和习惯，无论是计算前对所得数的“估”，解决问题前对问题结果的“估”，几何教学中对长度和面积的“估”，还是对统计结果和相应的决策的“估”，只要有估算的空间，就应该提醒学生通过比较估算结果和准确的计算结果来评价和感受估算的优越性。

总之，培养学生的估算应用能力是一项长期工程。在小学数学估算教学中，教师应当立足生活实际，设计符合学生认知方式的教学方法，创设学生熟悉的数学情境，不断引导学生感受估算的魅力，强化估算的意识，激发估算的兴趣，养成估算的习惯。同时，估算问题的设计不仅要鼓励学生多样化解决问题，还要把握问题的准确性；不仅要注意估算数字的普遍性，还要注意使用范围的接近性，防止随意性；不仅要注意估算与社会生活的联系，还要注意生活中的合理性使得估算更具现实意义和应用价值。

第四章　小学数学估算教学意识的培养

数学学科相对于其他学科而言，其知识内容更加抽象和复杂，尤其是计算教学中估算的学习。新课标的发布与实施，要求小学数学教师在实际教学过程中不能只关注口算和精确计算，应该重视培养学生的估算意识。教师应该积极地更新自己的教学方式和教学理念，通过多种方式对学生开展数学知识教学，激发学习兴趣，将估算学习融入具体的生活情境，培养良好的估算习惯，增强估算意识，不断提升数学素养。

估算是计算能力的重要组成部分，是根据具体条件及其有关知识对事物的数量或算式的结果做出的大概推断或估计，既是对当前所面临情境的一种整体把握，又是对事物本质的直觉判断。因此，估算具有较强的直觉性、跳跃性和内隐性。美国学者桑德将估算分为计算估算、测量估算和数量估算，等同于现在教科书上的估算、估测和估数。

学生有了一定的口算和计算能力，教师才能进行估算教学，因为估算具有一定的推理成分。一、二年级是简单估算实施阶段；三年级开始是估算能力的提高和发展阶段，既是运用估算方法和策略灵活解决各种估算问题的阶段，也是真正体会估算的应用价值的阶段。

《课程标准》在“课程内容”小学部分“数与代数”中，对估算学习提出了“能结合具体情境，选择合适的单位进行简单估算，体会估算在生活中的作用”和“能在解决实际问题中运用恰当的方法进行估算”的要求。

另外，张奠宙先生对估算的看法有“小学数学中的估算、估测学习为估算做铺垫，编排的逻辑顺序为脉络要清晰，不可混为一谈”，很值得重视。他提出的观点，遵循小学生的认知规律，合理切入估算，为估算教学指明了方向。

一、情境创设，感受估算价值

估算是解决生活中实际问题的一种常见方法，在这个过程中，学生要具备一定的估算能力，掌握合理的估算方法。为了让学生能够更好地把握估算的知识要点，教学过程中要适当借助一些具体的情境案例，让原本枯燥乏味的数学知识变得更为具体，让估算意识的产生更加切合实际，使学生深刻感受到数学源于生活又服务于生活，即估算具有重要的应用价值。

例如，一个关于生活问题的情境：小亮的妈妈要去超市买牛乳、曲奇饼干、吐司面包、纯棉毛巾、杯子、饮料。这些物品的价格分别是：牛乳78元，曲奇饼干59元，吐司面包42元，纯棉毛巾41元，杯子29元，饮料18元。小亮的妈妈仅有300元。小亮妈妈身上的钱够购买这些物品吗？在以上问题中，因为小亮妈妈要买的食物比较多，所以计算有点麻烦。

我们可以采取“凑整法”先估算：将78元、59元、42元、41元、29元、18元分别看成80元、60元、40元、40元、30元、20元，这样便可以快速地口算出80+60+40+40+30+20的结果是270，可确定小亮的妈妈带300元是够的。这个问题不需要准确的计算，用估算是比较简便的。这类问题还能够适当锻炼学生的估算能力，从而激发学生的估算意识，使学生感受到估算学习的兴趣与实际应用价值。

二、结合实际，培养估算习惯

1.联系实际生活，感受估算的价值

在具体教学过程中教师要灵活地将数学知识与日常生活中的事例结合，给学生创设合理的问题情境，充分感受运用估算解决实际问题的必要性与简洁性，这样学生才能够在自己比较熟悉的情境中更好地实现情感迁移，才能够更深层次地理解估算的意义与价值，才能不断提升主动估算意识。

例如，前面提到的“制订旅游计划”，制订旅游计划包含很多因素，如考虑交通出行方式及费用、旅游期间住宿费用、餐饮费用、景点门票费用等，需做出各项费用的合理预算，估算出所需要的总费用。学生可以依据生活经验，在充分调查的基础上，不断积累数学活动经验，提高解决问题的能力。

又如，借助“抽样估测”解决实际问题：1万张纸大约有多厚？不必让学生拿出1万张纸去测量，可先让学生测得100张纸的厚度大约为12毫米，再去估算1万张纸的厚度。通过“抽样估测”，学生解决了生活中不容易通过实际操作解决的问题，感受到估算学习的重要性以及应用价值。

2.通过问题引导，培养估算意识

教师在课堂上合理地提出问题，能够有效增强课堂的师生互动性。在数学教学过程中，虽然教师会给学生展示较多的数学计算问题，但是没有足够重视估算问题的设置。估算与一般的计算相似，能够合理地对数量进行研究，但估算只能够得到大致的结果，不能得出一个准确值。估算在一定程度上可以最大化地节省计算的时间，在极少的时间内了解数量之间的关系，进而有效地提高解决问题的效率。因此，在教学过程中，教师一定要重视结合具体情况科学地对问题进行情境设计，合理地给学生提供估算

的机会，注重培养学生的估算意识。

例如，教师在对“加与减”这部分内容进行教学时，引导学生可以通过凑整的方式将结果合理控制在相应的范围中，这样能够有效地增强数学估算的灵活性。但是在问题设计过程中，教师一定要注意避免把自己作为数学问题的主导者，应该激励学生结合实际的学习情况提出相应的问题，然后引导学生对提出的问题进行思考和研究，进而才可以使得班级所有学生都能够积极地融入课堂学习中来，有效增强学生的估算意识，使得课堂的学习质量和学习效率得到显著提高，进而学生的数学综合能力也能够得到显著提升，为日后的学习和发展打下良好的基础。

3.灵活运用，重视估算技巧的引导

教师在教学过程中要想培养学生的估算意识，那么一定要重视对学生进行估算技巧的渗透。估算并不是对数学知识的盲目猜测，而是通过相关技巧对数学的数量关系进行大致地判断，这样的估算结果和真实结果差距是非常小的。估算技巧在一定程度上直接影响学生的估算意识和估算水平。教师在进行课堂教学时，能够选择的估算技巧非常多，像“进一”法、“舍尾”法、“个位验证”估计法、“凑整”估算法、“抽样”估算法、“取中间数”估算法、“部分求整体”估计法等。

比如，在对“乘法运算”这部分内容进行教学设计时，设置的问题可以是求52、54、56、58这四个数字的和。教师先引导学生对这些数字进行观察，能够了解到这些数字都与数字55非常接近，再引导学生通过取中间值的方式，把这些数字全部当做55，进而再通过乘法55×4对其进行估算，就可以估算出最后的结果大约是220。这样通过具体事例对学生进行讲解，能够使学生更深层次地了解估算的意义，逐步形成估算意识，掌握估算方法。

三、估算教学的着力点

估算的方法多种多样，方法本身并无优劣，只要估算的结果合理，能够很好地解决问题，揭示问题的本质，就是好的方法。

1.将估算与其他教学内容有机结合

教材中没有将估算以独立内容呈现，而是适时安排在不同领域的内容当中，“数与代数”“图形与几何”“统计与概率”“综合与实践”均有体现，并且与实际问题情境紧密联系在一起，为估算创设了条件。根据不同情况，教师在具体内容的教学过程中，要引导学生抓住问题解决的本质，指导学生选择合适的方法进行估算。

在测量部分的教学中，教师要引导学生先估测，后实测，再进行比较，同时要让学生选择合适的单位进行估计，发展估测能力。

在统计内容的教学中，比如求平均数的问题、根据数据分析进行预测等，都要引导学生先估一估，再解决。

在计算教学中，教师要鼓励学生先估后算，这样既可以达到利用估算来确定准确结果的范围，又可以验证计算结果的准确性，培养学生养成良好的计算习惯。

在数的认识教学中，教师要引导学生估一估、数一数，培养学生良好的数感。

在图形与几何领域中，通过估测长度、面积、体积等，发展学生的空间观念。

2.将估算思维拓展到课外

塑造学生的估算观念，可以帮助他们形成良好的数感，加强计算能力，提高计算的精确性。在小学阶段锻炼学生的估算能力，可以使学生具备较好的思维方式和分辨能力，有利于学生非智力因素的发展。学生估算观念的塑造不仅需要在课堂上开展，还需要拓宽到课堂教学以外，让学生大量地观察生活中的情境。如学习面积知识时，教师可引导学生估算出教室、篮球场地、饭堂、体育场等的总面积；学生随父母外出旅行时，可以把估算逻辑思维拓宽到旅行中，这是一个锻炼估算能力的好机会，可提前预估好各项花费，准备好充足的费用。

3.小学数学常见的估算方法

(1)“进一”法。

使用“进一”法估算时，我们通常在数值的最高位上加一，取一个整十数或者整百数进行计算，所以估计结果是偏大的。因此，我们也把这种估算方法称为“大估”法。在实际生活中，解决某些具体情境的问题时，为了使估计值更加合理，我们通常选择“进一”法。此种方法较多地运用于估计车辆座位问题、载重车辆过桥问题、购物问题等。

(2)“去尾”法。

在解决实际问题时为了估算更合理，通常采用“小估”的方法进行估算。运用此种方法估算是把数值的最高位后面的尾数去掉，取整十数或整百数进行估算。

例如，小华过生日时，一家人去饭店庆祝。妈妈点了这样几道菜：糖醋鱼36元，红烧排骨39元，干锅花菜18元，糖芋苗12元，水煮干丝11元。请问：①妈妈带了140元够付这顿饭钱吗？②如果妈妈只带了90元还够吗？对于这个教学情境，很多学生都有切身的体验，也会很容易理解。题目中设有5个数量，精确计算费时，没必要，运用估算就可以很快得出答案。解决这类问题时，可以先估算出所有菜品的总价，再与140元比较。估算问题①时，为了保险起见，我们通常采用“进一”法，即“大估”法，把糖醋鱼36元看成40元，红烧排骨39元看成40元，干锅花菜18元看成20元，糖芋苗12元看成20元，水煮干丝11元看成20元，合起来一共是40+40+

20＋20＋20＝140（元），这里估大了，钱是够的，那么实际结果一定是够的。在估算第②题总价时，再用“进一”法是不合逻辑的，不能解决问题，即40＋40＋20＋20＋20＝140（元）估大了不够，不能说明一定不够。此时可以用“去尾”法，把糖醋鱼36元看成30元，红烧排骨39元看成30元，干锅花菜18元看成10元，糖芋苗12元看成10元，水煮干丝11元看成10元，此时一共是30＋30＋10＋10＋10＝90（元）估计小了，正好是90元，那么菜品的实际总价一定大于90元，估计小了都不够，说明一定不够。

在解决此类问题估算购物总价时，要根据具体数据来选择“进一”法或“去尾”法。如果用“进一”法，估计大了也够，那么说明一定是够的；如果估计大了不够，则不能说明一定不够，这时需要用“去尾”法。如果估计小了正好或也不够，那么说明一定不够。需要注意的是：估算带钱问题时，要联系生活实际进行估算，尽量往大估，以免带的钱不够；估算道路限制高度、过桥限制载重量时也同样尽量往大估，以免不能顺利通过。

（3）“个位验证”估计法。

这种方法是通过口算算式中的个位和算式结果的个位比较，如果末尾相同，则说明很可能结果正确；如果末尾不相同，那么计算结果一定不对。运用这种方法就能预知或检验原式的结果是否准确，此方法常用于验算。

如学生A到黑板上板演计算两位数乘两位数48×36＝1726后，台下一位同学B迅速发现同学A的结果是错的，别的同学吃惊地问同学B是如何在这么短的时间内检查出同学A是错误的。同学B一脸骄傲地说：“其实也没什么，因为两个乘数的末尾是8和6，8×6＝48，所以可以断定48×36的积个位上一定是8，而同学A的计算结果个位上是6，所以他的结果是错的。”话音刚落，教室里响起了热烈的掌声。这种估算方法同样适用于加法和减法计算的快速检验。比如学生在计算3456−297时，先用3456−300＝3156，然后弄不清到底是应该加“3”还是应该减“3”，常有学生出错。在计算时，可教给学生通过估算差的个位进行确定。只要口算个位是16−7=9，即结果的个位是“9”，所以应该用3156+3＝3159，从结果的个位可预知或检验原式是否正确。需要注意的是，运用这种方法进行验算时，个位结果一致也不能保证计算结果就是正确的，因为有可能在别的数位上出错，但是如果个位不一致，则可以确定计算结果一定不正确。

（4）“高位审视”估计法。

运用这种方法进行估算时，把算式中数值的最高位进行计算，再根据最高位的计算结果估计整个算式的结果是否正确。

如在计算5678÷82时，由5678÷82≈5600÷80=70，可判断商的最高位是否正确。如果说“个位验证”估计法可以快速检验出加法、减法、乘法的错误，那么“高位审视”估计法则可以快速检验出除法结果是否出错。

（5）“数位辨别”估计法。

这种估算方法主要根据数位原则及积或商的定位规律，也就是积的位数等于两个乘数的位数之和，或比这两个乘数的位数之和少1；商的位数等于被除数的位数减去除数的位数所得的差，或比这个差多1。“数位辨别”估计法就是运用这些法则进行估算的方法。

比如，计算586×29，因为两个乘数的最高位数之积是5×3＝15>10，所以原来乘法算式的积的位数是五位数；计算328×29，因为两个乘数的最高位数之积是3×3＝9<10，所以原来乘法算式的积的位数是四位数。如果算出的积是五位数，那结果一定是错误的，可能是在计算时写错或者加错进位数值。这种估算方法常用于多位数乘多位数的验算，运用时可以结合“个位验证”估计法一并进行验算，提高验算准确度。

再比如，计算5739÷42，因为被除数前两位数57大于除数42，所以原来除法算式的商是三位数（4-2+1=3），如果算出商是两位数，那结果一定是错误的，可能忘记商中间的0；计算3752÷61，因为被除数前两位数37小于除数61，所以原来除法算式的商是两位数（4-2＝2）。这种估算方法常用于多位数除以多位数的验算，运用时可以结合“高位审视”估计法一并进行验算，提高验算的准确度。

（6）“近似”估算法。

当计算一些数值较大较复杂的乘法算式时，先运用“四舍五入”法把每个乘数取近似值转化为整十、整百、整千的数，再进行口算，这样就可以快速地得出积的近似值。

如，估算6893×74，可以将6893看成7000，将74看成70，那么就是计算7000×70，所以6893×74≈490000。取近似值的方法尤其适用于多位数的乘法。这种方法不是单纯地“进一”或者“去尾”，而是采用“四舍五入”的方法进行估算，这种估算方法可能是“大估”，也可能是“小估”，还有可能是“大小估”，相对单纯的“进一”法或者“去尾”法更灵活，估算结果也更精确。

（7）“凑整”估算法。

这种估算方法适合对整除进行估计，也就是把算式中的数先取近似值。不同于“高位审视”估计法，这里的近似值不是选取最高位，而是选取容易计算的数，也就是除数可以整除被除数。

如，在估算5479÷8时，把5479看成5500这个接近整百数的数，或者看成5000这个最接近整千数的数都不好估算，但把5479看成5600再去估算就容易多了。因此，在估算除法算式时，运用“高位审视”估计法可以快速检查出错误，而运用“凑整”估算法，要先找出协调数，再进行估商。

（8）“特殊数值简算”估算法。

在小学低年级速算练习时，最常用的方法莫过于熟记加法表和乘法口诀了。其实，除此之外，有一些特殊的数的计算结果（整十数、整百数、整千数）对于口算和速算甚至估算都有十分重要的意义。

下面是一些常用的特殊算式，例如15×4=60，18×5=90，25×4=100，25×8＝200，125×8=1000，11×11=121，12×12=144，13×13＝169等。利用这些基本算式可进行估算，如估算248×417。由于算式中的两个已知数分别接近于250和400，所以可利用25×4=100估算出248×417的近似值。再比如：小明同学在计算一块地砖的面积时，测量出这块地砖的边长是119.8厘米，根据正方形面积计算公式列式为119.8×119.8。但小明在计算时犯了难，思考一番后他是这么想的：虽然计算这道算式对于三年级的我来说确实有点困难，但是我可以想办法进行估算啊，119.8运用“进一”法取整数120，计算120×120就容易多了，因为我知道12×12=144，后面再补两个0就好了，所以我估计出这块地砖的面积大约是14400平方厘米，进行单位换算后是144平方分米。综合运用多种估算方法，尤其是“特殊数值简算”估算法，可以化繁为简，高效解决实际问题。

（9）“抽样”估算法。

“抽样”估算法是在抽样调查的基础上进行的数据估测，即在个体比较多的情况下，可以任选其中的几个作为样本，由此来推断整体的情况，这就是抽样的思想。也可以说，用抽样调查所得到的一部分单位的数量特征来估计和推算总体的数量特征。

如10000粒大米有多重？不必让学生真的数出10000粒大米来称，可以指导学生先数出100粒大米，称出质量，再去计算10000粒大米的质量。如100粒大米大约重2克，算得10000粒大米质量大约是10000÷100×2=200克。

在实际生活中，类似于上面的问题还有很多，用抽样的思想解决会比较简单。因此，运用这种方法解决问题既提高了学生的估算能力，培养了数感，又渗透了统计观念。

（10）“取中间数”估算法。

“取中间数”估算法就是根据一组大小相近的数据的特征（一般这些数据都接近某一个固定的数值），取中间数作为参照，进而估算出这组数据的总和。

如最常见的曹冲称象问题，直接称大象的体重不太容易，于是聪明的曹冲想了一个好办法：先把大象赶到船上，在船上做记号，然后把大象换成同等质量的石头，只要分批称出这些石头的质量，再把每次称出的数据合起来就是大象的质量。六次称石头的质量分别为：328千克、346千克、

307千克、377千克、398千克、352千克。你能估计出这头大象有多重吗？我们运用“取中间数”估算法，先观察这六筐石头的质量有的比350千克大一些，有的比350千克小一些，但都接近350千克，于是我们取一个中间数，把这六筐石头的质量都看成350千克，得到350×6＝2100千克，这样估算出这六筐石头的质量和，也就是大象的体重。

“取中间数”估算法体现了统计思想。统计中有一个重要的概念——平均数，常用于表示统计对象的一般水平。生活中运用“取中间数”估算法，既渗透了估算的思想方法，也培养了学生的统计观念，一举两得。

（11）“部分求整体”估计法。

“部分求整体”估计法综合了“抽样”估算法和“取中间数”估算法。这种方法常用于估算总量，可以先从总量中任意抽取部分，然后根据这部分数据特征来取一个中间数，进而推测出总量。

比如，张老师想知道三（5）班35名男生的体重和是多少？为了估算这35名男生的体重和，从班级任意抽取6名男生，收集体重数据如下：29千克、32千克、34千克、27千克、32千克、30千克。因为在同一个班级，年龄体重都很接近，所以通过分析这6名同学的体重都接近30千克，可以推测出整个班级35名男同学的体重都接近30千克，再通过计算35×30＝1050千克来估算出全班35名男同学的总体重。

运用“部分求整体”估计法解决估算问题时，灵活运用多种估算方法，既能帮助学生快速高效地解决实际问题，又能增强学生的数感，同时也渗透了抽样调查的思想、用部分推测整体的思想，使得统计观念在学生的脑海中渐渐扎根生长。在平时的教学中，教师不仅要指导学生进行准确无误的精确计算，同时还要有意识地培养学生的估算能力，真正提高学生的数学核心素养。

总而言之，小学数学教学中存在很多估算知识，所以教师要重视对学生估算意识的培养，积极地创新教学方式，这样才能有效地增强学生的估算意识，提升学生的综合数学素养。

第五章　小学数学估算教学的考查与评价

估算是一种隐形的计算过程，估算学习具有高度的抽象性，其结果的呈现方式具有不确定性，因而对学生估算学习效果的考查难以采用常规答卷的方式进行，而且教师在评价时也常常觉得很茫然，学生缺乏估算意识，没有掌握估算技巧，更没有养成估算的习惯。为此，我们要努力改变教学方式，巧设估算问题情境，建立灵活多样的科学评价机制。

一、估算教学的考查

如何对学生进行估算学习的考查，怎样以定量刻画的方式将估算内容呈现在学生的面前等，这些问题一直困扰着一线数学教师。有效地考查学生估算学习状况十分有必要，对于促进学生形成估算意识、掌握估算技巧、养成估算习惯等，起到一定的助推作用。笔者认为可以从以下两个方面着手对学生进行估算考查。

1. 将估算过程与结果有机融合

在解决估算问题时，可以联系估算过程与结果的合理性，引发学生思考、甄别，并在相关试题中引导学生想一想、填一填、选一选，此类题型常以选择、判断、填空的形式出现。

1.不计算，根据你的经验，选择正确的积。

（1）50.6×1.8= （ ）

A.91.08 B.91.06 C.41.08

（2）14.5×3.18= （ ）

A.46.015 B.46.11 C.28.11

（3）0.42×0.106≈ （ ）

A.0.03 B.0.4 C.0.04

2.判断：下面各式的乘积是大于12，还是小于12?

12×1.7○12 24×0.15○12 4.3×3.8○12

3.7×2.8○12 6×1.98○12

第1题是3道选择题，要求学生根据乘法算式中两个数的特点，在不计算的情况下，选择正确的积。这就需要学生根据数据特点，估一估正确的积可能是哪一个。

第（1）小题中两个乘数都是一位小数，因此它们的积一定是两位小数，答案的三个选项都符合题意，还需要进一步思考；再看两个乘数的十分位上分别是6和8，因此可以直接断定积的末位一定是8，排除B选项；此时可以再估一估积的大致范围，第一个乘数是50多，第二个乘数比1大，通过估算可以确定，它的积一定大于50，排除C选项，只能选择A选项。

第（2）小题中第一个乘数接近15，第二个乘数接近3，所以它们的积大约是45，先排除C选项；再考虑两个乘数的末位上数的特点，两个乘数末位上的数相乘，得到的积的末位上一定是0，所以直接排除A选项；这两个小数相乘的积应该是三位小数，根据小数的性质，B项小数末尾的0省略了，只有B选项是符合题意的。

第（3）小题中0.42接近0.4，0.106接近0.1，0.4乘0.1的积是0.04，所以“0.42×0.106”的积大约是0.04，选择C选项。

第2题是一道判断积大小的题型，学生可以通过估算快速解决。

算式12×1.7中，1.7大于1，所以它的积一定大于12，很容易估计出结果并做出判断。

算式24×0.15的积比12大还是比12小，可以引导学生考虑24的一半，也就是24×0.5的积恰好是12，那么24×0.15的积一定比12小。

算式4.3×3.8中，两个乘数分别大于4和3，所以它们的乘积一定大于12。

算式3.7×2.8中，两个乘数分别小于4和3，所以它们的乘积一定小于12。

算式6×1.98中，一个乘数是6，另一个乘数小于2，所以它们的乘积一定小于12。

上述两道题都属于估算类练习，都注重考查学生的估算过程，并结合结果进行分析思考，寻求结果的合理性，因此估算是解决问题的重要方法和有效手段。

2.将估算与问题解决有机融合

进行估算学习的考查，可以将题目置于合适的情境之中，要求学生估算并解释估算过程。学生应懂得在什么情况下估计是恰当的，能够估计结果的合理性，即在测量、运算和问题解决中合理使用估算。估算应尽量结合具体情境或在解决问题的过程中进行，完全融入数学教学的全过程，学生才能真正体会到估算的价值，才能在综合运用中提升估算能力和应用意识。

问题1：一份稿件有900个字，李老师平均每分钟打52个字，他18分钟能打完吗?

在解决这道题目时，多数学生会选择精确计算后再进行比较，从而得出结论。但是根据题意，并不需要求出准确值再进行比较，因此可以引导学生采用估算的方式来解决。我们先列出算式52×18，52接近50，则有50×18=900，所以52×18的积一定大于900，结论是李老师18分钟能打完这份稿件。

问题2：妈妈去超市购物，带了1000元，她买了1台电风扇，用去608

元，又买了一个电饭煲，用去194元。妈妈还想买一个电吹风，大一些的要252元，小一些的要158元。问她剩下的钱够买小的电吹风吗？买大一些的呢？

解决第一问时，我们要考虑妈妈剩下的钱有没有超过158元，也就是要估计出剩余的金额至少有多少元。把608看成610，194看成200，610+200=810元，1000－810=190元，所以，买小一些的电吹风是够用的。解决第二问时，我们要考虑妈妈剩下的钱最多是多少。把608看成600，194看成190，600+190=790元，1000−790=210元，所以，买大一些的电吹风是不够的。

上述两道实际问题都不要通过精确计算去解决，用估算的方法可以作出快速的判断，体现了估算的实用价值。估算的价值不在“算”，而在于能够结合生活实际，运用相关策略进行“估一估”。因此，在估算教学中，更为重要的是让学生能结合具体情境，选择合理的估算策略。

二、估算教学的评价

在小学数学学习中，学生或习惯于用简单的估算方法，导致估算结果如出一辙；或不会依据问题情境的实际情况去合理估算；或出现估算结果与准确结果相差较大的现象。

估算教学的评价绝不仅仅是对估算结果的评价。估算结果是多样的，而关键是要引导学生关注估算过程及结果是否合情合理，要善于引导学生对估算过程和结果进行反思、调整，不断积累估算经验，完善估算策略。

估算对培养学生形成良好的数感起着重要的作用。在问题解决中，如果能使学生较为深刻地理解为什么要这样估算，怎样进行估算更加合理，这样才更有利于提高学生用数学解决问题的能力，从而培养良好的数感。如果教师能够及时地对估算作出评价，在课堂教学时加以有效引领，学生的估算意识必将提升，能够主动地去探究估算的方法，形成估算的能力，掌握一定的技巧，最终养成良好的估算习惯。反之，教师对学生的估算不加以合理引导与正确评价，终究会使学生逐渐丧失主动运用估算解决问题的内在需求。

那么，一线教师在教学中如何对学生的估算学习开展正确的评价呢？笔者认为，对估算的评价要把握好以下几点：

1.估算教学评价要根据不同内容，关注评价标准

不同类型的估算要有不同的评价标准。对于估算问题，大致可以分为两种：一种是结合具体情境，根据实际情况进行问题解决的估算；另一种是完全脱离实际问题需要的纯算式估算。

由具体情境产生的实际问题，学生能够根据实际问题需要展开估算活动，并能选择合理的估算方法，阐明估算的过程，只要结果合理，教师就要给予肯定，并对学生估算的过程加以分析和引导。

有关纯算式的估算，学生能通过估算，使得估计结果落在正确的区间内，当然也要考虑不同年龄层次学生的认知发展水平，并给予有针对性的评价。有部分题目脱离了实际问题情境，只对算式的结果进行估算，在这种情况下，我们提出：不能简单地把估算结果与精确值是否最接近作为唯一的评价标准，只要估算结果在正确区间之内，就可以视为合理的，这个区间也就是它的取值范围。

2.估算教学评价要针对不同对象，关注结果评价

估算教学评价既要有整体性，面向全体学生，也要有一定的针对性。不同年龄层次的学生要有不同的评价标准。第一学段学生刚刚接触估算，他们能够进行一般性的估算，能通过估算让估算结果落在区间内，尽管范围有些大，但是我们认可他们，对其估算方法、估算能力等要给予肯定。第二学段、第三学段的学生早已具备了一定的估算经验，且思维能力远远超出第一学段水平，这时教师就要适当引导他们不断地进行反思、调整、

再反思，对已经落在区间内的估算结果再加以甄别，使估算的结果能落在更合理的位置上。

例如，22×78的结果大约是多少，刚开始学习的时候，学生可能是这样估算的：20×80=1600，所以，22×78的积大约是1600，我们认为这个估算结果是合理的。随着学生的年龄层次不断提高，思维发展能力不断增强，教师要引导学生不断地进行反思、调整。22×78可以估成22×80或20×78，这时候估算结果的区间就比原来小得多了，与精确结果也越来越近。

3.估算教学评价要结合具体情境，关注过程评价

【教学片段】

情境1：学校开展“废品换绿植”活动，三（1）班收集饮料瓶292个，五（1）班收集饮料瓶519个。这两个班大约一共收集饮料瓶多少个？

学生完成估算并汇报，大致得到以下几种估算结果：

292接近300，519接近500，300+500=800；

292接近290，519接近500，290+500=790；

292接近290，519接近520，290+520=810。

情境2：出示商场物品价格，电风扇292元一台，净水器519元一台。张阿姨想买这两种电器，大约需要带多少钱？请你先帮她估一估，再算一算！

学生独立思考后汇报。

生1：292接近300，519接近500，300+500=800，张阿姨买这两样电器大约需要800元。

生2：我是这样想的，292接近290，519接近520，290+520=810，张阿姨大约需要准备810元。

生3：292接近290，519接近500，290+500=790，张阿姨买这两样东西大约要带790元。

（上述学生使用的估算方法与教材中介绍的估算的方案是一样的，教

师对学生的想法表示赞同，接着师生一起计算出准确结果292+519=811元。）

生4：我发现我们重复解决了刚才的问题，因为这两种电器的价格数正好是刚才收集矿泉水瓶的数量，所以估算的方法也一样。

师：不错，你很细心，但这两道题完全一样吗？

（生讨论得出：问题情境不一样）

师：想知道老师为什么还要用519和292这两个数吗？请大家联系实际想一想。

师：对于这些估算的方法，你喜欢哪一种？

生5：我喜欢第一种，因为把292和519都看成了与它接近的整百的数，用整百数来计算比较简便。

生6：我喜欢第二种，因为把292和519都看成了与它接近的几百几十的数，用这些数来计算，结果更接近准确数。

生7：我觉得前面三种方案都不好，都有问题。

（一石激起千层浪，听了他的发言，讨论声停了下来，此时其他同学都带着怀疑而又期盼的眼神看着他。）

师：有什么问题呢？请说说你的想法！

生7：刚才大家说的三种估算结果分别是800元、810元、790元，但是经过计算，张阿姨买这两种电器实际需要811元。如果用刚才的方法去估一估，张阿姨所带的钱是不够的。我认为这里的估算不能将这两个价格分别估成与它接近的整百数或整十数，应该往大一点估计，要保证张阿姨带的钱是足够的。可以把292元看成300元，把519元看成520元，这样300+520=820，张阿姨带的钱就一定能买到这两种电器。

（这名学生的发言有理有据，其他同学向他投来赞许的目光，并给予热烈的掌声。）

师：真了不起，你不仅会估算，还能结合生活情境考虑数学问题，得出符合生活实际的结果。

学生能根据已有知识经验，想到不同的估算方法，还能联系实际问题情境寻求更加合理的估算策略，将课堂思考、辩论的氛围推向了高潮。这里将两组相同的数据和问题放在两个不同的情境之中，得到了不同的估算策略。结合不同的情境，是为了达到“结合具体情境进行估算”的要求，这样设计取得了意想不到的教学效果，相信学生掌握得更加深刻，对估算的结果考虑得更加周到。反思整个估算过程，笔者认为估算教学中要充分关注估算过程的评价。

（1）重视估算的具体情境和实际运用，把握教学原则。

这两个问题情境值得我们反思，数学学习的最终目的是应用于生活实际，服务于生活。所以，教学中既要肯定学生严谨的数学思维，更要认可学生源于生活的思维方法，相信这将是教师理想估算课堂教学的不懈追求，更是提高估算教学所应遵循的一个重要原则。

（2）尊重学生个性，提倡估算方法多样化，鼓励创新思维。

在上述两个估算的例子中，我们允许学生采用不同的估算策略，尊重每个学生的个性特征，让他们从不同的角度认识问题，采用不同的方式表达自己的想法。所以，教学中教师要把握的重点是：相信学生的潜能，给学生创设密切联系生活的情境，给他们充分思考和交流的时间，鼓励他们大胆质疑、猜测和展示自己的创新性见解，只有这样教学才能得到最大的回报和充满乐趣。

第六章　小学数学估算教学分析与案例

一、数的认识领域

1.整体把握估算教学内容

在小学数学课程中，渗透估算教学是十分必要的。所谓估算，是指由于在计算、测定数（量）据时无法或没必要作出精确计算或测量，而希望先大概地确定之后再检验统计结果或测定结论的正确性时，在精确计算或测定结果的前后所进行的计算方法，是对数量关系作出最合理的大概推断。在实际生活中常常运用到估算，估算教学对于培养学生的估算意识，提高估算能力，掌握良好的数感，有着重要价值和现实意义。小学阶段的估算一般可分为三种，即数量估计、测量估计和计算估计。

《课程标准》中指出：要重视口算，加强估算。在“数与代数”部分提出的具体目标中，关于估算教学的目标占比明显提升。可见，估算教学业已成为新课程改革的重要内容。然而现阶段数学课程上的估算教学效果并不理想，结果不尽如人意，学生估算技能和估算能力欠缺。

2.学生调研

（1）调研背景与调研目的。

随着课程改革的深入，估算教学作为计算教学的一项重要内容被不断加强。《课程标准》强调要“加强估算”，明确提出了“能结合具体情境进行估算，并解释估算的过程”，“在解决具体问题的过程中，能选择合适的估算方法，养成估算的习惯”的目标要求。在小学阶段，培养学生的估算意识，发展学生的估算能力，让学生拥有良好的数感，具有重要的现实意义和价值。而学生在遇到口算、笔算、综合应用时，运用估算的自觉性又如何呢？

我们可以通过问卷调查，了解部分学生的估算意识及估算方法的掌握情况。

（2）调研过程。

调研对象：第二小学一、二、三、四、五年级学生分别为438人、352人、345人、44人、178人。

调研题目：

一年级题目：

①你知道什么是估算吗？

②你喜欢用估算做数学题吗？

③你认为估算在数学知识学习中重要吗？

④你在课堂上学到的估算方法，在实际生活中的应用程度如何？

⑤学校有10个足球、19个篮球，请问篮球和足球共有多少个？

⑥妈妈买了26个苹果，买的梨子比苹果多18个，问妈妈买了多少个梨？

⑦花园里有红花60盆、黄花39盆，黄花再搬来几盆就跟红花同样多了？

二年级题目：

①你知道什么是估算吗？

②你喜欢用估算做数学题吗？

③你认为估算在数学知识学习中重要吗？

④你在课堂上学到的估算方法，在实际生活中的应用程度如何？

⑤湖光小学捐书给希望小学，一年级捐了298本，二年级捐了405本，两个年级一共捐了多少本？（先估一估再计算）

⑥大象上午搬了203根木头，下午比上午多搬98根。下午搬了多少根？（先估一估再计算）

三年级题目：

①你知道什么是估算吗？

②你喜欢用估算做数学题吗？

③你认为估算在数学知识学习中重要吗？

④你在课堂上学到的估算方法，在实际生活中的应用程度如何？

⑤黄老师买了25盆同样的花，大约用了1000元，其中郁金香每盆19元，君子兰每盆28元，玫瑰花每盆39元。黄老师可能买了哪种花？

⑥李大伯把收获的土豆装在同样大的袋子里，一共装了50袋，分别重42千克、39千克、38千克、40千克、41千克。他一共大约收获了多少千克土豆？

四年级题目：

①你知道什么是估算吗？

②你喜欢用估算做数学题吗？

③你认为估算在数学知识学习中重要吗？

④你在课堂上学到的估算方法，在实际生活中的应用程度如何？

⑤一袋面粉23.4元，妈妈要买10袋，大约要带多少钱？

⑥张明读一本430页的故事书，每天读23页，19天能读完吗？

⑦张老师带8000元为全班43名同学买运动服，每套运动服的价格是198元，估算一下，张老师带的钱够吗？

五年级题目：

①你知道什么是估算吗？

②你喜欢用估算做数学题吗？

③你认为估算在数学知识学习中重要吗？

④你在课堂上学到的估算方法，在实际生活中的应用程度如何？

⑤一袋食盐4.4元，妈妈要买10袋，大约要带多少钱？

⑥一个滴水的水龙头每天要白白地流掉12千克的水，照这样计算一年要浪费多少千克的水？（一年按365天计算）

⑦小红读一本220页的故事书，每天读23页，11天能读完吗？

⑧陈老师带8000元为全班44名同学买运动服，每套运动服的价格是198元，估算一下，张老师带的钱够吗？

（3）调研结果分析与建议。

一年级调研结果分析：

第1题，对估算非常了解的有128人，占29.22%，比较了解的有268人，占61.19%，不了解的有42人，占9.59%。

第2题，喜欢用估算解决问题的有341人，占77.85%，不喜欢的有97人，占22.15%。

第3题，认为估算在数学知识学习中非常重要的有132人，占30.14%，认为比较重要的有290人，占66.21%，认为不重要的有16人，占3.65%。

第4题，你在课堂上学到的估算的方法，在实际生活中经常应用的有128人，占29.22%，在实际生活中偶尔应用的有278人，占63.47%，从未应用的有32人，占7.31%。

第5题，有362人用估算，19接近20，20+10=30（人），占82.65%，其余同学用精算，占16.24%，还有部分同学估算、精算都未做出来，占1.11%。

第6题，有377人用估算，18接近20，20+26=46（人），占86.07%，用精算的同学占11.83%，还有部分同学估算、精算都未做出来，占2.1%。

第7题，估算正确的有338人，占77.17%，用精算的同学占17.45%，还有部分同学估算、精算都未做出来，占5.38%。

二年级调研结果分析：

第1题，对估算非常了解的有128人，占36.36%，比较了解的有208人，占59.09%，不了解的有16人，占4.55%。

第2题，喜欢用估算解决问题的有278人，占78.98%，不喜欢用估算解决问题的有74人，占21.02%。

第3题，认为估算在数学知识学习中非常重要的有122人，占34.66%，认为比较重要的有215人，占61.08%，认为不重要的有15人，占4.26%。

第4题，在实际生活中经常应用估算的有116人，占32.95%，偶尔应用的有218人，占61.93%，从未应用的有18人，占5.11%。

第5题，其中292人用估算，298接近300，405接近400，400+300=700（本），两个年级估计共捐了700本书，占82.95%，其余同学用精算，占16.04%，还有部分同学估算、精算都未做出来，占1.01%。

第6题，其中277人用估算，203接近200，98接近100，200+100=300（人），占78.69%，用了精算的同学占19.83%，还有部分同学估算、精算都未做出来，占1.48%。

三年级调研结果分析：

第1题，对估算非常了解的有161人，占46.67%，比较了解的有174人，占50.43%，不了解的有10人，占2.9%。

第2题，喜欢用估算解决问题的有278人，占80.58%，不喜欢的有67人，占19.42%。

第3题，认为估算在数学知识学习中非常重要的有123人，占35.65%，认为比较重要的有214人，占62.03%，认为不重要的有8人，占2.32%。

第4题，在实际生活中经常应用估算的有117人，占33.91%，偶尔应用的有220人，占63.77%，从未应用的有8人，占2.32%。

第5题，需要学生根据实际情况进行估算。其中102人这样估算，$19\approx20$，$20\times25=500$（元），$28\approx30$，$30\times25=750$（元），$39\approx40$，$40\times25=1000$（元），因为$39\times25<1000$，所以认为黄老师买了玫瑰花，占29.57%。103人选择了精算，占29.86%。98人这样估算，$19\approx20$，$25\approx30$，$20\times30=600$（元），$28\approx30$，$25\approx30$，$30\times30=900$（元），$39\approx40$，$25\approx30$，$40\times30=1200$（元），所以认为黄老师买了君子兰，占28.41%。42人不能根据实际情况作出合理解答，占了12.17%。

第6题，其中282人选择估算，根据每一袋土豆的重量都接近40千克，用40×50=2000（千克），50袋土豆大约共重2000千克，占81.74%。不能合理解决这个估算问题的占18.26%。

四年级调研结果分析：

第1题，对估算非常了解的有24人，占54.55%，比较了解的有16人，占36.36%，不了解的有4人，占0.09%。

第2题，喜欢用估算解决问题的有33人，占75%，不喜欢的有11人，占25%。

第3题，认为估算在数学知识学习中非常重要的有24人，占54.55%，认为比较重要的有13人，占29.55%，认为不重要的有7人，占15.9%。

第4题，在实际生活中经常应用估算的有20人，占45.45%，在实际生活中偶尔应用的有19人，占43.18%，从未应用的有5人，占11.37%。

第5题，需要学生根据实际情况进行估算。其中17人把23.4≈24，得24×10=240（元），占38.64%，20人把23.4≈23.5，得23.5×10=235（元），占45.45%，其余同学都是用“四舍五入”法把23.4≈23，得23×10=230（元）。不能根据实际情况作出合理解答的占了15.91%。

第6题，估算正确的有28人，占63.64%。算出正确结果后再进行对比的有12人，占27.27%；估算错误的同学大多是用“四舍五入”法把23≈20，19≈20，得20×20=400（页），400<430，或者是估得太大，23≈30，19≈20，得30×20=600（页），600>430。

第7题，估算正确的有24人，占54.55%，计算精确数的有15人，占34.09%。估算出错的原因是把43≈40，198≈200，不能根据实际情况做出正确的分析，把值估小了。

五年级调研结果分析：

第1题，对估算非常了解的有72人，占40.45%，比较了解的有98人，占55.06%，不了解的有8人，占4.49%。

第2题，喜欢用估算解决问题的有126人，占70.79%，不喜欢的有52

人，占29.21%。

第3题，认为估算在数学知识学习中非常重要的有62人，占34.83%，认为比较重要的有106人，占59.55%，认为不重要的有10人，占5.62%。

第4题，在实际生活中经常应用估算的有58人，占32.58%，偶尔应用的有104人，占58.43%，从未应用的有16人，占8.99%。

第5题，需要学生根据实际情况进行估算。其中116人把4.4≈4，得4×10=40（元），38人把4.4≈4.5，得4.5×10=45（元），其余同学都是用“四舍五入”法把4.4≈4，得4×10=40（元）。不能根据实际情况作出合理解答的占了78.65%。

第6题，有86人没有估算，而是直接计算出精确数，占48.31%。能合理估算的有64人，占35.96%。错误估算是把365≈360，12≈10，估算结果估得太少了，有28人，占15.73%。

第7题，估算正确的有154人，占86.52%。算出正确结果后再进行对比的有130人；估算错误的同学大多是用“四舍五入”法，把23≈20，11≈10，得20×10=200（页），200＜230，或者是估得太大，把23≈30，11≈10，得30×10=300（页），300＞230。

第8题，估算正确的有58人，占32.58%。有人计算的是精确数。出错的原因是把44≈40，198≈200，不能根据实际情况做出正确的分析，把值估小了。

从上面的调查可以看出：

①很多学生常常习惯于精确计算，不愿意进行估算。从计算方法角度来看，学生擅长精确计算，对估算的作用与价值缺乏真实的体验与感受，从而使他们在认识和行为上都感觉到“不习惯”。具体表现在：题目要求估算的才估算，要求估算结果却先精确计算后再取近似数进行估算等。

②选择估算方法“举棋不定”。学生不喜欢估算而喜欢精确计算的原因是：精确计算答案唯一，方法也常常固定，而估算的方法和结果都具有多样性，学生在估算能力不强的情况下对估算方法的选择上感到信心不足。

③学生不会估，缺少估算的策略。在解决实际问题的过程中可以看出，

学生对于如何估算还缺少策略，同时也没有运用到实际计算中，往往不能根据实际情况做出正确的分析。

通过分析给出以下教学建议：

①创设实际情境，让学生体验到估算的价值与作用。

②帮助学生弄清估算和精算之间的区别与联系，逐步培养学生的估算意识。

③关注估测学习心理，调控估测学习进程。估测的整体教学设计坚持“以生为本”，学习最终要使学生将知识内化成为自己的经验结构。知识是客观普遍的，但是每个班级学生的学习基础却是不完全相同的，学生的学习心理很大程度上会影响学习效果。

因此，在估测知识结构确立这一环节结束后，紧接着就需要分析学生的学习心理。这里给出教师分析学生学习心理的一点建议：从学生学习估测新知本身的心理状态和已有知识经验引起的学生学习心理的变化入手。前者可以从怎样激发学生的学习动机入手，教师需要创造引起学生学习兴趣的情境，采用适宜的手段导入新课。后者就是教师需要去了解本班学生对估测知识的认识程度，这个认识可以来源于学生已有的生活经验或已有的数学经验。一方面在充分了解学生已有的对估测的经验基础后，教师就要在教学中引起学生的认知冲突，肯定和巩固那些正确的认识，纠正错误的认识。另一方面，教师需要时刻关注学生的情绪体验和情绪变化，避免学生对估测知识产生消极的对抗情绪。通过及时关注和关心学生估测学习的心理，进而调节和控制整个估测教学的进程。

④在课堂上组织学生交流各自的估算方法，比较各自的估算结果，从而生成估算的方法和技巧。

3.估算教学案例思考

〖案例1〗

《多一些、少一些、多得多、少得多》教学片段

师：上节课我们学习了比较数的大小，同学们已经懂得如何比较两个数的大小.现在老师手上有两袋黄豆，你能比较他们的多少吗？怎么比较呢？

生1：拿手里掂一掂就知道了。

生2：用秤称一称。

生3：数一数每袋黄豆的粒数。

师：同学们真会思考，想出了这么多方法。要比较他们的多少，我们可以数出每袋黄豆各有多少粒。

生4：老师我觉得这个方法非常麻烦。

师：其实我们可以用语言来描述。这节课我们就学习用语言描述数量的大小关系。

师：我们先来听一段录音（播放：小猫、小狗和小猴比赛折五角星，小猫折了38个，小猴折了34个，小狗折了10个）

师：听了对话，你能知道什么信息？前后四人一小组相互交流一下。

生1：小猫比小猴折的多。

生2：小猴比小狗折的多。

生3：小猫折的最多，小狗折的最少。

生4：小狗折的比小猴少，小狗折的比小猫少。

师：小猫比小猴折的多得多吗？

生1：不是，小猫比小猴折的多一点点。

生2：可以说小猫比小猴折的多一些。

师：说得真好！这句话还可以怎么说呢？小组里交流一下。

师：讨论好了吗？谁来汇报？

生1：小猴折的没小猫多。

生2：小猴比小猫折的少一些。

师：小朋友们，小猫折的比小猴多一些，我们还可以说小猴折的比小猫少一些，是吧！

师：小狗只折了10个，和小猴的比一比，可以怎么说？

生1：小狗折的比小猴折的少得多。

师：说得可真不错！还有谁能像他这样说一说？

生2：小猴折的比小狗折的多得多。

师：在日常生活中，当我们需要比较不同事物的多少，且要反映出数量相差的程度时，就可以用“多一些”“少一些”“多得多”“少得多”这些词语来描述。

师：用刚才学到的词语来描述老师刚才展示的两袋黄豆，你会怎么说？同桌间试着交流，用不同的词语描述一下。

师：讨论好了吗？谁来汇报？

生3：红袋子里的黄豆比黄袋子里的多得多。

师：还可以怎么说？

生4：黄袋子里的黄豆比红袋子里的少得多。

师：说得真不错！我们一起来看一看下面一道题！（如下图）先估一下每个鱼缸有多少条鱼，再数一数，把鱼的数量标上！

生1：我估算第一个鱼缸里有19条鱼，实际是25条。

生2：我估算第二个鱼缸里有8条鱼，实际是8条。

生3：我估算第三个鱼缸里有10条鱼，实际是11条。

师：你们估的跟实际结果差不多。

师：谁能再试着用“多得多”“少得多”“少一些”来描述这三缸鱼。

生1：第一个鱼缸里的鱼比第二个鱼缸里的鱼多得多。

师：还可以怎么说？

生1：第二个鱼缸里的鱼比第一个鱼缸里的鱼少得多。

师：说得真好！还有谁想说？

生2：第一个鱼缸里的鱼比第三个鱼缸里的鱼多一些，第三个鱼缸里的鱼比第一个鱼缸里的鱼少一些。

生3：第二个鱼缸里的鱼比第三个鱼缸里的鱼少一些，第三个鱼缸里的鱼比第二个鱼缸里的鱼多一些。

师：同学们的语言表达能力真不错！我们再看下面一题！（如下图）

每数10颗圈一圈，边数边估，大约有几十颗。

生1：我估计有100颗。

生2：我估计有20颗。

生3：我估计有150颗。

师：同学们，现在我先圈出10颗，你们再来估一估。

生4：我估计有65颗。

生5：我估计有70颗。

师：现在请同学们圈一圈，看看实际多少颗？

生：实际有72颗。

师：同学们估的跟实际差不多，老师给你们点个赞！

师：那么这些星星的颗数和第一个鱼缸里鱼的条数相比，可以怎么说？

生：星星的颗数比第一个鱼缸里鱼的条数多得多。

师：还可以怎么说？

生：第一个鱼缸里鱼的条数比星星的颗数少得多！

师：再往下看！苹果有40个，梨的个数比苹果少得多，梨可能有多少个？

生：18个。

师：你是怎么想的？

生：因为是“少得多”，18比40少得多，所以是18。

师：小芳拍了50下，小明拍的比小芳少一些，小明可能拍了多少下？

生：47下。

师：你是怎么想的？

生：因为是“少一些”，47比50少一些，所以是47。

师：孩子们回答得真不错，学得也不错，咱们来点掌声表扬一下自己！今天这节课你有什么收获？

生1：我知道了“多一些”“少一些”“多得多”“少得多”。

生2：一个数比另一个数多点，我们可以说多一些，一个数比另一个数少点，我们可以说少一些。

师：这节课我们学会了用“多一些”“少一些”“多的多”“少的多”这些词来描述数量的大小关系。在日常生活中，当我们需要比较不同事物的多少，且要反映出数量相差的程度时，就可以用这些词来描述。

【案例分析】

估算是日常生活中一种常用的计算方法，也是一种思维方法，具有快捷、实用、相对准确等特点，对培养学生的口算、数感以及灵活快速处理问题的能力有着重要的作用。新课程改革后，估算教学受到重视。小学教材中求近似数的方法，主要是“四舍五入”法，估算时，也大都是先用“四舍五入”法求近似数再进行估算。实际上，求近似数的方法还有“进一”法、“去尾”法等。估算时，要根据具体情况，用不同的方法求近似数。估算作为培养学生数感的一个重要方法，不仅仅只要答案，更重要的是让学生经历估算的过程，培养估算的意识。

（1）创设生活情境，体会估算的价值。

对于学生来说，估算非常重要。教师要创设真实的生活情境，让学生感知估算的意义和价值。本案例是在学生认识100以内的数，并学会比较数的大小的基础上安排的。由于学生年龄小，认识事物比较直观，教师在导入环节利用两袋不同的黄豆引导学生进行思考，让他们试着理解“少得多”“多得多”的含义，能在具体情境中把握数的相对大小关系，将“多一些”与“少一些”和“多得多”与“少得多”之间的区别置于具体情境中，使他们领悟知识的内涵，培养数感。比如，当学生在估小金鱼的数量的时候，第一个学生估第一个鱼缸里有19条鱼，而实际是25条；第二个学生估第二个鱼缸里有8条鱼，实际是8条；第三个学生估第三个鱼缸里有10条鱼，实际是11条。学生在估星星颗数的时候，估的数量和实际数量也非常接近。估一估的过程，既提高了学生的估算意识、推理意识，又培养了他们的数感。

（2）渗透估算策略，凸显数学的思辨。

案例中，要求学生估星星的颗数，第一次估的时候，学生分别估出了100颗、20颗、150颗，显然跟实际的数量相差较远。这时教师并没有立即给予评价，而是圈出10颗星星，让学生再次估算。学生因为有了标准后，第二次估的较为合理，保证了估算结果的合理性。

总之，教师要结合具体的情境培养学生的估算习惯，让学生体会到估算的价值。估算意识的培养需要教师在计算教学的每一个阶段、每一堂课中有意识地进行渗透，根据学情对教学素材进行加工处理。只有让学生真正地感受到估算的价值，养成估算的习惯，他们才会主动地选择用估算来解决问题。

〖案例2〗

《我们认识的数》教学片段

一、创设情境，激发兴趣

师：我们已认识100以内的数，数的王国里的数可顽皮了，它们经常跑到我们的生活中来。这节课我们一起找找它们。

二、活动探究，解决问题

1.“说一说”

（1）看图说话，展示第一幅图。（图略）

师：图中这些同学在说什么？

生1：在北京举行了第29届奥林匹克运动会。

生2：我们班有45名同学。

生3：我国有56个民族。

生4：我家养了75只兔。

师：同学们说的真不错！你能像这些小朋友一样，用100以内的数说一句话吗？先在小组内交流一下。

生1：我们学校有30个班。

生2：我有24颗牙齿。

生3：我们班有45人。

生4：我今年8岁。

生5：我有13支笔。

生6：我的体重是58斤。

生7：我家住在14层楼上。

师：好了，孩子们，我知道还有很多小朋友想说，现在请同桌两人交流所搜集的生活中100以内的数。

师：同学们，交流好了吗？

师：你们刚才说得真好，只要细心观察，在生活中还会发现更多的数。比如：我们班里有52个学生，我的体重是52千克，我家养了52只鸡等，数可以将许多事表示得更具体，同样一个数在不同的情况下，可以表示不同的意义。

(2) 说一说年龄。

师：接下来你能说出自己家中每个人的年龄吗？

生1：我今年8岁，姐姐今年11岁，爸爸今年36岁，妈妈今年也是36岁，爷爷今年60岁，奶奶今年57岁。

生2：我今年9岁，哥哥今年13岁，爸爸今年38岁，妈妈今年36岁，爷爷今年63岁，奶奶今年59岁，太奶奶今年86岁。

生3：我今年8岁，姐姐今年13岁，爸爸今年37岁，妈妈今年36岁，爷爷今年66岁，奶奶今年64岁。

师：同桌两人再相互说一说。

师：同学们说得都很好。下面，我们进行一个智力小测试。（展示第二幅图，图略）

师：你们看，这是小明一家。已知他们家有一个人今年64岁。你们猜这个人可能是谁？还可能是谁？

生1：可能是爷爷。

生2：还有可能是奶奶。

师：你们都猜对了！目前在你们的家里，爷爷奶奶的岁数比较大，一般在六十几岁左右；爸爸妈妈的年龄中等，大约三十几岁；而你们的年龄是最小的，今年还没有超过10岁。

2.“猜一猜”

师：接下来我们进行“猜一猜”游戏，这个游戏需要小组长和组员合作完成。组员的任务是按照老师的要求进行操作，小组长要把组员猜数、数数的结果记录下来。

师：请每个同学抓一把蚕豆，数数有几粒？请同学们再抓一把花生米，不要数，先猜猜大约有多少粒，然后把你估计的结果告诉组长。把手中的花生米数一数，结果也告诉组长。

（小组活动结束后评出优胜组，奖励“合作之星”。）

师：谁来把自己猜数、数数的结果告诉大家？（教师在一张表中板书三名学生说出的粒数）你觉得自己估计得怎样？

生1：我抓一把蚕豆数了一下有34粒，再抓一把花生米猜有40粒，数了数有48粒。

生2：我抓一把蚕豆数了一下有28粒，再抓一把花生米猜有35粒，数了数有42粒。

生3：我抓一把蚕豆数了一下有24粒，再抓一把花生米猜有30粒，数了数有39粒。

师：从表中数据可以看出，这三位同学抓一把花生米的粒数都比抓一把蚕豆的粒数多，这是为什么？请同学们在小组间讨论一下。

（学生展开小组讨论，教师指导。）

生1：因为一粒花生米比一粒蚕豆小。

师：还有谁想补充？

生2：因为一粒花生米比一粒蚕豆小，所以一把花生米的粒数比一把蚕豆的粒数多一些。

师：你的逻辑推理和语言表达能力可真强！因为一粒花生米比一粒蚕豆小些，所以一把花生米的粒数比一把蚕豆的粒数多一些，是这样吧！

师：请同学们抓一把黄豆，不要数，你觉得一把黄豆比一把花生米的粒数多还是少？估计一下大约有多少粒？组长要记录，同学们数一数一把黄豆的粒数，数的结果也请组长记录下来。

（小组活动结束后评出优胜组，奖励“合作之星”。）

师：谁来把自己猜数、数数的结果告诉大家？（教师在表中板书三名学生数出的粒数）你觉得自己估计得怎样？

生1：我抓一把黄豆的粒数比花生米多，因为我觉得黄豆没花生米大。我数了一把黄豆是54粒，一把花生米是43粒。

生2：我抓一把黄豆的粒数也比花生米多，因为我也觉得黄豆没花生米大，所以一把黄豆应该比一把花生米的粒数多。我数的一把黄豆是54粒，一把花生米是43粒。

师：孩子们我们一起看表比较一下：一把黄豆的粒数确实比一把花生米的粒数多，可见你们的预测是正确的，这是为什么呢？

生：因为一粒黄豆比一粒花生米小得多。

师：谁能完整地表述一下？

生1：因为一粒黄豆比一粒花生米小得多，所以一把黄豆比一把花生米多。

生2：因为一粒黄豆比一粒花生米小得多，所以在估计的时候就应该想到一把黄豆比一把花生米的粒数多得多，这样估计出的结果就会和实际的结果比较接近。

师：说得可真不错，像个小老师，咱们把掌声送给他。

3.“数一数”（展示第四幅图，图略）

师：这幅图画的是什么地方？

生：学校。

师：图中的小朋友数了哪些数？

生：从三楼到一楼共有52级台阶，校园里有38棵树，从篮球场的这一头到那一头走了42步。

师：如果我们也到校园里去，除了图画中小朋友数的数以外，你还想数什么？请你们一起走出教室，分小组到校园里去数一数好吗？十分钟后，我们回教室汇报。（学生分组到室外活动）

生1：我们学校有6栋教学楼！

生2：从四楼到一楼有64阶台阶。

生3：我们学校有78棵树。

生4：我们这座教学楼有32间教室。

生5：我们学校有33盏路灯。

师：同学观察得真仔细，课后大家可以在校园里继续数一数、说一说。

师：同学们接下来我们一起来完成几道习题，请看大屏幕。

两箱牛奶，一年级(2)班小朋友每人领1袋后还剩几袋。一年级(2)班可能有(　　)人。

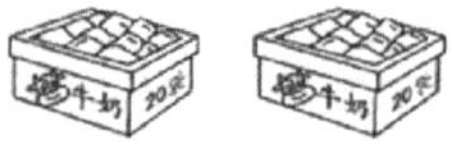

牛奶20袋　　牛奶20袋

① 20　　② 32　　③ 45

师：从题目中你知道了什么？

生：两箱牛奶，一年级（2）班小朋友每人领1袋后还剩几袋。一年级（2）班可能有几人。

生：选项①，如果是20人，一箱牛奶正好20袋，一人领一袋，没有剩余，而题目说有剩余，所以选项①错；选项②，如果是32人，一箱牛奶20袋，两箱牛奶40袋，一人领一袋，还剩十几袋，题目说剩几袋，所以正确；选项③是45人，两箱牛奶是40袋，一人领一袋，不够，所以错。

师：同学们，生活中处处都有数学知识，你们一定要做有心人，多观察，多思考，去发现更多的数学奥秘。

【案例分析】

此案例中一共安排了三个活动，依次是“说一说”“猜一猜”和“数一数”。“说一说”首先要求学生用100以内的数说一句话，引导他们在自己熟悉的生活情境中寻找数量在100以内的事物，并用数学方式表达出来，再与同学交流。这样的活动有利于学生了解数在不同情境中的现实意义，培养学生的应用意识，提高从数的角度观察和表示日常生活现象的能力。接下来，又要求学生说出自己家中每个人的年龄，结合生活经验，进一步感受用数表示年龄的实际意义。最后，让学生根据提供的小明一家的生活场景，猜猜图中年龄为64岁的人可能是谁，帮助他们进一步巩固对“年龄”的认识，培养良好数感。

“猜一猜”的活动分三步安排。第一步，让学生抓一把蚕豆，并数出这把蚕豆的粒数。第二步，引导学生利用对一把蚕豆粒数的感性经验，先猜一把花生米大约有多少粒，再通过数一数加以验证。由于一粒花生米通常会比一粒蚕豆小一些，所以一把花生米的粒数通常会比一把蚕豆的粒数多一些。至于能否正确判断一把花生米究竟比一把蚕豆多多少粒，则需要学生对数的实际意义具有良好的直觉，而先猜后数的活动安排有利于学生建立和完善这样的直觉。第三步，引导学生利用对一把蚕豆和一把花生米粒数的感性经验，再猜一把黄豆的粒数，进一步培养他们的估算意识和估算能力，丰富对100以内的数的实际意义的感知。

“数一数”活动让学生走出教室，在校园里选择一些事物，并试着用不同形式的数量来表示他们。由于确定这些事物的数量时，不仅涉及简单的数数，而且还可能涉及简单的测量，所以这样的活动有利于学生从不同角度感受事物在量的方面的特点，进一步体会数的实际意义和价值。

〖案例3〗

《简单的近似数》教学片段

师：同学们，你们知道“=”“>”“<”的由来吗？

师：1557年，英国数学家列科尔德，在其论文《智慧的磨刀石》中说：“为了避免枯燥地重复isaequalleto（等于）这个单词，我认真地比较了许多的图形和记号，觉得世界上再也没有比两条平行而又等长的线段意义更相同了。”于是，列科尔德有创见性地用两条平行且相等的线段“=”表示“相等”，并把“=”叫做等号。后来，英国数学家哈里奥特，首先创用符号“>”表示“大于”，“<”表示“小于”，这就是现在通用的大于号和小于号。

师：今天这节课老师要和大家学习一个新的符号，你们准备好了吗？

生：准备好了。

师：请看大屏幕（略）。谁先来把题目读一读。

生：龙岗小学有学生695人，东山小学有学生703人。

师：非常好！题目的意思明白吗？

生：明白。

师：这两个学校的学生各接近几百人呢？同桌两人先讨论一下，并说说你们是怎么样想的。

师：哪个小组愿意先来说一说龙岗小学接近几百人？

生：我们认为龙岗小学接近700人。

师：你们是怎么想的？

生1：695人加5人就是700人。大家对我的回答有想补充的吗？

生2：因为695人比700人少一些。

生3：因为695后面是696、697、698、699、700，所以695接近700人。

师：小朋友们，老师刚才听了好几种方法，有人用计算的方法，有人用数数的方法，还有人说695比700人少一些。想想看，不管用什么方法，我们都在说695比700少一些，所以我们可以得到结论：695接近700。

师：小朋友们说得非常好，东山小学有703人接近几百人呢？

生：703人接近700人，因为703比700多一些。

师：你说得真好！还有谁想说说？

生：因为703比700多一些，所以703人接近700人。

师：703人比700人多3人，其实就是在说703比700多一些，也接近700人。小朋友们，对于695接近700，703也接近700，这样的结果你们有什么疑惑？

生：695比700少一些，所以接近700；703比700多一些，所以也接近700。

师：说得真好！695比700少一些，所以接近700；703比700多一些，所以也接近700。

师：小朋友们，刚才我们都是用文字来表示695接近700，703接近700，你们能想出一个不用文字叙述而用数学符号表示的方法吗？

生：用上面一个波浪线下面一个波浪线的符号表示。

师：哦，你们肯定通过预习知道了这个符号，老师把它写在黑板上，你说的是这个符号吧？你们知道这个符号叫什么名字吗？

生1：接近符。

生2：约等号。

师：对，叫约等号。大家一起跟老师说"约等号"。

生：约等号。

师：这个约等号和等号有亲密的关系，但是又表示接近的意思。那么约等号在式中怎么读呢？谁会？

生：约等于。

师：非常好，约等号读作约等于，我们一起读。

生：约等于。

师：放到式子中谁会读？

生：695约等于700。

师：很好！刚才我们学会了用约等于来表示695接近700，那么703接近700，谁会表示？

师：好，请小朋友们在学习单上找到这题写一写！

师：写完了，我请同学来读。

生：703约等于700。

师：非常好！谁再来读一读。

生：703约等于700。

师：全班一起读。

生：703约等于700。

师：对于刚才这位同学写的，你们有什么要提醒他的。

生：两个波浪线要靠近一些。

师：很好！还有要提醒的吗？

生：两个数离约等号近一些。

师：小朋友们，看看这个约等号像什么？

生：波浪。

师：对，像小波浪。请小朋友们伸出小手跟着老师一起比画一下。我想问问大家，约等号表示什么意思呢？

生：表示接近。

师：$695 \approx 700$表示什么？

生：表示695接近700。

师：$703 \approx 700$表示什么？

生：表示703接近700。

师：非常好！龙岗小学有学生695人，东山小学有学生703人，像这样695人、703人表示的数都是实际人数，是精确的数，而我们说学生都接近700人，这是一个大概的数。这样的数在数学上我们把它们叫做近似数，这就是我们今天学的简单的近似数。那么700在这里既是695的近似数，也是703的近似数，小朋友们开动脑筋想一想，还有哪些数的近似数也是700呢？

生1：699和701。

生2：702和692。

生3：698。

生4：696到699。

师：小朋友们有没有发现接近700的数有很多！我们初步了解了简单的近似数，接下来我们一起看这道题：实验小学有学生2016人，大约是几千人？同桌两人讨论一下。

生：大约2000人。

师：你是怎样想的？

生：因为2016人比2000人多一些，所以接近2000。

师：你说得真好！其实这位同学的意思就是2016人比2000人多一点，所以我们说大约是2000人。好，大约是2000人我们可以怎么表示？请在学习单上试着写一写。

师：看看你们写的和老师写的一样吗？

师：怎么读呢？

生：2016约等于2000。

师：非常好！那么这个式子表示什么意思呢？

生：表示2016人大约是2000人

师：是的。那么下面的数约等于多少？

生1：2138约等于2000。

生2：2946约等于3000。

师：咦！这两个数都是两千多，为什么一个接近2000，一个接近3000呢？

生：因为2138比2000多一些但比3000少得多，2946比2000多得多但比3000少一些。

师：听明白了吗？像这样比几百多一些或少一些都可以说约等于几百，比几千多一些或少一些都可以说约等于几千。接下来我们一起来挑战一下。

生（读题）：新华书店第一天售出4015册书，第二天售出4993册书，第三天售出3972册书。

师：第一天和第二天大约一共售出多少册书？怎样估？

生：4015约等于4000，4993约等于5000，4000加5000是9000，两天大约共售出9000册书。

师：你的思路真清晰，表达能力真强。第一天和第三天大约售出书多少册？又该如何估？

生：4015约等于4000，3972约等于4000，4000加4000是8000，两天大约共售出8000册书。

师：第二天和第三天大约共售出多少册书呢？

生：4993约等于5000，3972约等于4000，5000加4000是9000，两天大约共售9000册书。

师：看来小朋友们今天学得都不错，这节课你们有什么收获？

生1：学了约等号。

生2：比几百多一些或少一些都可以说约等于几百。

……

【案例分析】

《课程标准》强调：数学来源于生活。生活中的数学，能让学生充分体会学习数学的意义与价值。教师基于这一理念，将一切学习活动置于问题情境中，让学生真切地体会到学好数学是有用的。这里创设两个学校的人数大约都是700人的情境，通过小组讨论“究竟哪个学校的人数多”，让学生进一步体会近似数是一个约数，单纯知道近似数并不能预测准确数，真正体会近似数的作用及与准确数的区别。

近似数的概念在整个教材体系中是第一次出现。如何让学生理解并感知近似数的意义，感受近似数在现实生活中的作用才是最重要的，但学生对数的感知能力并不强，在课前应该通过复习铺垫，帮助学生提高估算的能力。只有把估算的能力提高，学生才能既快又准确地找到一个数的近似数。那么怎样才能提高学生的估算意识和估算能力呢?

(1) 灵活地使用教材。

教材是外在的，教师只有把教材加工成学生可以接受的知识，学生的学习过程才会变得生动有味。贴近学生、源于生活的数学问题，使学生倍感亲切、体验深刻，自然而然在无形中体会到估算的作用，由此引发学生进行主动探究的心理倾向，认识到估算的必要性和优越性。这一情境中，学生自己质疑、释疑，明白了“进一”法估算。

(2) 灵活地解决问题。

学生数学素质的核心是应用数学的能力，其主要体现在用数学的观点和知识去解决生活中的问题。因此，在教学中，教师要教给学生利用估算知识解决数学问题的策略。估算策略要为生活服务，然而生活中的实际需要并不是像单纯的数学题那样简单，也不是用“四舍五入”法就能够合理解决的。课堂上教师要借助实际问题，说明实际问题的复杂性，要引导学生动脑筋想一想，究竟应该怎样做才是最合理的。具体问题应该具体分析，这就需要学生有一定的生活经验，不仅可以进行乘法估算，而且要对估算的结果有所预测，能进行适当的调整。

(3) 灵活地渗透德育。

素质教育的核心是德育，学科教学应该加强学生的德育教育。但是这种情感的教育不应该是为了教育而教育，应该寓于无形之中。在具体教学中，学生不仅可以从知识中受到教育，而且可以从教师的教学态度、工作作风和思想情感中潜移默化地受到思想道德教育。所谓教书育人，正是这个道理。但是，这种教育必须克服两种错误的倾向：一是过分地强调教学的思想教育意义，不顾教学内容的具体特点，生拉硬扯地进行空洞的、贴标签式的思想教育；二是完全忽视教学的教育意义，单纯的为使学生获得知识技能而进行教学，只教书不育人。情感教育与数学教学，两者是水乳交融的关系，思想与精神要融入在整个教学过程中。在教学中，教师要拥有一双睿智的眼睛、思维敏捷的应变能力、优良的课堂教育机智，及时捕捉好的素材，适时地对学生进行思想教育。在教学中，教师还要结合学生的思想情况和知识接受能力，潜移默化地提高渗透的自觉性，把握渗透的可行性，注重渗透的反复性，使思想与精神真正走进学生心田，最终积淀成良好的品质，达到“润物无声”的效果。

〖案例4〗

《认识一个整体的几分之一》教学片段

一、创设情境，引入新课

师：有两只小猴在树林里玩耍。猴妈妈带来了它们最喜欢吃的水果——桃。(课件出示主题图中的一个桃)。

要把这一个桃平均分给2只小猴，每只小猴可以分得这个桃的几分之几呢？(课件演示把一个桃平均分成2份的过程)

生：我认为把一个桃平均分给2只小猴，每只小猴可以分到这个桃的二分之一。

学生回答后指出：把一个桃平均分成2份，每份是这个桃的1/2。

师：我们已经初步认识了分数。今天这节课，我们进一步来认识分数。(板书课题)

二、互动新授，探究新知

1.认识整体的1/2

师：吃完一个桃，小猴们觉得还不够。于是，猴妈妈又拿出了一盘桃（课件出示一盘用东西盖着的桃），准备把这盘桃都分给小猴们吃。想一想，如果把这盘桃平均分给2只小猴，那么每只小猴能分得这盘桃的几分之几呢？

学生思考交流。

生1：每只小猴能分得二分之一。

生2：我认为每只小猴分得这盘桃的二分之一。

学生回答后指出：把一盘桃平均分成2份，每份是这盘桃的1/2。

师：刚才，我们先后得到了两个1/2，这两个1/2有什么不同？第一个1/2表示什么的1/2？第二个1/2呢？

生1：第一个1/2表示是一个桃的二分之一，第二个1/2表示是一盘桃的二分之一。

生2：这两个1/2虽然写法相同，但他们的主体不一样，表示的意义也不一样。

生3：第一个1/2是把一个物体平均分成两份，表示其中的一份；第二个1/2是把一个整体平均分成两份，表示其中的一份。

强调：把一个桃平均分成2份，每份是这个桃的1/2；把一盘桃平均分成2份，每份是这盘桃的1/2。

【设计说明：从一个桃的1/2到一盘桃的1/2，知识的拓展显得自然、流畅。学生很容易由“把一个桃平均分成2份，每份是一个桃的1/2”，类推出“把一盘桃平均分成2份，每份是这盘桃的1/2”。课件出示一盘看不清数量的桃，能有效地避免桃的个数对新概念建立过程的干扰，有利于学生把思维焦点聚集于“一个整体”。】

师：如果这盘桃有6个（课件出示6个桃），怎样在图中表示这盘桃的1/2？

小组操作，汇报交流。

师：把6个桃看成一个整体（课件出示由集合圈圈起的6个桃），平均分成2份（用一条虚线把集合圈中的6个桃平均分成2份），每份就是这盘桃的1/2。

师：（指左边3个桃）这3个桃是这盘桃的几分之一？

生：二分之一。

师：（指右边3个桃）这3个桃是这盘桃的几分之几？

生：也是二分之一。

【设计说明：从应用的角度看，一个分数既可以表示一个具体的数量，也可以表示两个数量之间的相对大小关系。假定一盘桃有6个，通过演示把6个桃看成一个整体平均分成2份的过程，有利于学生更加深刻地体会：尽管每份是3个桃，但它与这盘桃的关系仍可用1/2来表示。这样一来，学生的抽象思维水平就有了明显的提升。】

师：如果这盘桃有4个（课件出示4个桃），把这4个桃看成一个整体（课件出示集合圈圈起的4个桃），又应该怎样在图中表示出这盘桃的1/2呢？

生圈一圈，交流汇报。

生：这盘桃的二分之一应该圈2个。

学生回答后，教师再用课件演示划分的过程。

师：如果这盘桃有8个（课件出示8个桃），把这8个桃看成一个整体（出示集合圈），你能在图中分一分，表示出这盘桃的1/2吗？

学生在课本上分一分、圈一圈，在实物投影上展示学生分的结果。

师：这盘桃的1/2是几个？

生：这盘桃共有8个，它的二分之一是4个。

【设计说明：从一盘桃有6个，到一盘桃有4个、8个，突出6个桃、4个桃、8个桃都可以看成一个整体，而把它们分别平均分成2份后，尽管每份桃的个数不同，但每份都是整体的二分之一。这样的经历，有利于学生逐步明晰“一个整体的1/2”的含义，从而使学习过程本身的价值得到充分展现。】

（课件同时出示三盘桃平均分后的示意图。）

师：三盘桃的个数不同，为什么平均分成2份后，每份桃的个数不一样，而每份都可以用1/2来表示？

生1：虽然个数不同，但都是平均分成2份，其中的一份就是二分之一。

生2：只要是把一个整体平均分成2份，其中一份都可以用二分之一表示。

小结：不管一盘桃有几个，只要是把它们看成一个整体，并且平均分成2份，那么每份都是这盘桃的二分之一。

创设新的情景，进行知识拓展延伸。

师：如果这里有一筐桃（课件出示一筐桃），把这筐桃平均分成2份，每份是这筐桃的几分之几？

生：每份是这筐桃的二分之一。

师：如果这筐桃有30个，平均分成2份，每份是这筐桃的几分之几？

生：也是二分之一。

师：如果这筐桃有31个，平均分成2份，每份还可以用1/2来表示吗？

生：只要把这个整体平均分成2份，每一份都可以用二分之一表示。

【设计说明：平均分的对象由一盘桃扩展为一筐桃，数量变化之大，又一次冲击了学生的心理预期，但其内在的一致性却得到了进一步凸显。至于这筐桃的个数假定有30个或31个的设计，主要是为了让学生在新的认知冲突中，进一步强化初步建立的认识，即不管每份是几个，也不管每份的个数是否为整数，它们都是一个整体的1/2。】

2.认识整体的几分之一

师：其实猴妈妈带来的这盘桃就是6个。（课件出示盘子里的6个桃）猴妈妈刚准备把这盘桃分给两只小猴吃，这时，又来了一只小猴。想一想，猴妈妈会怎样分这盘桃呢？

学生思考交流。

生：有三只小猴了，那就把这些桃平均分成3份。

师：把这盘桃平均分成3份，每只小猴能分到这盘桃的几分之几？

学生在图中分一分、填一填。

生：平均分成3份，每份是这些桃的三分之一。

（课件演示分的过程，并强调：把一盘桃平均分成3份，每份是这盘桃的1/3。）

师：如果把这盘桃平均分成6份，你会分吗？

学生在学习单上分一分，分完后在实物投影上展示。

师：把一盘桃平均分成6份，每份是这盘桃的几分之一？

生：把一盘桃平均分成6份，每份是这盘桃的六分之一。

学生回答后板书：把一盘桃平均分成6份，每份是这盘桃的1/6。

（课件出示三盘桃的图和三个分数。）

比较：这里的三盘桃都是6个，为什么分得结果有的是用1/2表示，有的是用1/3表示，而有的又是用1/6表示呢？

学生思考交流。

生：把这盘桃平均分成几份，其中的一份就是几分之一。

明确：把一盘桃看成一个整体，如果把这个整体平均分成2份，每份就是它的1/2；如果把这个整体平均分成3份，每份就是它的1/3；如果把这个整体平均分成6份，每份就是它的1/6。也就是说，把一盘桃平均分成几份，每份就是这盘桃的几分之一。

指导学生完成教材“试一试”。

师：这里分别是把多少个桃看成整体？平均分成了几份？

生：12个桃看成了一个整体，平均分成了4份。

师：12个桃的1/4是几个桃？

生：12个桃的1/4是3个桃。

师：12个桃还可以平均分成几份？每份各是这些桃的几分之几？

学生自主操作分一分、圈一圈、说一说。

生1：12个桃可以平均分成12份，每份是这些桃的1/12。

生2：12个桃可以平均分成6份，每份是这些桃的1/6。

生3：12个桃可以平均分成3份，每份是这些桃的1/3。

生4：12个桃可以平均分成2份，每份是这些桃的1/2。

【设计说明：在学生充分认识“一个整体的1/2”的基础上，通过自然、可信的问题情境，引导他们进一步认识一个整体的1/3、1/6，乃至1/4、1/12等，有利于学生由特殊推及一般，水到渠成地完成对“一个整体的几分之一”的认识。这样的认识过程，有详有略，既突出了学习重点，又显得一气呵成。】

师：今天的学习有什么收获吗？

生1：通过学习我知道了，可以把一个物体平均分成几份，其中的一份用几分之一表示，也可以把一个整体平均分成几份，其中的一份用几分之一表示。

生2：不管物体有多少个，只要平均分成几份，每份都可以用几分之一表示。

师：通过以前对分数的认识，我们已经知道，把一个物体或一个图形平均分成几份，其中一份就是这个物体或图形的几分之一，可以用分数来表示；通过今天的学习，我们又知道可以把几个物体，如2个桃、4个桃、6个桃、几十个桃等看作一个整体，把这个整体平均分成几份，其中一份就是这个整体的几分之一，也可以用分数表示。

3.思考

我们可以把一盘桃、一筐桃看作一个整体进行平均分之外，还能把哪些物体也可以看作一个整体？

三、合作练习，运用新知

1.出示问题

《科学天地》大约占黑板报的几分之一？《艺术园地》呢？哪个部分大一些？

师：观察这幅图，估一估《科学天地》《艺术园地》各占黑板报的几分之一？

生：《科学天地》大概占黑板报的二分之一。

生：《艺术园地》大概占黑板报的四分之一。

师：你是怎么估算的呢？

生：我是用画一画的方法估算的。

师：哪个部分大一些呢？

生：《科学天地》大一些。

2.完成教材“想想做做”

略。

3.趣味思考题

出示8颗红星，分别提出下面的问题：

（1）拿走8颗红星的一半，要拿走几颗？（4颗）

（2）第二次又拿走剩下的一半，这次又要拿走几颗？（2颗）

（3）第三次再拿走剩下的一半，这次该拿走几颗？（1颗）

追问：同样都是拿走剩下的一半，为什么每次拿走的红星颗数不一样？

4.课堂练习

张大伯用一块地的$\frac{1}{3}$种番茄，剩下的一半种黄瓜，其余的种辣椒。黄瓜和辣椒各占这块地的几分之几？（先在右图中画一画，再回答）

小组里交流，估一估、画一画，再回答。

【设计说明：练习的安排既强调针对性，又注意层次性；既强调对一个整体的几分之一的理解和应用，又注意实用性，以突出学习内容的本质，不断提升思维水平。在估一估练习中提升估算意识，帮助学生进一步理解分数的含义。】

【案例分析】

这部分内容是在学生认识了一个物体（或图形）的几分之一和几分之几的基础上学习的，有利于学生对分数的产生和发展有进一步的认识，同时为后面解决实际问题奠定知识和方法基础。从一个物体的几分之一到一些物体的几分之一，是认识分数的一次发展。理解一个物体的几分之一并不难，理解一些物体的几分之一对学生来说有一定的难度。

案例中首先创设情境，让数学与生活相联系。在教学中，教师创设分桃子的熟悉情境，让学生借助生活经验来学习知识，激发学生学习的积极性。教师利用猴妈妈给两只小猴分桃子的情境，先复习一个物体的几分之一，紧接着提问把一盘桃分给两只小猴，让学生大胆地估计每只小猴分到这盘桃的几分之几。同时出示一盘看不到个数的桃，有效地避免桃的个数对新概念建立的干扰，有利于学生把思维焦点聚集于“一个整体”上。在教学中，假设桃的个数，让学生分一分，明晰“一个整体的二分之一”的含义，之后平均分的对象由一盘桃扩展为一筐桃，数量不断增大，又一次冲击了学生的心理预期，但其内在的一致性得到了进一步的凸显。同时，假设一筐桃的个数是30个或31个，排除学生每份个数是否是整数的干扰。认识一个整体的二分之一后，创设“又来了一只小猴该怎么分”的情境，让学生自然过渡到学习一个整体的三分之一、六分之一，完成对“一个整体的几分之一”的认识。在数学教学中，运用对比可以突出教材的重点，突破教材的难点，让学生辨别易混淆的内容，联系前后知识，充分运用知识迁移来学习新知识。

创设具体的情境，在“提出问题—合作探究—形成结论—解释应用”的学习过程中，体会“整体”相同但平均分的份数不同造成分数的大小不同。然后，明确指出分数的大小与平均分的份数有关，以加深学生对分数的进一步认识。通过动手操作，学生加深了对几分之一的认识，进一步体会几分之一的意义。

本案例中，教师充分扮演了引导者的角色，选用了学生熟悉的分桃子活动，激发了学生学习的兴趣，引起了学生的好奇心，自然地切入了这节课的主题——分数。教学中，利用学生的生活经验，设计生动有趣、直观形象的实物演示及图片演示，使学生在生动具体的情境中理解和认识分数，不但解决了本节课的重难点，也为学生独立学习延伸内容打下了基础。

在习题环节，设计相关的估算题，培养学生的估算能力。学生通过估算、比较，体会到估算的好处，增强了估算意识。

〚案例5〛

《求近似数》教学片段

师：哪位同学知道自己的出生年月？

生：我是2009年11月3日出生的。

师：刚才这位同学的回答中用到了数字2009、11、3，这三个数都是确切的数。下一个问题，我们班有多少人？男生有多少？女生有多少？

生：我们班有45人，男生有24人，女生有21人。

师：是的，这里的45、24、21也是确切的数。经常有人问我：你们学校每班有多少学生？我回答：每班大约50人。这个大约50人是什么意思呢？

生：大约50人就是接近50人。大约50人，有可能不是50人，可能比50多，也可能比50少。

师：同学们解释得真好。老师有没有必要去调查一下，然后一个班一个班地把准确的人数告诉对方？

生：没有必要，只需要说大概的数就可以了。

师：对，对方还有可能问：你们全校大约有多少学生？同学们能算一算吗？

生：大约有1800人。

师：你是怎么算的？

生：1到6年级有36个班，每班大约50人，36乘50是1800，所以全校大约有1800人。

师：你分析得真不错！生活中我们经常用到数，有的时候需要精确数，有的时候只需要一个近似数，今天这节课我们就一起来研究近似数。

师：其实，我们常说“中国人口有14亿”，这个“14亿”也是一个近似数，想想这是为什么？

生：因为我们国家太大了，每个人都在不同的地方，不可能一个一个确切地数，所以13亿是个近似数。

师：分析到位！我们一起看屏幕，谁来帮我把第一句话读一下？

生：到2011年末，我国共有普通高等学校2409所，教职工总数大约220万人。

师：第二句话谁来读读？

生：到2011年末，我国共有博物馆2650个，文物藏品大约有1902万件。

师：画线的四个数所表达的准确程度是否一样？

生：不一样！

师：理由是什么？

生：2409、2650前面没有“大约”，所以这两个数是确切的数，而220万和1902万前面有大约，所以不是确切的数。

师：说得很好！像2409和2650这样表示事物的数量是准确的，称它为准确数；像220万和1902万这样表示大约的数，也就是与事物的实际数量比较接近的数，我们称为近似数。

师：生活中的很多数量都是用近似数表示的，你们平时留意了吗？你在哪儿见过或听过用近似数表示的例子？

生1：天长市人口大约是63万人。

生2：珠穆朗玛峰高大约是8848米。

生3：2021年到黄山旅游的人数大约有167万人。

师：孩子们真是有心人！一般在人口普查、统计旅游人次、统计大宗物品数量等情况下，因为没办法得到一个非常精确的结果或者没有必要用一个准确数表示，我们就用近似数表示。下面我们一起来看看这几

道题里哪些数是近似数？哪些数是精确数？（内容略）

生1：《中国昆虫名录》收录了当时已知的中国昆虫20069种。20069是确切数。

生2：2002年4月英国《自然》杂志报告说，全球昆虫可能仅有200万到600万种。这里的200万到600万是近似数。

生3：江都市吴桥中心小学共有学生1073人。1073是精确数。

生4：2018年“十一”黄金周期间，苏州东方水城7天共接待境内外游客290万人次，旅游总收入约21亿。290万和21亿都是近似数。

师：同学们，我们已经能够正确判断近似数和准确数，那么如何求一个数的近似数呢？下面我们就一起来研究一下。

师：谁来说一说从表中能获得哪些信息？（表略）

生：2012年某市总人数是770889人，其中男生384204人，女生386685人。

师：男生和女生各接近三十几万人？请同学们自己试着写一写！写好举手回答。

生1：384204在385000左边，接近38万；386685在385000右边，接近39万。

生2：384204千位上是4，比385000小，接近38万；386685千位上是6，比385000大，接近39万。

师：你们是用什么方法改写的？

生：“四舍五入”法。

师：“四舍”是什么意思？“五入”呢？

生：尾数小于等于4就舍去，大于等于5就进一位。

师：什么是尾数呢？

生：要精确到哪一位，哪一位就是尾数。

师：近似数与原来的数之间用什么符号连接？

生：约等号。

师：为什么？

生：因为约等号表示一个大概的数，不是准确数。

师：同学们说得真好！请大家自学书本第22页最下面的一段文字。（文字略）

师：我要考考你们，看看你们理解第22页文字了吗？请同学们完成书本第24页第9题。在做之前，谁来说说“省略最高位后面的尾数”这句话什么意思？

生：就是把最高位后面的数都舍去。

师：同意吗？

生：同意。

师：好，开始练习吧！

生：705省略最高位后面的尾数是700。

师：你是怎么想的？

生1：705最高位是百位，百位后面是0，比5小，不够进，舍去就是700。

师：同意吗？

生：同意。

师：385省略最高位后面的数是多少？同学们一起说！

生：400。

师：为什么？

生：因为最高位百位后面是8，比5大，向百位进1。

师：回答得很好！1994呢？

生：2000。

师：3208呢？

生：3000。

师：最后一个9775呢？

生：10000。

师：为什么是10000?

生：因为最高位是9，最高位后面是7，向千位进1，千位上9加进上来的1是10，就是向万位进1，所以是10000。

师：分析得真好！我们一起来看下面的题，先读一读，再改写成用“万”或“亿”做单位的近似数。(题略)

生：283000约等于28万。

师：理由是?

生：万后面的数是3，比5小，直接舍去。

师：是的，那1970000000用“亿”做单位，近似数是?

生：20亿。

师：说说你的思考过程?

生：千万位上是7比5大，要向亿位进一，所以是20亿。

师：同学们说得真不错，把283000改写成“万”作单位的近似数，只要看千万位，千万位上是3，不满5，直接舍去，在28后面写上计数单位“万”；把1970000000改写成“亿”作单位的近似数，只要看千万位，千万位上是7，满5，要向“亿”位进1，变成2，再加上计数单位“亿”。

师：这道题与前面例题中求近似数的方法比较，有什么相同及不同之处?

生1：都是用“四舍五入”法。

生2：前面的例题省略尾数后用0占位，后面的例题省略尾数用“万”“亿”作计数单位。

师：同学们总结得真不错！老师要给你们点赞！今天这节课同学们有什么收获呢?

生1：学习了近似数。

生2：会求一个数的近似数。

生3：准确数和近似数不一样。

【案例分析】

《课程标准》明确提出：重视口算，加强估算，鼓励算法多样化；在解决具体问题的过程中，能选择合适的估算方法，养成估算的习惯，并对估算的结果的合理性做出解释。因此要想达到这一课程目标，必须加强估算训练，使学生看到近似数在生活中的广泛应用。对于近似数，学生在日常活动中也已经接触到，不过没有出现这样的概念，而本课的学习相对系统一些，可以让学生掌握求近似数的方法。教材的编排由于受各方面条件的限制，有些教学内容难以展现出一个富有生活气息的情境，本案例想方设法为抽象的教材内容选择、补充生活背景，使数学贴近学生生活，变得易于感受。通过提供富有生活气息的学生数、人口数等，让学生初步感受这些真实信息，引入近似数，理解估算。

“四舍五入”法大多数学生还是第一次接触到，很多学生并不理解，于是本案例先估计所提供的数，然后从字面去理解“四舍”是什么意思？有哪几个数可以舍去？“五入”是什么意思？有哪几个数可以进一？之后让学生观察思考，这些数改写成整十数应是“四舍”还是“五入”，由于学生已经理解了“四舍五入”的含义，所以能很快说出答案，高涨情绪。在教师引导下，学生通过观察、分析、讨论，掌握了如何用“四舍五入”法求两位数的近似数的方法，然后在这个基础上研究如何求多位数的近似数。只有经历这样的过程，学生才能使直观感受到的经验得以提升，进入数学化的过程。

在以往的估算教学中，学生已经具备了求近似数的经验和方法，因此本课留出空间，让学生联系已有的经验，尝试练习，体会知识之间的密切联系；围绕教学重点，让学生参与探索、交流、阅读、回答问题等数学活动，经历对“四舍五入”法的自主探索，加深领悟。

〖案例6〗

《一亿有多大》教学片段

师：同学们，你们能估计出我国大约有多少人吗？

生1：近14亿人口。

生2：大约有14亿人口。

师：那么你们知道一亿到底有多大吗？

生1：一亿应该很大很大吧！

生2：十个一百是一千，十个一千是一万……十个一千万是一亿。

师：仅仅知道一亿是10个一千万是不够的。一亿到底有多大呢？我们可以借助身边熟悉的事物去研究、感受它。

师：老师给大家带来了一摞本子，我来数一数，1、2、3、4、5……照这样的速度，数1亿本练习本，估计大约需要多长时间？

生1：我估计要数一年时间。

生2：我估计要两年多时间。

生3：这样一本一本数到1亿本，时间太长了，无法感觉，估计不出来。

师：同学们估计得怎么样呢？我们可以通过实验来验证。

师：要推算数1亿本练习本需要的时间，可以怎样做？

学生展开讨论。

师：数出100本练习本，记录所用的时间，再根据结果推算。

师：谁愿意上来数100本练习本，请其他同学一起计时。

生生合作交流。

师：我们已经知道数100本练习本要用90秒，把它记录下来。我们根据表格推算一下数1亿本需要的时间。

汇报推算过程及结果：

100本：90秒

1000本：900秒

10000本：9000秒

100000本：90000秒

1000000本：900000秒

10000000本：9000000秒

100000000本：90000000秒

1000000000本：90000000秒

师：数1亿本练习本需要9千万秒，这段时间长吗？长时间用秒作单位显然不合适，你能将它换算成大一些的时间单位吗？

生1：换算成分。

生2：换算成时。

生3：换算成天。

……

师：我们先把9千万秒转化一下，请大家用计算器算一算，可以用“四舍五入”法将得数保留整数。具体算一算转化成多少小时？转化成多少天？转化成多少年？

汇报交流：

$90000000 \div 60 = 1500000$（分）

$1500000 \div 60 = 25000$（时）

$25000 \div 24 \approx 1042$（天）

$1042 \div 365 \approx 3$（年）

师：数1亿本练习本大约需要3年，看到这么漫长的时间，你有什么感受？

生生交流感受。

师：再来看看，老师带来了1枚1元的硬币，它很薄。如果老师把1亿枚1元硬币摞在一起，估计会有多高呢？30层楼的高度大约有100米，1亿枚1元硬币摞在一起，会比30层楼还高吗？

生：我们可以像刚才计算数1亿本子的时间，用“以少推多”的方法估一估。

汇报估算过程及结果：

10枚：2厘米

100枚：20厘米

10000枚：2000厘米

1000000枚：200000厘米

100000000枚：20000000厘米

20000000÷10=2000000（分米）

2000000÷10=200000（米）

师：1亿枚1元硬币摞在一起大约200000米高。是30层楼高度（100米）的多少倍？

生：2000倍。

师：1亿枚1元硬币摞在一起大约是30层楼高度的2000倍，你又感受到什么了？

生：……

师：我们继续研究，这两位小朋友称出100粒大米重2克，你能推算出1亿粒大米的克数吗？

汇报推算过程：

100粒：2克

10000粒：200克

1000000粒：20000克

100000000粒：2000000克

生：1亿粒大米重2000000克。

师：我国大约有14亿人，如果每人每天节省1粒大米，全国一天大约能节省多少克粮食？

生：我们先算出14亿人节约了2000000×14 = 28000000克粮食。

师：如果每人每天吃大米400克，这些节省下来的大米大约可供一个人吃多少天？多少年？

生：先算出这些粮食可以吃多少天，再算出大约有多少年。

28000000÷400 = 70000（天）

70000 ÷ 365 ≈ 191（年）

师：看了这个结果，你想说些什么？

生：……

师：读一读下面的信息，并说一说有什么感受。（课件略）

生：在这个蓝色的星球上，一切资源都是有限的。我们每个人都要从节约一粒米、一滴水、一度电做起，养成勤俭节约的好习惯。

师：通过今天的活动，你对1亿这个数字有哪些认识？有哪些收获和体会？

生1：数1本练习本时间很短，数1亿本要用几年，1粒大米很轻很少，1亿粒大米可供一个人吃很多年。

生2：要知道1亿有多大，可以根据数的大小和单位之间的进率进行推算。

生3：要珍惜每一粒粮食。

生4：珍惜每1秒时间，做个爱惜时间的人。

师：1亿虽然大，但也是点点滴滴积累起来的，就像我们今天这堂课的收获，日积月累，那也将是一笔巨大的知识财富。

【案例分析】

《1亿有多大》是一节综合实践活动课，学生对1亿的猜想有各种各样，这些猜想大多是凭感觉，甚至是随意猜测。本节课中教师并未固囿学生的想象，而是给学生一个宽松的空间，在想象和争论中，激起他们探索的兴趣。本案例非常注重对学生数学素养的培养，关注学生用数学的语言表达思想和方法，关注学生在交流中运用数学知识去解决问题，关注学生用数学的眼光去看待周围的事物，关注学生对身边的事物进行数学思考。

教材安排了“说一说”“数一数”“量一量”“称一称”四个环节，通过这些活动理解估算的意义，通过推算感知1亿的大小。案例中教师以“数1亿本练习本需要多长时间”为研究素材，把教学重点放在了研究问题能力的培养和研究方法的训练上。“怎样才能知道数1亿本练习本需要多长时间？”这是一个极富挑战性的问题。教师启发学生思考：要想研究数1亿本练习本需要多长时间，是否真的要数1亿本练习本呢？不能直接测量时间怎么办？启发学生说出：可以先计算数部分练习本的时间，再由部分推算出整体是多少。这是一种重要的解决问题的思想策略。有了这种思想，学生再遇到像“1亿粒米有多重”“1亿枚硬币摞起来有多高”这样的问题，便可以自己想出解决问题的办法。

这节活动课，学生在宽松的氛围中自主经历猜测、实验、推理等探究过程，充分感知1亿这个数有多大，并获得成功的体验。教师根据儿童爱猜的心理，多次让学生猜想1亿有多大。由于学生的生活经验和知识基础不同，对“1亿”的猜想也是各种各样。有的学生说：“1亿本书摞起来有一座小山那么高吧！1亿粒大米能装满一个房间吧！”有的学生说：“米粒太小，能装满一个衣柜！”还有些想法很不合实际，但教师并未扼杀学生的想象，而是满足他们的好奇心，让他们在想象和争论中激起探索的兴趣。新时代教育的发展，知识更新周期日益缩短，学生具有强烈的求知欲、主动探索的精神、终身学习的愿望。

教学中不仅要引导学生运用所学知识解决问题，更要让学生领悟教学思想方法。如1亿枚1元硬币有多高，就以测量10枚1元硬币的高度，再推算1亿枚1元硬币的高度，这样把复杂问题转化成简单问题，一步一步解决，让学生在活动中体验、领悟由部分推算整体的研究方法。“授之以鱼”不如“授之以渔”。学生通过自主探索活动，体会到数学思想方法的奇妙与作用，积累了数学活动的经验，增强了学好数学的信心，有利于终身学习和发展。

二、数的运算领域

1.整体把握估算教学内容

《义务教育数学课程标准（2022年版）》中明确提出了估算是“数与代数”部分中的主要教学内容，并分别从不同学段对小学生估算能力的培养目标作出阐述：第一学段，要求学生能结合具体情境，能进行简单估算，体会估算在生活中的作用；第二学段，在实际情境中，运用数和数的运算解决问题，在解决实际问题的过程中，能结合具体情境，选择合适的单位进行简单估算，体会估算在生活中的作用；第三学段，在解决实际问题的过程中，会选择合适的方法进行估算。相较于教育部2011年颁布的《义务教育数学课程标准（2011年版）》，2022年版标准对于估算部分的内容要求更为明确，培养小学生重视估算能力。

就计算过程而言，估算与精确计算相比，估算更具灵活性，而且在解题的过程中更利于学生的创造性发挥，能够让学生在解决问题的过程中感受到学习的乐趣。估算，在实际生活中具有很高的应用价值，可以用来判断人为或机器精确计算的结果是否准确、合理，还能解决生活中的许多问题。不仅如此，估算在小学阶段数学学习中也发挥着至关重要的作用。积极有效地学习估算，可以提高学生的计算能力，促进学生的思维发展，培养学生的数感、量感。在解决问题的过程中，选择合适的方法进行估算，强化估算能力训练，是小学数学教学的一项重要任务，能使学生形成良好的数学思维。估算学习，是培养学生逻辑思维的一种有效途径。

Sowder认为，数感，一个具有良好组织的概念网格结构，能够使一个数字和它相关的操作特性相关联，并且以灵活而有创造性的方式解决数字问题。我国《义务教育数学课程标准（2011年版）》中提出："数感主要是指关于数与数量表示、数量关系、运算结果估计等方面的感悟。建立数感有助于学生理解现实生活中数的意义，理解或表述具体情境中的数量关系。"数感，是学习估算的基础，也是人们对数以及数的运算的感觉。学生具备良好的数感，可以提高估算能力。

学习估算知识，主要是为了解决生活中的估算问题。解决估算问题，有多种估算方法，比如："四舍五入"法、集中数字法、补偿数字法、相容数字法、整数法等。这些方法都相辅相成，相互依存。从调查结果来看，学生掌握的估算方法缺乏多样性，不理解估算方法什么时候用，为什么要用估算方法。

2.学生调研

（1）调研目的。

随着课程改革的深入，估算教学作为计算教学的一项重要内容被不断加强。《课程标准》强调要“加强估算”，明确提出了“能结合具体情境进行估算，并解释估算的过程（第一学段），在解决具体问题的过程中，能选择合适的估算方法，养成估算的习惯（第二学段）”的目标要求。在小学阶段，培养学生的估算意识，发展学生的估算能力，让学生拥有良好的数感，具有重要的价值。《课程标准》中还指出，数量关系教学，在解决实际问题的过程中，能结合具体情境，选择合适的单位进行简单估算，体会估算在生活中的作用；数的运算教学，能在简单的实际情境中，运用四则混合运算解决问题，能选择合适的单位通过估算解决实际问题，形成初步的应用意识。估算教学要引导学生在具体的问题情境中选择合适的方法进行估算，体会估算在解决实际问题中的作用，了解估算的实际意义。通过问卷调查，我们了解到目前学生的估算意识、估算意义及估算方法的掌握情况。

（2）调研过程。

调研对象：广陵小学四年级学生442人。

调研题目：

①你知道什么是估算吗？

②你知道估算的原则吗？

③你知道用什么方法估算吗？

④请你估算一下班级教室的面积大约是多少平方米？

⑤请你估算一下学校篮球场的面积大约是教室面积的几倍？

⑥你在课堂上学到的估算方法，在实际生活中的应用程度如何？

⑦一袋白糖3.4元，妈妈要买10袋，大约要带多少钱？

⑧一个滴水的水龙头每天要流掉13千克的水，照这样计算一年要浪费

多少千克的水？（一年按365天计算）

⑨小华读一本230页的故事书，每天读24页，11天能读完吗？

⑩张老师带8000元为全班43名同学买运动服，每套运动服的价格是198元，估算一下，张老师带的钱够吗？

（3）调研结果分析与建议。

调研结果分析：

第1题，知道什么是估算的有413人，占93.43%；不知道估算的有29人，占6.57%。

第2题，知道部分估算原则的有322人，占72.85%；不知道估算原则的有120人，占27.15%。

第3题，知道部分估算方法的有389人，占88.01%；不知道估算方法的有53人，占11.99%。

第4题，需要学生根据实际情况进行估算。其中123人估测教室的面积大于80平方米，占27.82%，188人估测教室的面积小于50平方米，占42.53%，即不能根据实际情况得出合理答案的一共占70.35%。能够根据实际情况进行估计的有131人，占29.65%。

第5题，篮球场的面积是教室面积的6～7倍。估测正确的有15人，占3.39%；估测错误的有427人，占96.61%。其中，估测值小于6倍的有176人，占39.82%，估测值大于7倍的有279人，占63.12%。

第6题，你在课堂上学到的估算方法，在实际生活中经常应用的有127人，占28.73%；在实际生活中偶尔应用的有230人，占52.03%；从未应用的有85人，占19.24%。

第7题，需要学生根据实际情况进行估算。其中62人这样估算，$3.4\approx4$，$4\times10=40$（元）；60人这样估算，$3.4\approx3.5$，$3.5\times10=35$（元）；其余同学都是用“四舍五入”法把$3.4\approx3$，$3\times10=30$（元）。不能根据实际情况作出合理答案的占了72.4%。

第8题，照这样计算，一年大约要浪费多少千克的水？这道题估多估少就看孩子们所选用的估算策略了，只要合理都是可以的，但是通过调查发现：有166人没有估算而是直接计算出了精确数，占37.6%；能合理估算的有145人，占32.8%；错误估算的人是这样做的，365≈360，13≈10，把估算结果估得太少了，占29.6%。

第9题，估算正确的有338人，占76.47%。估算错误的同学大多是用“四舍五入”法，24≈20，11≈10，20×10=200（页），200＜230，或者是估得太大，24≈30，11≈10，30×10=300（页），300＞230。

第10题，估算正确的有124人，占28%。有68人计算的是精确数。估算错误的原因是43≈40，198≈200，不能根据实际情况做出正确的分析，把值估小了。

从上面的调查可以看出：

①估算在日常生活中有着广泛的应用，但不少学生没有真正意识到估算的重要性和实际意义。目前课本内容编排较少，多数教师在课堂上也没有把估算当成一个极其重要的知识点，很少进行专门的估算教学，少数涉及估算的课程，往往也只是简单的几句话带过，通常以题目中是否出现“大约”来定义估算，使学生对估算的认识停留在一个浅薄的层面，缺乏深入的理解。不少教师也不愿意把大量的时间和精力放在一个他们认为“不那么重要的知识点上”，这也是造成学生对于估算策略缺乏正确理解的一个原因。曾有学者做过统计，一个人日常生活中估算的机会比精确计算的机会要多得多，如每个家庭都要计划自己家庭的收入和支出。

②把握运算结果的范围，发展学生的数感。学生常常习惯于精确计算，不愿意进行估算。从计算方法角度来看，学生擅于精确计算，对估算的作用与价值没有真实的体验与感受，从而使他们在认识和行为上都感觉到“不习惯”。具体表现为题目要求估算才估算，求估算结果往往先进行精确计算等。比如测试题第4题，让学生估算教室的面积，估计正确的非常少，多数学生是通过测量后计算，然后再根据精确值进行估算，能正确采取估算方法进行估算的少之又少。《课程标准》指出，数感主要是指关于数与数

量、数量关系、运算结果估计等方面的感悟。建立数感有助于学生理解现实生活中数的意义，理解或表述具体情境中的数量关系。而养成良好的估算习惯，有助于学生形成对数、问题及结果的直觉，让他们学着用定量的方法解决问题，从而使事物的面貌更加明晰、准确及严密，进而增进数感。

③估算方法“举棋不定”。有一部分学生不喜欢估算而喜欢精确计算的原因是精确计算答案唯一，且解答方法也常常具有唯一性，而估算的方法和结果都具有多样性，学生在估算能力不强的情况下对估算方法的选择上感到信心不足，从而举棋不定。

④锻炼学生的观察力。估算习惯的养成是一个长期积累的过程，需要学生时时处处注意观察生活中的许多常量（如一瓶矿泉水的体积、一支笔的长度等），并积淀成生活的常识。长此以往，有助于增强学生对周围事物的敏感性和主动捕捉信息的能力，从而提升他们的观察力。

⑤学生不会估，缺少估算的策略。从解决实际问题的过程中可以看出，学生对于如何估算缺少方法指导，同时也没有运用到实际计算中，往往不能根据实际情况做出正确的分析。比如第5题，这道题学生估计得很差，从答案的“广泛分布”上看，学生对篮球场的面积估计根本是胡乱猜测。如果平时就重视估算能力的培养，比如在两位数乘一位数、三位数乘两位数、三位数加减两位数等实际运算中经常渗透估算，给学生正确的方法指导，经常进行估算，那么学生就可以有理有据地估一估了。总而言之，学生对估算经验的积累，需要教师有目的、有方法地引导。

教学建议：

①要选好题目，提好问题，让学生体会估算的意义和价值。作为教师，在教学设计中，首先要选好题目，提出有估算价值的问题。比如三位数除以两位数，估一估这道题，它的商是几位数？这个问题就有价值。另外，只有选好题目、提出好问题学生才能自觉地体会到估算的价值，有了对估算价值的体验以后，他们的估算意识才能不断增强。教师要鼓励学生利用估算来验证计算结果，养成良好习惯。估算教学要结合具体的问题情境让

学生体会到估算的意义和价值，结合学生的实际，尤其是已有的知识水平和生活经验，提出合适的问题，使得学生对估算的意义有深刻的体会。更为重要的是，给学生充分的交流时间和空间，让学生解释估算的过程。由于学生对于相关数学知识和技能的掌握情况及思维方式、水平不同，所以教师要积极鼓励学生采用多样化的估算方法，充分交流，表达想法，了解算法，然后进行比较和优化。估算结果是多样的，要特别关注估算结果是否合情合理。在估算教学中，让学生交流估算方法尤其重要，只要切合估算的目的或解决问题的需要就是好方法。因此，不同的情境要选择不同的估算方法。教学中教师要强化估算意识并结合教学内容做好估算示范。这种示范并不是包办，而是给予适当的引导，让学生在科学的范围内进行估算，同时对好的方法加以强调。

②采取有效合理的估算评价策略。估算分为两种情况：一种是根据实际问题进行估算，一种是脱离实际问题的情境，纯算式地进行估算。根据实际问题，选择合理的估算策略，结果合理即为正确。在课堂中，我们经常会听到“比一比谁估得最准”“估算结果最接近准确值”等类似的评价。这样的引导性评价只关注了估算结果的精确度。其实估算的结果是多样的，在具体的情境中有时并非与精确值越接近就越好。学生只要能够解决实际问题，那么这个估算就算是合理的。如估计到饭店吃饭或购物需要多少钱，需要估大。而有时把两个数同时估小也能解决问题。如判断437+328的和是否大于700，只要把两个数都舍弃尾数得出400+300=700，即可判断。纯算式的估算只要结果落在一定的区间内，即为正确；但要根据不同年龄的学生的认知实际，给予针对性的评价。如低年级学生刚刚接触估算，估算结果落在一个范围比较大的区间内，我们认为可以；高年级的学生已经有了一定的估算经验，就要引导他不断地进行再反思，再调整。举个例子来说：78×365的积大约是多少，刚开始学习的时候，学生可能这样估70×300，或者80×300，或者80×400，这些我们都可以视为是合理的。但有了一定的计算技能以后，老师要引导学生不断地去反思，算式还可以估成80×350，这

时候的取值范围就比原来小很多。

估算可以发展学生对数的认识，培养学生的数感。学生估算意识和能力的形成需要长期地潜移默化地渗透，需要教师坚持不懈、持之以恒的努力，只有这样学生才会尝到估算的甜头，从而将估算内化为一种自觉意识，才会迸发出许多有价值的、创造性的估算方法，提高估算能力。

3.估算教学案例思考

〖案例1〗

《加法的估算——两、三位数的加法》教学片段

一、创设情境，感受估算

课件出示假期活动图片。(略)

师："六一"国际儿童节即将来临，学校为了让同学们度过一个丰富多彩、富有意义的儿童节，安排一、二年级同学在百灵剧场看电影。

课件出示：儿童节当天，学校组织一、二年级同学在百灵剧场看电影，一年级有学生195人，二年级有学生198人。百灵剧场共有400个座位，够坐吗？为什么？

师：你能用学过的知识帮助他们解决这个问题吗？

生：可以。

师：先认真读题，独立思考，再和同桌说一说你获得了哪些数学信息？

生：我知道一年级有195人，二年级有198人。

生：我还知道有400个座位，不知道够不够坐。

师：看来你们知道的还真不少。"400个座位，够坐吗"指的是什么？

生：指400个座位够不够两个年级的同学坐。

师：那要怎么解决这个问题呢？动脑筋想一想。

(给学生独立思考的时间。)

师：谁来说说你的想法。

生：我用加法先算195+198。（师板书：195+198）

师：你是怎么想到这样计算的？为什么要先算195+198。（手顺势指向黑板的板书）

生：判断剧场的座位够不够，就是要看两个年级学生数相加的和会不会超过400。所以，先计算出两个年级一共有多少学生，再和400个座位比较，就知道够不够了。

师：思路很清晰。她是通过具体算一算，再进行比较和判断的。

师：根据我们以前的学习经验，解决这个问题是用笔算计算出精确的结果？还是运用估算，只要算出一个大约数就可以？请你说一说。

生：精算可以准确算出结果。

生：这题可以精算，但是估一估更简洁。

师：是的，我们在生活中遇到这样的问题，一般不需要计算出精确的结果。采用估一估的方法，然后进行比较就可以了。今天我们先来学习“两、三位数的加法”，然后再考虑这道题。

师板书课题：两、三位数的加法。

二、互动交流，体验估算

师：独立思考，你怎么知道195+198的结果大约是多少？不着急，先想一想。

先同桌交流，然后小组汇报。

生：我们是这样想的，先估大，195看成200，198也看成200，200加200等于400元，共有400个座位，所以够了。

教师同时完成板书：

195≈200（人）　198≈200（人）

200+200=400（人）　195+198≈400（人）

400=400

答：百灵剧场共有400个座位，够坐了。

师强调：可以把195看作200，把198也看作200，都是把学生数看作比它大的整百数，估大算出的和是400，估算的结果比“195+198”的和大，也就是两个年级学生数相加的和不会超过400。所以，这个剧场能同时容纳这两个年级的学生。

教师要着重引导学生体会估算时的思考过程，适时引入“≈”，195+198大约等于400元，用约等号表示。约等号弯弯的像波浪，读作“约等于”。

师：我们用之前学过的知识把195看作和它接近的整百数200，把198看作和它接近的整百数200，再用刚刚学过的口算加法把估算结果求出来。

师：这时一年级来了9名老师边看电影边维持秩序。现在一年级师生共有204人，二年级人数不变。百灵剧场的400个座位，够坐吗？

课件出示：一年级师生有204人，二年级有198人。百灵剧场共有400个座位，够坐吗？

师：尝试估一估。请思考以后，在练习本上简单地记录你的估算过程，注意写答语。

师：现在请和同桌交流想法，统一意见。

师：哪个小组来汇报一下。

生1：我们小组是这样想的，204估成200，195也估成200，200加200等于400人，400个座位够坐。

组1：204≈200（人）　198≈200（人）

200+200=400（人）　204+198≈400（人）

400=400

答：400个座位够坐。

师：你们小组的估算方法正确，可是结论合理吗？请仔细思考一下。

生2：我们小组是这样想的：把198估计成200，把204也估计成200，200加200等于400人，要减去多估计的2人，再加上少估计的4人，相当于估算值400要加2，总共402人，只有400个座位，不够坐。

组2：204≈200（人） 198≈200（人）

200+200=400（人） 204+198≈400（人）

4−2=2（人） 400+2=402（人）

402＞400

答：400个座位不够坐。

师：你们这组的同学想法更为细致。

师辨析：这些估算方法都是正确的。但有的认为够坐，有的认为不够坐，这是为什么？

师引导：让我们先来回顾一下，把204看作200，是估小了4；把198看作200，是估大了2，总体估小了2。200+200=400，4−2=2，也就是算出400人后还有2人没算，其实总共402人看电影，只有400座位，会有2人没座位。（板书：2人没座位）经过比较，知道400个座位不够。（写答句）对于这个问题，仅仅估算出大约数是不够的，要考虑估大估小相差的人数。

师：你们现在清楚了吗？估算在生活中的应用我们需要慢慢体会。能搞清楚就不简单，能说清楚道理就更不简单了！我觉得，我们应该向这个组的同学表示感谢，因为他们引发了大家进行更深刻的思考，谢谢你们！

师同生比较分析，感悟估算。

师：观察以上两组算式：

195+198，把195看作200，把198也看作200，200+200=400，够坐。

204+198，把204看作200，把198也看作200，200+200=400，不够坐。

师：请大家思考，百灵剧场有400个座位，估算结果同样都是400人，为什么一年级195人，二年级198人，百灵剧场够坐；一年级204人，二年级198人，百灵剧场不够坐呢？想一想，这是为什么？

生：一个是都估大了，一个是有估大也有估小。

生：估算时要考虑估计的差值。

小结：对，我们的估算方法都是正确的，但由于估算得到的仅仅是一个大约数，它与准确数始终有一定的距离，因此，遇到实际问题要具体情况具体分析。

三、灵活运用，应用估算

课件出示：城南小学一、二年级同学给山区小朋友捐图书，一年级捐了298本，二年级捐了505本，两个年级大约一共捐了约多少本?

师：仔细读题，思考以后在作业纸上解答。

师：请你说一说。

生：我把一年级捐了298本估计成300本，二年级捐了505本估计成500本，也就是300加500得800本，所以两个年级一共捐了约800本。

师：和例题195+198比较，同样是估算，为什么刚才估算后需要进行比较，而这道题在估算出一个大约数就结束了？它不需要比较吗?

师强调：不是所有的估算题目都需要比较，我们要看解决的问题是什么。这道题求的是两个年级大约一共捐了多少本？我们已经求出大约数，当然不需要再比较了。

【案例分析】

随着教学改革的不断深入，小学数学教学中越来越重视学生估算意识的培养，估算教学被纳入小学数学教学的课本之中。估算是当前数学教学的重点内容之一，“加法估算”除了教学意义，在生活中也有广泛的应用价值，具有很强的实用性。小学阶段是学生智力发展的黄金时期，在小学期间培养学生的估算能力，可以为学生日后数学学习打下坚实的基础。本课伊始让学生先估一估，再验证，利用知识的迁移规律，找准新旧知识的连接点和生长点，然后去学习新知识，以“试一试”的形式自主探索估算算法。在新课复习以及课后练习里安排相关的估算题，目的是培养学生的估算能力。教学中通过让学生先估一估，再验证，使学生体会到估算的意义和必要性。

小学生由于受限于年龄，常常面对相对复杂的式子不知所措，往往难以估计自己的答案范围，在解题完毕之后的复查阶段也难以发现显而易见的错误。而估算的价值就体现在这里。

估算有助于学生思维的发展。如果答案不在估算的范围内，那么得数一定是错误的。这就让小学生的数学思维能力得到了进一步的提升。估算教学有其自身的优势，可以让小学生有更大的思维空间，针对一个数学问题有不同的思考方式，获得更多的解题策略。

估算可激发学生学习数学的积极性。估算教学在生活当中的应用情况比较多，可以让小学生学习数学的积极性更高。比如：公路自行车203元，山地自行车405元，带多少钱能够买这两辆自行车。这就是估算的实际应用。而小学生在每一次运算正确的时候都会有成就感，这种成就感会进一步激发学习兴趣，提高数学学习的积极性，从而形成良性循环。

重视培养学生的估算意识。由于数学学科的传统教学强调运算结果的准确性，所以小学生在接触估算初期还是会不自觉地倾向精确计算。这就需要教师对学生形成正确的引导，改变一直以来对学生进行机械训练的弊端。这种培养不能急于求成，需要长期引导，在每一堂数学课上激发学生的估算兴趣。

应用教材资源使学生体验估算。估算教学不能天马行空，对于刚接触估算的小学生来说，需要借助一定的教材资源。以苏教版小学二年级的估算课程为例，估算应该先从取近似数开始，例如取198的近似数、204的近似数等，要让学生体会估算的思想和估算的意义，逐步由浅入深。

通过生活实例让学生体验估算。估算在生活中的应用情况非常广泛，在进行具体的教学活动时，教师应该从生活中寻找现成的素材，为学生创设具体的教学情境，有针对性地引导学生思维。例如，同学们和父母在饭店吃过饭之后，需要根据菜单上的菜价算出总账。一般情况下，服务员精确计算，而结账的顾客提前估算，并准备一定数量的钱，支付后再由服务员找钱，最后完成结账。这就是生活中应用估算的典型实例。但是教师需要提醒同学们注意，生活中的估算往往应用在特定场合，比如带钱数目可以估算，但是结账就需要精确计算。

估算教学在小学数学教育中的地位十分重要，不仅可以对小学生的数学运算能力产生良好的影响，而且可以加强小学生在生活中应用数学的能力。因此教师必须给予足够的重视，创新教学方法，全面提高学生的估算能力。

〖案例2〗

《减法的估算——三位数减三位数》教学片段

一、创设情境，感受估算

课件出示假期活动图片。(略)

师：老师知道同学们在各自的假期中都安排了许多丰富多彩的活动。

课件出示：王爽同学一家人都喜欢旅游，他们假期跟着旅游团去了首都北京游玩。在售票大厅时，他们被告知本次大型客机有400个座位，选择的航班已经售出机票296张。这个98人的旅游团准备乘坐这次航班，剩下的机票够吗?

师：你能用学过的知识帮助他们解决这个问题吗?

生：可以。

师：先认真读题，独立思考，再和同桌说一说你获得了哪些数学信息?

生：我知道大型客机有400个座位，已经售出机票296张。

生：我还知道她们的旅游团共98人。

生：我还知道本次航班的机票还有剩余，就是不知道剩下的机票够不够。

师：看来你们知道的还真不少。“剩下的机票够吗”指的是什么意思?

生：指剩下的机票够不够这个旅游团里的98人用。

师：那要怎么解决这个问题呢？动脑筋想一想。

(给学生独立思考留有时间)

师：谁来说说你的想法。

生：我用减法先算400−296。(板书：400−296)

师：你是怎么想到计算这个的？为什么要先算400−296。(手势顺势

指向黑板的板书）

生：先计算出剩下的机票数量，再和98人比较，就知道够不够了。

师：说得真好。这位同学是通过具体算一算再进行比较的。

师：根据我们以前的学习经验，要解决这个问题是用笔算计算出精确的结果，还是运用估算只要算出一个大约数就可以？请你说一说。

生：精算可以准确算出结果。

生：这道题可以精算，但是我们二年级小朋友在精算这道题时可能还需要竖式计算，其实我们用估一估的方法应该更简洁。

师：是的，在生活中遇到这样的问题时，一般不需要计算出精确的结果。通常采用估一估的方法，然后比较一下就可以了。今天我们就来学习三位数减三位数的估算方法。（板书课题：三位数减三位数）

二、互动交流，体验估算

谈话：这节课我们就来研究三位数减三位数的估算方法。

师：独立思考一下，你怎么知道400-296的结果大约是多少？不着急，静静地想一想。

师：把你的想法轻声和同桌分享，两人交流一下。

师：哪个小组的代表来说说你们的想法？

生：我们是这样想的，把296看成300，再用400减去300等于100张，而旅游团总共98人，所以够了。

教师完成板书：

400-296≈100（张）

400-300=100（张）

100>98

答：剩下的机票够了。

强调：我们把减数296看作300，估大了，这样得到的差就偏小。然后把估计剩下的100张机票和98人进行比较，因为偏小的100张都大于98张，所以剩下的机票够了。

教师适时引进“≈”，400−296大约等于300张，用约等号表示。学生跟老师一起书写“≈”，弯弯的像波浪，读作“约等于”。

师：我们用之前学过的知识把296看作和它接近的整百数300，再用刚刚学过的口算减法就把估算结果求出来了。

师：今天同学们很棒，这么快就学会了新知，那我们运用刚才学习的知识来解决下一个问题吧！

师：假期喜欢旅游的人可真多，这不又有几名游客购买了本次航班的机票。现在本次航班共售出304张机票，剩下的机票还够吗？

课件出示：一架大型客机有400个座位，这次航班已经售出机票304张。一个98人的旅游团准备乘坐这次航班，剩下的机票够吗？

师：尝试估一估。请同学们思考以后，在练习本上简单地记录估算过程，注意写答语。

师：现在请和同桌交流想法，统一意见。

师：哪个小组来汇报一下。

生1：我们小组是这样想的，先把减数304估计成300，然后用400减300得100，100大于98，所以剩下的机票够了。

组1：400−304≈100（张）

400−300=100（张）

100>98

答：剩下的机票够了。

师：你们小组的估算方法正确，可是结论合理吗？请仔细思考一下好吗？

生2：我们小组是这样想的，先把减数304估计成300，然后用400减300得100，但是刚才是把304估计成300，所以还需从剩下的100张机票中把另外已经售出的4张减去，最后剩下的机票张数96张，所以剩下的机票不够了。

组2：400−304≈100（张）

400−300=100（张）

100−4=96（张）

96<98

答：剩下的机票不够。

辨析：这些估算方法都是正确的。但有人认为剩下的机票够，有人认为剩下的机票不够，这是为什么？

教师引导：让我们先来回顾一下，把304看作300，是估大了，还是估小了？400−300=100（张），也就是剩下的100张机票是在本次航班已经售出300张机票的情况下产生的，实际上比300还多卖出4张机票。（板书：多卖出4张机票）经过比较，知道剩下的机票不够。（写答句）对于这个问题，仅仅估算出一个大约数是不够的，要考虑已经售出的机票。

师：你们现在清楚了吗？估算在生活中的应用，我们需要慢慢体会。能弄清楚就不简单，能说清楚道理就更不简单了！我觉得，我们应该向这个组的同学表示感谢，因为他们的发言引发了大家更深刻的思考，谢谢你们！

三、比较分析，感悟估算

师：观察以上两组算式：

400−296，把296看作300，400−300=100，剩下的机票够了。

400−304，把304也看作300，400−300=100，剩下的机票不够。

师：请大家思考，同一架有400个座位的大型客机，估算结果同样都是剩下100张机票，为什么售出296张机票后，剩下的机票够了，而售出304张机票后剩下的机票却不够呢？想一想，这是为什么？

生：一个是减数估大了，差偏小；另一个是减数估小了，差偏大。

生：当减数估小得到的差偏大时就不能简单地做比较，因为我们不知道实际剩余的机票到底比估计出来的数少多少。

生：还要考虑售出机票的张数。

小结：对，我们的估算方法都是正确的，但由于估算得到的仅仅是一个大约数，它与准确数始终有一定的距离，因此，遇到实际问题要具体情况具体分析。

四、灵活运用，应用估算

课件出示：城南小学六年级有学生600人，二年级的人数比六年级的人数少186人，城南小学二年级大约有多少人？

师：仔细读题，思考以后在作业纸上解答。

师：哪位同学来说一说？

生：我把二年级比六年级少的186人估计成200人，二年级的人数也就是600–200=400人，所以城南小学二年级大约有400人。

师：和之前的练习题400–296比较，同样是估算，为什么刚才估算后需要进行比较，而这道题在估算出一个大约数就结束了？它不需要比较吗？

师强调：不是所有的估算题目都需要比较，我们要看解决的是什么问题。这道题求的是城南小学二年级大约有多少人？我们已经求出大约数，解决了这道题的问题，当然就不需要比较了。

师：继续参观校园，瞧，学校的操场上正在举办“戏曲进校园”的活动。

课件出示：学校给我们一、二年级的小朋友准备了593份纪念品，一年级的小朋友已经领取了306份，估一估，剩下的够我们二年级303名小朋友每人一份吗？

师：通过读题，你获得了哪些数学信息？独立思考以后在练习本上解答。

学生交流。

生：我知道纪念品共593份，一年级已经领取306份。

生：我还知道我们二年级共有学生303名。

生：我知道问题是剩下的纪念品够不够二年级小朋友每人一份？

师：能说说你们的解题方法和过程吗？

生：我是把593估计成600，306估成300，然后，600–300=300，因为二年级共有学生303名，所以不够每人一份。

生：593–306≈300（份）

600–300=300（份）

300<303

答：剩下的不够二年级303名小朋友每人一份。

师：和之前的例题有所不同，在400–296中，我们只把减数296估成300，这里既把被减数593估成600又把减数306估成300，同样是估算，为什么例题在估算后进行补充，要考虑已经售出的机票张数，而这道题没有比较后就结束了？为什么不需要考虑一年级小朋友领取的纪念品份数？

师强调：把593看作600，被减数估大了，也就是纪念品的份数估多了，把306看作300，减数估小了，也就是一年级小朋友的人数估少了。在总的纪念品份数估多，被领取的份数估少的情况下，剩下的纪念品份数约等于300，事实上剩下的份数一定是小于300的，所以剩下的纪念品肯定不够二年级303名小朋友每人一份。因此，遇到具体问题时，我们需要具体情况具体分析，用心体会。

【案例分析】

估算作为一种十分重要的数学素养，在学生的后续学习和日常生活中都有着广泛的应用。《课程标准》提出了“加强估算”的要求，让学生能结合具体情境进行估算，解释估算的过程，并且在解决具体问题的过程中，能选择合适的估算方法，养成估算的习惯。本节课教师结合生活实际，创设问题情境，让学生通过解决问题学习多种估算方法，促进每一个学生的发展。

教学目标定位比较恰当，重难点突出，教学效果良好。通过创设具体情境，进行减法估算，重视估算意识的培养，使学生掌握估算的一般方法，形成一定的估算能力。教师在教学中以学生为主体，让学生自主探究、合作交流，能根据知识水平和生活常识，掌握基本的估算方法和技巧，在实际运用中感悟、内化，并能根据具体情况形成较熟练的估算策略。

低年级学生的思维特点是以具体形象思维为主，再加上这部分内容没有标准答案，因此减法估算对于低年级学生来说一直比较难，以致有些学生甚至先算出标准答案后再进行估算。教学大纲要求：加强估算，鼓励算法多样化。教材不仅在口算三位数减三位数的内容中专门安排了估算的教学内容，还在笔算三位数减三位数的内容中展示了估算方法，切实体现了“加强估算”“提倡算法多样化”的改革理念。教学时，教师要充分利用教材和身边的教学资源，扎扎实实地组织数学活动，让学生学会估算的方法。

估算是一种开放性的创造活动，往往带有许多不确定性。如何根据条件来估算，如何提取有用信息，这些技能的形成贯穿于学习的全过程。虽然估算的方法灵活多样，答案也不是唯一，但估算并非无章可循，我们可以总结出估算的一般策略。第一，简化数据，简化的目的是使计算变得简便。如估算400−296，简化为400−300；又如把593−306简化为600−300。第二，对所得的结果进行调整，由于估算简化了数据，结果可能会偏大或偏小，因此要根据实际情况做出调整，使估算结果接近准确值并符合实际，如估算400−304时得到的结果是100，这时就不能仅仅凭着100>98的结果判断出剩下的机票够了，而要联系实际情况再比较，最后得出剩下的机票不够。特别值得强调的是，估算意识和能力需要逐步培养。这就要求教师要有意识、有计划地给学生提供估算的机会，让学生运用估算解决简单的实际问题，运用估算检查计算结果，在实践中体会学习估算的必要性，逐步形成估算的意识，提高估算能力。

练习形式灵活多样，有利于促进学生思维的发展，体会生活与数学的密切关系，并在探索知识的过程中，体验成功的喜悦，享受学习的快乐。练习既给学生提供了训练技能的机会，也给学生创设了体会估算方法多样化的空间。课本把估算、口算和笔算进行了有机结合，说明估算是一种不可忽视的计算方法。在掌握算法的基础上，安排适当的训练，可以促使学生加深对算理的理解，掌握算法，逐步形成计算技能，提高运算能力。而解决简单实际问题的练习，又让学生进一步体会所学计算的应用价值，加深对相关数量关系的理解，同时注意引导学生用不同的运算形式解决问题，感受估算和笔算的不同，培养灵活运用所学知识解决问题的能力。

估算在人们的日常生活、生产劳动和科学实验中有着广泛的应用和价值。对于小学生来说，要学会运用估算粗略地解决一些与现实生活密切相关的现实问题，感受估算的应用价值，增强估算意识。通过解决一些生活实际问题，使学生认识和理解：对于生活中“够不够”“能不能”的问题，往往不需要进行精确计算，粗略地估计就可以了；与精确计算一样，估算也是一种计算方式；估算在生活中应用比较普遍，应用价值较大。结合实际解决问题，培养估算习惯。首先，重视培养学生在做题之前先估计的习惯，然后再根据实际情况选择合适的方法进行解答。其次，重视体会估算的实际价值，解决问题时引导学生先估算。通过估算知道得数大致范围，再判断解题后的答案是否与估算的结果一致，从而将估算逐渐内化为自觉行动和意识。

教学中要注意处理好口算、估算、笔算三者之间的关系，不仅要做到三算互相促进，达成共同提高的目标，更要鼓励学生运用不同的方法解决问题，并通过比较、交流，知道什么时候选择什么方法进行计算更合理。这样，可以培养学生“能为解决问题选择适当的算法”的能力，从而发展学生的数感。

生活中很多地方都要用到乘法估算，教师要鼓励学生仔细观察、努力思考，有意识地运用估算解决生活中的数学问题，体会数学的趣味。估算的方法是多种多样，要注意是否与实际情况相符。学生要会用数学的思维思考现实世界，会用数学的眼光观察现实世界，会用数学的语言表达现实世界。加强估算方法的指导，提高学生的估算能力。在教学中，让学生凭借已有的估算经验来学习估算，引导他们探索估算的方法。估算教学之后，教师还要组织学生交流估算方法，比较各自的估算结果，在交流与比较中感悟估算方法的多样化。在估算中应用不同的方法，其估算结果的准确程度可能不同，所以恰当地运用调整策略，能保证估算结果更接近准确值。

在平时的教学中学生面对更多的是精确计算，所以，要落实培养学生估算意识的教学任务任重而道远。估算训练只有在具体的情境中才能产生多样化的估算方法，单纯地进行机械式的估算练习很难培养学生的估算意识。因此，在以后的教学中，应结合日常生活进行训练，以提高学生的估算能力，培养学生的数学素养。

〖案例3〗

《乘法的估算——两位数乘一位数》教学片段

一、创设情境，感受估算

课件出示假期活动图片。(略)

师：老师知道同学们在各自的假期都安排了许多丰富多彩的活动。

课件出示：李立同学一家人都喜欢旅游，假期他们去了首都北京游玩。在一个公园景点的售票处，李立遇到了一群参观景点的孩子们，共28人，每张门票9元，他们带了280元钱，够吗?

师：你能用学过的知识帮助他们解决这个问题吗?

生：可以。

师：先认真读题，独立思考，再和同桌说一说你获得了哪些数学信息?

生：我知道一共有28人，每张门票9元。

生：我还知道他们一共有280元，不知道够不够用。

师：看来你们知道的还真不少。“带280元够吗”指的什么?

生：指280元够不够买门票。

师：那要怎么解决这个问题呢?动脑筋想一想。

(给学生独立思考留时间)

师：谁来说说自己的想法。

生：我用乘法先算28×9。(板书：28×9)

师：你是怎么想到计算这个的?为什么要先算28×9。(手势顺势指向黑板的板书)

生：先计算出一共要花多少钱，再和280元比较，就知道够不够了。

师：说得真好。这位同学是先具体算一算再进行比较的。

师：根据我们以前的学习经验，要解决这个问题是用笔算计算出精确的结果，还是运用估算只要算出一个大约数就可以？请你说一说。

生：精算可以准确算出结果。

生：这道题可以精算，但是我们可以估一估更简洁。

师：是的，我们在生活中遇到这样的问题时，一般不需要计算出精确的结果。通常采用估一估的方法，然后比较一下就可以了。今天我们就来学习两位数乘一位数。（板书课题：两位数乘一位数）

二、互动交流，体验估算

谈话：这节课我们就来研究两位数乘一位数的估算方法。

师：独立思考一下，你怎么知道28×9的结果大约是多少？不着急，静静地想一想。

师：把你的想法轻声和同桌分享，两人交流一下。

师：哪个小组的代表来说说你们的想法？

生：我们是这样想的，28看成30，就用30乘9等于270元，而总共带来280元，所以够了。

教师完成板书：

28×9≈270（元）

30×8=270（元）

270＜280

答：带280元钱够买门票。

强调：我们把28看作30，估大了。然后把估计要花的270元和一共带的钱数280元进行比较，因为270＜280，所以带280元够买门票。

教师适时引入“≈”，28×9大约等于270元，用约等号表示。学生跟老师一起书写“≈”，弯弯的像波浪一样，读作“约等于”。

师：我们用之前学过的知识把28看作和它接近的整十数30，再用刚刚学过的口算乘法就把估算结果求出来了。

师：这时美丽的公园吸引了许多游客。又来了一些同学，现在是33个孩子带280元钱，够吗？

课件出示：每张门票9元，33个同学参观，带280元钱够吗？

师：尝试估一估。请同学们思考以后，在练习本上简单地记录估算过程，注意写答语。

师：现在请和同桌交流想法，统一意见。

师：哪个小组来汇报一下。

小组派代表汇报。

生1：我们小组是这样想的，先把33估计成30，然后用30乘9得270，270元小于280元，所以带280元够买门票。

组1：$33\times9\approx270$（元）

$270<280$

答：带280元够买门票。

师：你们小组的估算方法正确，可是结论合理吗？请仔细思考一下好吗？

生2：我们小组是这样想的，先把33估计成30，然后用30乘9得270，但是刚才是把33估计成30，所以再看看剩下的3人还需要27元，总共大约需要297元，所以带280元不够买门票。

组2：$33\times9\approx270$（元）

$3\times9=27$（元）

$270+27=297$（元）

$297>280$

答：带280元不够买门票。

辨析：这些估算方法都是正确的。但有人认为够买门票，有人认为不够买门票，这是为什么？

教师引导：让我们先来回顾一下，把33看作30，是估大了，还是估小了？$30\times9=270$元，也就是花270元只买了30个同学的门票，还差3人没买票。（板书：还差3人没买票）经过比较，知道带280元不够买门票。对于这个问题，仅仅估算出一个大约数是不够的，要考虑剩余的人数。

师：你们现在清楚了吗？估算在生活中的应用，我们需要慢慢体会。能搞清楚就不简单，能说清楚道理就更不简单了！我觉得，我们应该向这个组的同学表示感谢，因为他们引发了大家更深刻的思考，谢谢你们！

三、比较分析，感悟估算

师：观察以上两组算式：

28×9，把28看作30，30×9=270，够买门票。

33×9，把33也看作30，30×9=270，不够买门票。

师：请大家思考，拿了同样的钱去买门票，估算结果同样都是270元，为什么28个同学带280元钱够买门票，而33个同学却不够呢？想一想，这是为什么？

生：一个是估大了，一个是估小了。

生：还要考虑剩余人数。

小结：两个估算方法都是正确的，但由于估算得到的仅仅是一个大约数，它与准确数始终有一定的距离，因此，遇到实际问题要具体情况具体分析。我们外出购物时，通常会多带一些钱，往大了估，这样比较保险。

四、灵活运用，应用估算

课件出示：动物园有一只东北虎重213千克，一头野牛的体重是东北虎的3倍，这头野牛大约有多重？

师：仔细读题，思考以后在作业纸上解答。

师：哪位同学来说一说。

生：我把东北虎213千克估计成200千克，野牛的体重是东北虎的3倍，也就是200乘3得600千克，所以这头野牛大约重600千克。

师：和例题28×9比较，同样是估算，为什么刚才估算后需要进行比较，而这道题在估算出一个大约数就结束了？它不需要比较吗？

师强调：不是所有的估算题目都需要比较，我们要看解决的是什么问题。这道题求的是这头野牛大约有多重？我们已经求出大约数，当然不需要比较了。

师：继续游览，精彩的海豚表演就要开始了。

课件出示：二年级有200位小朋友观看海豚表演，看台上有5排，每排43个座位，估一估，够不够坐？

师：通过读题，你获得了哪些数学信息？思考后在练习本上解答。

学生交流。

生：我是把43估计成40，然后用40乘5得200个座位，够坐。

师：和例题33×9比较，同样是估小了，为什么例题在估算后进行补充，要考虑剩下的人数，而这道题在比较前就结束了？它不需要考虑剩余的座位吗？

师强调：把43看作40，估小了，座位已经够坐了，当然不用考虑多余的座位。因此，遇到具体问题时，我们需要具体情况具体分析，用心体会。

【案例分析】

《乘法的估算》一直是难上的估算课，因为没有标准的答案。有些学生甚至先算出标准答案再进行估算。教学大纲要求：加强估算，鼓励算法多样化。估算是《课程标准》中要加强的计算教学内容。因为估算在日常生活中应用很广，具有重要的应用价值，同时对培养学生的数感具有重要的意义。教材不仅在口算乘法中专门安排了估算的教学内容，还在笔算乘法中展示了估算方法，切实体现了“加强估算”“鼓励算法多样化”的改革理念。教师在教学时，要充分利用教材资源，扎扎实实地组织数学活动，让学生学会估算方法。特别值得强调的是，估算意识和估算能力需要逐步培养。这就需要教师有意识、有计划地给学生提供估算的机会，让学生运用估算解决简单的实际问题，运用估算检查计算结果，让学生在实践中体会学习估算的必要性，逐步形成估算意识，提高估算能力。

〖案例4〗

《乘法的估算——两位数乘两位数》教学片段

一、创设情境，引入新知

课件出示蒜头大丰收图片。(略)

师：瞧，王大伯家的蒜头大丰收啦，王大伯开心的同时又遇到了一点困难，他想知道这些蒜头的总产量大约是多少千克。同学们，你们愿意帮助他吗？

生：愿意。

二、合作交流，探究新知

1.结合情境，交流估算方法

课件出示：王大伯把收获的蒜头装在同样大的袋子里，一共装了60袋。你知道王大伯家今年蒜头的总产量吗？

师：什么是“总产量”？(板书：总产量)

生：总产量是指王大伯家今年一共收获了多少千克蒜头。

师：你知道怎么求总产量吗？

生：每袋的质量乘以60等于总产量。(板书：每袋的质量×60=总产量)。

师：那现在你能知道王大伯家今年蒜头的总产量吗？

生：不能，少一个条件，他没告诉我们每袋蒜头的质量。

师：是的，缺少条件，老师有一个疑问，同样大的袋子里装的蒜头同样重吗？

生：不同。

师：它们的质量会不会相差很多？为什么？

生：不会，因为他们装在同样大的袋子里，所以他们每袋的质量应该是差不多的。

师：那现在告诉你一袋有多重，就能求出总产量了吗？

生：不能。假如拿的是最轻的一袋或者最重的一袋，这样算出60袋的总产量误差会很大。

生：不能。因为一袋蒜头的质量不能代表60袋蒜头的质量。

师：是的，王大伯用同样大的袋子装蒜头，因为蒜头本身有大有小，所以每袋的质量不一样，但是每袋的质量相差不大，如果我们能知道每袋大约有多少千克，就能估算出总产量了！

课件出示表格：

第一袋	第二袋	第三袋	第四袋	第五袋
27千克	31千克	30千克	29千克	33千克

师：王大伯任意抽出5袋蒜头进行了称重。请同学们仔细观察表格，你想到了什么？

生：有的比30千克多，有的比30千克少，大约都是30千克。

师：那讨论一下，你觉得要按每袋多少千克估算总产量？为什么？

生：按每袋30千克估算。因为王大伯称的5袋是从60袋中任意抽出来的，并且每袋的质量都是30千克左右，最接近30千克。

师：哦，根据这5袋的数据，按每袋30千克估算，看60袋一共是多少千克，怎么算？

生：30×60=1800（千克）。

师：同学们真厉害，帮助王大伯解决了问题。在生活中，当我们遇到有很多个部分，每个部分都差不多，需要求总数时，我们可以先找出每个部分大约是多少，然后再求总数，这就是我们今天要学习的两位数乘两位数的估算。(板书课题)

2.结合具体情境，选择估算方法

师：现在李爷爷也遇到一些困难，请热心的同学们帮忙他。

课件出示情境图：李爷爷打算按照每袋42元的价格收购王大伯的蒜头，王大伯打算留2袋自己吃，剩下的全部卖掉，李爷爷大约要带多少元？

师：要解决这个问题，我们要先求出什么？

生：先求王大伯打算卖多少袋蒜头。

师：怎么算呢?

生：60−2=58（袋）。

师：要知道李爷爷需要带多少元，你知道怎么列出算式吗?

生：42×58。

师：我们可以通过精确计算解决问题，但老师觉得有点麻烦，可以通过估算来解决问题吗？请尝试估一估，并把它写下来。

生1：42≈40，40×58=2320（元）。

生2：42≈40，58≈60，40×60=2400（元）。

生3：58≈60，42×60=2520（元）。

师：同学们真厉害，想出了三种不同的估算方法。大家都是把42或58看成与他们最接近的整十数进行估算，这三种估算方法有什么不同呢?

生：第一种和第三种是把其中一个乘数估成与它最接近的整十数，第二种方法是把两个乘数都估成了与他们最接近的整十数。

师：那这三种方法，哪一个估小了?

生：第一种，因为我们把乘数42估成40，所以估小了。（板书：估小了）

师：哪一种方法估大了?

生：第三种，因为把乘数58估成60，所以估大了。

师：哪一种方法比较接近准确结果?

生：第二种。因为把42估成40，把58估成60，一个乘数估小了，另一个乘数估大了。

师：三种方法，哪种最好算呢?

生：第二种。

师：我们在解决算式估算问题时，一般选择最好算的方法，但在解决实际问题时，我们通常要看具体情况选择合适的估算方法。

师：现在要解决“李爷爷大约需要带多少元”，需要估大还是估小?

生：估大。

师：那应该选择第几种方法？

生：第三种。因为买60袋的钱肯定够买58袋。

师：所以在解决实际问题时，一定要灵活地选择合适的估算方法。

三、巩固练习，强化新知

师：估算在我们的生活中会经常用到。孩子们，你们写作文吗？写作文的时候，老师是不是会规定写多少个字啊？有的小朋友写完后一个一个地数有多少个字。瞧，这两个小朋友，他们就不会一个一个去数。这一页有21行，每行29个字。那这一页大约有多少个字？

生：把21想成20，29想成30，所以20×30=600（个）。

师：解决这个问题时，我们需不需要考虑估大还是估小？

生：不需要，因为我们只要找到与准确结果最接近的数就可以了。

师：真聪明！看来估算不仅可以帮我们解决数学问题，还可以帮我们解决语文问题。

课件出示：一辆载重3吨的卡车，装了47桶豆油，每桶豆油连桶重58千克。这辆卡车超载了吗？

师：解决这辆卡车有没有超载，可以怎样列式计算？

生：47×58。

师：需要计算出准确结果吗？

生：不需要，通过估算就能解决问题。

师：请大家估算一下，这辆卡车超载了吗？说说你是怎样估算的。

生：我把47桶油看成50桶，每桶58千克看成每桶60千克，所以50×60=3000（千克）。

师：这样估算是往大了估，还是往小了估？

生：把47桶看成50桶，是往大了估，把每桶58千克看成每桶60千克，也是往大了估，所以47×58＜3000。

师：所以你的结论是什么？

生：没有超载。

师：是的，要解决有没有超载的问题，只要算出47桶豆油一共有多重。把47×58看成50×60，把两个乘数都往大了估，估大了都没有超过3000千克，所以通过估算可以知道没有超载。

师：同学们，为什么你们都是直接通过估算，而不是通过计算47×58来判断呢？

生：计算47×58太麻烦了，计算50×60一眼就能看出得数，很快就能判断出能不能超载了。

师：真聪明。当没有必要算出准确值时，或者遇到我们没办法算出准确值的问题时，我们就可以通过估算的方法来解决问题。

课件出示：

学校买80块地砖铺一个实验室，付了4000元，找回一些钱，估计一下学校买的是哪一种地砖？（三种地砖价格依次为：每块42元、每块49元、每块58元）。

师：学校付了4000元，找回一些钱，说明了什么？

生：80块地砖的钱应该比3900元多一些，比4000元少一些。

师：那学校买的是哪种地砖呢？你打算怎么估算，先独立思考，再交流。

生：把42看成40，40×80=3200（元）。

师：你是估大了，还是估小了呢？

生：估小了，实际付的钱应该比3200元多一点点。

师：学校买的是这种吗？

生：不是，如果买的这种地砖，只比3200元多一点，不可能达到3900多。

师：那第二种呢？

生：50×80=4000（元），我把49看成50，估大了，所以80块地砖的钱比4000元少一些，学校买的就是这种地砖。

师：第三种呢？

生：80×60=4800（元），把58看成60，80块地砖的钱比4800元少一些，肯定比4000元多，所以不合理。

四、回顾内容，拓展延伸

师：学习了本节课的内容，你能估算出我们城南小学大约有多少名同学吗？

师：合理估算一定要根据一定的条件，你需要什么条件？

生：我们城南小学一共有多少个班，每个班大约有多少人。

师：我提前调查了一下，我们城南小学一共有70个班。我们班有44人。

师：可以直接算了吗？

生：不能，只有一个班太少了，也不需要知道所有班级的人数，只要知道几个班人数就好。

师：我在每个年级各调查了一个班。请看表格。

一(2)班	二(5)班	三(1)班	四(13)班	五(10)班	六(4)班
42人	39人	43人	38人	40人	41人

师：现在可以估算了吗？请把你的想法写下来。

生：每个班大约有40人，算式是70×40=2800（名）。

五、全课总结，交流收获

提问：这节课你学会了哪些内容？能具体说说你有哪些收获吗？

【案例分析】

估算在日常生活中有着广泛的应用，《课程标准》明确提出要“加强口算，重视估算”，并且对估算的要求做了明确的说明。而培养学生估算的目的是让学生利用估算的方法解决生活中的一些问题，帮助他们把握运算的范围，提高判断、选择的能力，也为判断口算和笔算的结果是否合理提供依据。单纯地用算式进行一种机械训练，难以提高学生的估算能力，发展学生的数感。因此本课主要设计了“帮助王大伯估算总产量”和“帮助李爷爷估算需要带多少钱”两个生活中常见的具体情境，让学生感受估算的应用价值。

两位数乘两位数的估算方法是多样的，比如找一组数字中最接近的数。在帮助王大伯估算总产量时，一袋一袋地称出质量再计算，显然是比较麻烦的。因为所有的蒜头放在同样大的袋子里，可以推出每袋蒜头的质量是差不多的，进而呈现任意称五袋蒜头的质量，找到与他们最接近的数字，进而估出每袋的质量，最后估算出总产量，也就顺其自然了。估算的方法绝不是千篇一律，比如有的是两个乘数中，一个往大了估，一个往小了估；或者一个乘数估，另一个乘数不估，这就需要引导学生结合具体情境进行正确的估算。当需要找到与准确值最接近的数时，往往需要一个乘数往大了估，另一个乘数往小了估；可是当遇到需要带多少元钱，或者需要准备多少材料等问题时，结合实际情况，需要准备的应该比准确值要大一些，此时就要引导学生明确一个乘数可以不估，另一个乘数往大了估。

从学生角度来看，估算的问题主要有以下两点：一是学生不知道什么时候用估算。有的学生一看到“大约”二字，就开始估算了，不考虑估算的实际意义，本节课通过例题和巩固练习引导学生理解之所以进行估算，是因为无法得到精确的得数或者是不需要精确的结果。二是学生不知道在什么情况下采用什么样的估算策略。部分同学认为估算方法就是四舍五入规则的应用，估算要产生于解决实际问题的需要。如果估算出的结果对解决问题不起丝毫作用，甚至产生错误的导向，那么这样的估算无意义。比如在本课中，“李爷爷大约需要带多少元”这一实际问题中，如果把两个乘数都看成与他们接近的整十数，虽然这样估算方便计算，但估算出的结果比准确结果小。在实际生活中，根据估算的结果，李爷爷带的钱不够，对解决实际问题产生了错误的导向，这样的估算是无意义的。

总之，估算意识的培养和估算能力的形成，并非一朝一夕可以做到的，也不是通过三四节课、两三个单元或一两个学期就能完成的，需要经过长期的、有计划地有步骤地渗透训练。而估算的方法更是多样的，教师要善于整合资源，引导学生根据具体情境学会运用不同的方法进行估算，发展数感。

〖案例5〗

《乘法的估算——三位数乘一位数》教学片段

一、创设情境，感受估算

课件出示植树节活动图片。（略）

师：同学们，你们喜欢植树吗？为了迎接植树节的到来，学校组织了三年级学生去公园植树。

课件出示：三年级一共有7个班，每班需要植198棵树，学校准备了1410棵树，够吗？

师：你能用学过的知识帮助他们解决这个问题吗？

生：可以。

师：请同学们先认真读题、独立思考，再和同桌说一说你获得了哪些数学信息？

生：我知道一共有7个班，每个班需要植树198棵。

生：我还知道学校一共准备了1410棵，不知道够不够。

师：看来你们知道的还真不少，把问题分析得十分透彻。1410棵树够不够，指的是够做什么？

生：指的是1410棵树够不够三年级植树的数量。

师：那要想解决1410棵树够不够，需要先算出什么？请同学们动脑筋想一想。

（给学生独立思考的时间）

师：谁来说说你的想法。

生：我用乘法先算出198×7。（板书：198×7）

师：你是怎么想到先计算这个的？为什么要先算198×7。（手势顺势指向黑板的板书）

生：先计算出7个班一共需要多少棵树，再和1410棵树进行比较，就知道够不够了。

师：真好。这位同学是想先具体算一算，再进行比较。

师：根据我们以前的学习经验，要解决这个问题是用笔算计算出精确的结果，还是运用估算，只要算出一个大约数就可以？请你说一说。

生：精算可以准确算出结果。

生：这道题可以精算，但是用估一估的方法会让计算过程更简洁。

师：是的，我们在生活中遇到这样的问题，一般不需要计算出精确的结果。采用估一估的方法，然后进行比较就可以了。今天我们就来学习三位数乘一位数的估算。

（板书课题：三位数乘一位数）

二、互动交流，体验估算

谈话：这节课我们就来研究三位数乘一位数的估算方法。

师：你能算出198×7的结果大约是多少吗？请同学们想一想、写一写、算一算，再把你们的想法轻声和同桌分享，两人交流一下。

师：哪个小组的代表来说说你们的想法？

生：我们小组是这样想的，把198看成200，用200乘7等于1400棵，总共带来1410棵，所以够了。

师：为什么用200乘7等于1400棵，就能得出1410棵树够了呢？

生：因为198小于200，所以198×7的积要小于200×7的积，也就是198×7要小于1400，而学校准备了1410棵树，所以够了。

根据学生的回答，教师完成板书：

200×7=1400（棵）

198≈200

198×7≈1400（棵）

198×7＜1410

答：学校准备了1410棵树够了。

教师强调：我们把198看作200，把这个数估大了。然后把估计要种的1400棵树和一共准备的1410棵树进行比较，显然1400小于1410，所以可以推断出要种的树是小于1410棵的，在此基础上得到结论，学校准备的树够了。

教师适时强调“≈”（约等号），198×7大约等于1400棵。学生跟老师一起书写“≈”，弯弯的像波浪一样，读作“约等于”。

师：如果安排四年级7个班的学生去植树，变成每个班种植202棵树，现在学校准备的1410棵树还够吗？

课件出示：学校又组织四年级的学生参加植树节活动，一共有7个班，每班需要植202棵树，学校也准备了1410棵树，够吗？

师：尝试着用估算的方法解决问题。请同学们思考以后，在练习本上简单地记录估算过程，注意条理清晰、写答语。

师：现在请同学们和同桌交流自己的想法，统一一下你们的意见。

师：哪个小组来汇报一下。

生1：我们小组是这样想的，先把202估计成200，然后用200×7得1400，1400棵小于1410棵，所以学校准备了1410棵树够了。

根据学生1的回答，教师完成板书：

组1：202≈200

202×7≈1400（棵）

1400＜1410

答：学校准备了1410棵树够了。

师：你们小组的估算方法正确，可是结论合理吗？哪一组同学有不同的意见？谁来说一说？

生2：先把202估计成200，然后用200乘7得1400，但是刚才是把202估计成200，每个班少算了2棵树，所以还要再计算少算了多少棵树，2×7=14（棵），得到少算了14棵树，和1400棵加在一起得到1414棵树，所以学校准备1410棵树不够。

根据学生2的回答，教师完成板书：

组2：202×7≈1400（棵）

2×7=14（棵）

1400＋14＝1414（棵）

1414＞1410

答：学校准备了1410棵树不够。

提出疑惑：这些估算方法都是正确的。但有的学生认为学校准备的树数量够了，有的认为学校准备的树数量不够，这是为什么呢？

三、比较分析，感悟估算

师：观察以上两组算式：

198×7，把198看作200，200×7=1400，够。

202×7，把202也看作200，200×7=1400，不够。

师：请大家思考，准备了数量同样多的树，估算结果都是1400棵，为什么三年级每班种198棵树够，而四年级每班种202棵树却不够呢？想一想，这是为什么？

生：一个是估大了，一个是估小了。

生：还要考虑多出的棵数。

小结：对，我们的估算方法都是正确的，但由于估算得到的仅仅是一个大约数，它与准确数始终有一定的距离，因此，遇到实际问题要具体情况具体分析。

教师引导学生回顾：

问题一中把198看作200，这是估大了，还是估小了？（估小了）198×7≈200×7=1400（棵），也就是每个班实际种植的树的数量还没有达到200棵，每班还少2棵树不用种。（板书：每班还少2棵树不用种）经过比较，知道如果每班种200棵树，学校准备的1410棵树已经足够了，那现在每班种植的棵树还未达到200棵，所以学校准备的1410棵树绰绰有余。

问题二中把202看作200，这是估大了，还是估小了？（估小了）也就是说每个班实际种的树的数量超出了200棵，每个班多种了2棵。对于这个问题，仅仅估算出一个大约的数是不够的，要考虑多种的棵数。经过计算知道，如果每班种植200棵树，学校准备的树的数量是够的，但现在每班都比200棵多2棵，所以学校准备的1410棵树不够。

师：通过分析对比，你们有什么发现？

生：不能单纯地用四舍五入的方法将一个数取它的近似数进行计算，需要考虑实际情况再做选择。

根据学生的回答，教师总结：生活中有些实际问题可以采用估算的方法来解决，我们需要抓住问题中的关键词，根据具体情况选取适当的方法。当问题中含有“大约”等词语时，一般采用“四舍五入”法；当问题中含有“够不够”“能不能”等词语时，一般采用“往大估”或“往小估”的方法，具体选用哪种方法要根据实际情况而定。

师：你们现在清楚了吗？估算在生活中的应用我们需要慢慢体会。能搞清楚就不简单，能说清楚道理就更不简单了！

四、灵活运用，应用估算

1.载重量问题

一辆电动载货三轮车的最大载重量是670千克，现在有6批货物，每批货物的重量是108千克，这辆电动载货三轮车能否一次性载得这6批货物？

师：尝试着用估算的方法解决问题。请同学们思考以后，在练习本上简单地记录估算过程，注意条理清晰、写答语。

师：谁来试着解答一下？

生：先估算出6批货物一共有多少千克，我把108千克约等于100千克，估算出这批货物一共有600千克，小于电动载货三轮车的最大载重量670千克，所以能一次性载得这6批货物。

根据学生的回答，教师完成板书：

108≈100

108×6≈600（千克）

600＜670

答：这辆电动载货三轮车能一次性载得了这6批货物。

师：谁有不同的估算方法？

生：我也是先估算6批货物一共有多少千克，但是我把108千克约等于110千克，这样使得估算出的结果更接近准确值。估算出这批货物一共660千克，小于电动载货三轮车的最大载重量，所以能一次性载得了这6批货物。

根据学生的回答，教师完成板书：

108≈110

108×6≈660（千克）

660＜670

答：这辆电动载货三轮车能一次性载得了这6批货物。

师总结：有时候我们可以把三位数约等于整百整十数进行估算，这样估算出的结果更为精确。

2. 买火车票问题

谈话：老师周末想出游，买火车票时碰到了这样的问题，同学们能帮我解决吗？

出示下面的条件：甲城到乙城有三种不同的火车票价，如下表：

普通列车	特快列车	动车组列车
每张198元	每张296元	每张406元
□	□	□

谈话：老师买了3张同样价格的火车票，付给售票员900元。请问老师买的是哪一种火车票呢？先估一估，在正确答案下面画√，完成后和小组里的同学说说你的想法。

明确：虽然前两种车票的总价都小于900元，但实际购票时如果买第一种车票，只需要付600元，所以买的是每张296元的车票。

五、全课小结，总结经验

提问：这节课我们学习了乘法估算，你对估算又有了哪些新认识？哪些收获和体会？还有什么疑惑？

【案例分析】

估算在日常生活中有着广泛的应用，是学生未来学习和生活中必备的技能。小学阶段学习估算，一是有利于学生把握运算结果的范围，为检验口算和笔算结果的合理性提供依据；二是让学生经历用估算解决实际问题的过程，感受估算的应用价值，培养合理、灵活地选择计算方法解决问题的意识，也为后续的数学学习打下基础。因此，估算方法的训练固然重要，但更为重要的是在估算技能的形成过程中，关注学生能否根据不同的问题情境，灵活选择合适的估算方法解决问题，并在此过程中逐步养成估算意识，增强对运算结果的把握能力，发展数感。总体来说，本节课的设计体现了以下三个方面特点。

（1）关注意识，体验为什么“估”。

估算能力是学生运算能力的重要组成部分。估算不仅能帮助学生把握笔算结果的合理性，其本身也是解决问题的常用方法。过去的教学中，教师往往把教学的着力点放在“如何估算”上，对于“为什么要估算”关注得比较少。长此以往，估算被演变成一种僵化的、纯技能性的知识，最终教师不知为何而教、学生不知为何而学。《义务教育数学课程标准（2011年版）》明确提出“在解决问题的过程中，能选择合适的方法进行估算”的要求，这就要求教师从根本上改变教学观念，把估算教学融入解决问题的过程之中，引导学生在解决问题的过程中掌握估算方法，感受估算的学习与应用价值。

（2）自主构建，学会怎样“估”。

教材在二年级下册结合“两、三位数的加、减法”口算和笔算教学，适当加强了估算教学，引导学生在解决问题的过程中，根据需要把参与运算的数看成与其接近的整十（百）数进行估算。学生已经积累了一些用估算解决问题的经验，估算意识和估算能力也有了一定的发展。本节课是在加、减法估算的基础上，教学简单的乘法估算。由于进行乘法估算时也要把乘数看作与它接近的整十（百）数来计算，所以学生学习加、减法估算时积累起来的认识和经验都可以应用到乘法估算中。此外，在用估算解决问题时，往往需要根据估算结果所在的区间去判断解决问题的结果，这对学生而言有一定的挑战性。为了突破这一难点，教师在引导学生根据估算结果进行推理时，巧妙地引出“估大”和“估小”这两种情况。这就为学生在后面学习中准确表示估算结果提供了方法支持。正是有了上述准备与铺垫，在例题教学中，教师更是充分相信学生，敢于放手，引导学生在独立尝试中主动实现估算方法的迁移，并在对不同估算思路的交流与比较中，自主构建乘法的估算方法，体会不同估算思路之间的联系与区别。

（3）立足能力，强调“估”的合理。

现实问题的复杂性，决定了估算方法和要求的多样性和灵活性。解决问题时，往往需要根据问题自身的特点，合理、灵活地展开思考，特别是在怎样的情况下选择“估大”，在怎样的情况下选择“估小”，这对三年级学生来说有一定的难度。因此，学生估算能力的提升是一个循序渐进的过程，需要在不同的问题情境中，结合具体的估算过程，不断进行比较与分析、回顾与反思，不断领悟用估算解决问题的过程和方法，逐步积累估算经验。这就使学生进一步认识到：用估算解决问题时，要根据问题的特点选择“估大”还是“估小”。

最后，引导学生回顾上面的学习过程，说说有什么体会，进一步明确：用估算解决问题时，有时要估大，有时要估小。这样，随着对选择“估大”还是“估小”逐步形成一定认识，不断增强合理、灵活地选择估算策略的意识，提升估算能力，发展数感和思维水平等。

〖案例6〗

《乘法的估算——两、三位数除以一位数》教学片段

一、创设情景，激发兴趣

课件出示情境图：学校开设游泳课，三年级全体同学要去参加游泳训练，一共324人，学校打算租四辆大巴车接送学生。平均每辆大巴车大约坐多少人？（图略）

师：你从图中获得了哪些数学信息？

生：我知道了三年级一共有324人。

生：我知道要把三年级的同学平均分到四辆大巴车上。

师：问题是什么？

生：平均每辆车大约坐多少人。

师：你能列式吗？

生：324÷4。（教师顺势板书算式）

教师引导学生再次观察问题。

师：问题中的“大约”是什么意思？

生：“大约”就是差不多的意思。

生：“大约”就是很接近的意思。

生：多一些或者少一些就是“大约”。

师：既然是求每辆车“大约”坐多少人，需要把准确结果计算出来吗？

学生思考对比，发现不需要计算出准确结果。

教师顺势板书：两三位数除以一位数的估算。

二、互动交流，回忆估算

教师引导学生回忆估算。

师：同学们以前学习过哪些估算？请在小组里说一说，然后汇报交流结果。

生：我学过加法的估算。

生：我学过减法的估算。

生：我学过两三位数乘一位数的估算。

师：看来同学们对于估算并不陌生，在以前的学习中，我们是怎么进行估算的？

生：在两位数加两位数中，我们把两个加数分别看作最接近的几十，再口算几十加几十。

生：在两三位数减两三位数中，我们把被减数和减数看作最接近的整十数，然后口算整十数减整十数。

生：在两三位数乘一位数中，我们把两三位数看作最接近的整十数或整百数，再口算整十整百乘一位数。

师：估算的结果与精算的结果相同吗?

生：不相同。

师：估算的结果与精算的结果有怎样的关系?

生：很接近。

三、方法迁移，尝试估算

教师引导学生根据以前估算的经验尝试两三位数除以一位数的估算。

师：今天我们要学习的是两三位数除以一位数的估算，在刚才的问题情境中，应该怎样估算呢？请同学们在小组里说一说自己的想法。

学生小组讨论，交流自己的方法。

生：我们可以把324估成300来口算。

师：300÷4怎样口算?

学生发现300÷4不适合口算。

生：我们可以把324估成320来口算。(板书：320)

师：为什么要把324估成320?

生：把324估成320，口算时利用乘法口诀四八三十二，算出32÷4=8，再添上一个0，等于80。(板书：320÷4=80，324÷4≈80)

这里把324估成300和320，教师引导学生进行对比。

师：同学们，在以往估算的经历中，我们把一个数估成整百数往往更方便，为什么在这个问题中却不是这样呢?

生：在加法、减法、乘法的估算中，估成整百数确实计算起来更方便，但是除法就不一定了。在除法估算中，要根据乘法口诀，把被除数估成与除数相关的乘法口诀中的数，这样口算起来才更方便。

师：如果学校租的是6辆大巴车，应该把324估成多少，口算才更简便?

生：把324估成300更简便。

生：把324估成300后可以用“五六三十”这句乘法口诀进行口算，计算起来比较简便。

教师课件继续出示问题：如果每辆车最多能坐80人，四辆车够吗？

生：我认为正好够坐，因为我们估算后每辆车大约能坐80人，正好与大巴车的最大载客量相等。

师：你的估算方法是正确的，但是结果合理吗？

生：我认为不够坐。因为我们把324估成320时，被除数被估小了，那么估算的商也比实际的商小，估算的商是80人，那么实际的商应该比80大一些，所以不够。

师：如果三年级的总人数是312人，应该估成多少合适？

生：估成320合适。

师：估算的商和实际的商相比，估大了还是估小了？

生：由于把312估成320，被除数估大了，所以估算的商也比实际的商大。

教师总结：在估算时，当估算的结果和问题中的数量相等或者很接近时，由于估算存在误差，仅仅根据估算的结果下结论，可能得到的结论是错误的。所以，在估算后，我们还要结合实际情况，考虑估算时是把结果估大了还是估小了，这样我们才能得出更准确的结论。

四、估精对比，感受价值

教师引导学生对比估算和精算。

师：同学们，在什么情况下采用估算？什么情况下采用精算？

生：在解决问题时，如果需要知道准确结果，我们需要精算，如果不需要准确结果，只需要知道大约是多少，可用估算。

师：估算和精算各有什么优点和缺点？

生：估算可以通过口算进行计算，比较方便，但是估算有误差。

生：精算相对于估算，计算比较麻烦，但是精算结果准确，不会得出错误结论。

师总结：在解决具体问题时，我们可以根据需要，适当地选择估算来提升我们解决问题的速度。

五、灵活运用，应用估算

教师出示课件：动物园里有一只山羊和一只小猫，山羊的体重是65千克，是小猫体重的8倍。问小猫大约重多少千克？

师：请仔细读题，思考怎样列式。

生：65÷8。

师：求小猫的体重大约是多少千克，需要估算还是精算？你会估算吗？

学生独立完成后汇报。

生：我把65千克估成64千克，64÷8=8（千克），所以65÷8≈8（千克）。

师：你是怎么想到把65千克估成64千克的？

生：因为除数是8，把65千克估成64千克，可以用“八八六十四”这句乘法口诀来口算。

师：和例题324÷4相比，同样是估算，为什么刚才估算后需要进行比较，而这道题在估算出一个大约数就结束了？它不需要比较吗？

生：这道题不需要比较，题目只是要求我们求出小猫的体重大约是多少，我们已经求出了大约数，所以不需要比较。

教师强调：不是所有的估算题目都需要比较，我们要看解决的是什么问题，根据问题确定是否需要比较。在需要比较的问题中，有时还要注意分析估算结果与精算结果相比是估大了还是估小了。

教师出示课件：动物园里还有一头水牛，他的体重是654千克，是熊猫体重的7倍。问熊猫体重大约多少千克？

学生独立列式计算后汇报。

生：654÷7，把654估成630，因为除数是7，估成630可以用“七九六十三”这句乘法口诀进行口算，654÷7≈90（千克），所以熊猫的体重大约是90千克。

教师追问：通过估算，我们知道熊猫的体重大约是90千克，估算的结果比大熊猫真实的体重重还是轻呢？

生：比大熊猫真实的体重轻，因为把654千克估成630千克，被除数估小了，所以估算的结果比实际结果也会小一些。

教师出示课件：动物园里个子最高的是长颈鹿，它的身高达474厘米，是袋鼠身高的6倍。问袋鼠的身高大约是多少？

教师组织学生独立完成后汇报。

生：长颈鹿的身高是袋鼠的6倍，所以列式474÷6，由于除数是6，所以把474估成480，这样可以用“六八四十八”这句乘法口诀进行口算，所以474÷6≈80（厘米），所以袋鼠的身高大约是80厘米。

六、回顾反思，总结方法

师：在估算两三位数除以一位数时，我们是怎样进行估算的？

生：先观察除数是多少，根据除数，把被除数估成与除数相关的乘法口诀的几十几或者几百几十，然后根据乘法口诀进行口算。

【案例分析】

估算在实际生活中具有广泛的应用价值，是学生应当掌握的一种重要的计算技能。估算活动对于开拓学生的思维也具有积极的促进作用。课程标准将对学生数感的培养和估算能力的提高提到了一个很重要的位置。

学好估算的方法并不难，关键在于培养学生估算的意识和习惯，因此教师要持之以恒给学生创设估算的情境和提供估算的机会。除了让学生学习如何用估算解决问题，形成合理选择估算策略的意识外，在计算教学中也要重视让学生养成运用估算检验计算结果的习惯。例如，在教学精确计算之前，让学生先估一估计算结果的范围；在精确计算之后，与估算结果对比，判断计算结果是否正确等。

在估算中，除法估算是最难把握的，也是学生最难掌握的。除法的估算不同于加法、减法、乘法的估算，被除数与除数在估算中不仅要选择接近的整十、整百数，而且二者还得是倍数关系，这样才能估算出大概结果。

在这一单元中，口算、估算、笔算都涉及了，怎么处理好三者之间的关系是教师在教学中必须要注意的问题。这里要注意两个方面，一是要做到三者互相促进，达到共同提高。二是三者各有其适用的场合和范围。教师要引导学生分析判断在什么情况下需要使用什么样的计算方法，提高学生在实际生活中灵活应用数学的能力。

“生活即教育”，这句话是著名的教育家陶行知说的，也说明了学习应该是学生自己的实践活动。以往教科书上枯燥的例题容易让学生失去学习数学的兴趣，所以我们应该关注学生会关心什么、对什么感兴趣、想要发现些什么。只有这样，学生才会学得积极主动，才会学得兴趣盎然。

〖案例7〗

《除法的估算——两、三位数除以两位数》教学片段

一、创设情境，感受除法

新学期开始了，几个同学正在一起制订读书计划。电脑出示例题情境图，你能帮助他们解决一些遇到的数学问题吗？(图略)

课件出示：小芳手里的书共96页，现在小芳决定每天看30页，你觉得小芳需要看几天？还余下几页没有看？

(出示题目让学生理解题意后列式计算，并订正结果。)

生：96÷30=3（天）……6（页）。

师：这时，小云决定每天看32页，那小云要看几天？你会列式解决这个问题吗？

生：96÷32。

师：仔细观察，这两道除法算式有什么不同？

生：第一道算式中除数是整十数，而第二道算式中除数不是整十数了。

师：是的，今天我们就来学习除数不是整十数时该怎么计算。

二、利用估算，探索试商

1.“四舍”试商法

师：你能估算出96÷32的商是多少吗？先试着估一估。

(组织学生交流各自的思考过程。)

师：谁来说说你的想法。

生：除数不是整十数，所以我们可以把它看作接近的整十数来估算商，32接近30，所以我就把32看成30，商是3。

师：想法不错！那这个3就是96÷32的商了吗？

生：还不能确定。

师：是的，因为我们还不能确定，所以我们把这个过程称之为“试商”。那试商3之后，3要与30相乘还是与32相乘？

生：32。

师：那接下来自己尝试用笔算一算吧！

学生尝试计算，教师巡回指导。

谈话：哪位同学愿意把你的解法和同学们分享？

生：我把除数32看作30，96里面最多有3个30，于是我就写商是3，这时3×32=96，96−96=0，余数是0，所以96÷32=3。(教师顺势板书学生的汇报过程。)

谈话：我们还应该验算一下，看看算得对不对。

学生完成验算后，教师指名学生说说验算的过程。

生：我是用“商×除数=被除数”来验算的，3×32=96，所以商等于3是正确的。

生：我是用“被除数÷商=除数”来验算的，96÷3=32，所以商等于3是正确的。

师：大家的验算方法可真不错，那回顾一下我们刚刚的计算过程，谁来说一说我们是怎样计算的？

生：我们先把除数32看作相近的整十数30，试得的商3表示“96÷

30”的商可能是3，因为除数是32，而不是30，试得的商是否合适，还要看商与除数相乘的情况，计算时要用3与除数32相乘。

2.“五入”试商法

出示题目：192÷39。

师：可以先怎样估计一下商？

生：把39看作40来试商。

师追问：这里也把除数看成接近的整十数，但是和刚才的那道题有什么不同？

生：上面是把32看作30，把除数估小了；现在是把39看作40，把除数估大了。

师：是的，刚刚我们用的是“四舍”法，现在用的是“五入”法。请你动笔算一算吧！

师：谁来说一说你的计算过程？

生：先把39看作40，192里最多4个40，所以商为4，再用4×39=156，192−156=36，36＜39，余数成立。所以192÷39=4……36。

师：这道题该如何验算？

生：用“商×除数＋余数=被除数”，即4×39+36=192。

师：真不错，我们一定要养成验算的好习惯。

师：回顾前面的学习过程，除数是两位数的除法，我们可以怎样试商？计算时还要注意什么？

生：笔算除数是两位数的除法时，通常把除数看作与它接近的整十数来试商，试商后，要用商和原来的除数相乘。

师：是的，这就是我们今天学习的内容用“四舍五入”法试商。（板书课题）

小结：

“四舍”法试商：笔算除数是两位数的除法时，如果除数的个位上是4或者比4小，一般就把它看作比除数小且最接近除数的整十数进行试商。

“五入”法试商：笔算除数是两位数的除法时，如果除数的个位上是5或者比5大，一般就把它看作比除数大且最接近除数的整十数进行试商。

三、灵活运用，应用估商

课件出示：先估商，再计算。

$23\overline{)97}$　　$38\overline{)85}$　　$41\overline{)334}$　　$57\overline{)240}$

师：谁来说一说你是先如何估商的？

生：第一题我是利用“四舍”法，把23看作20，97里面最多有4个20，所以我估算的商是4。

生：第二题我是利用“五入”法，把38看作40，85里面最多有2个40，所以我估算的商是2。

生：第三题我是利用“四舍”法，把41看作40，334里面最多有8个40，所以我估算的商是8。

生：第四题我是利用“五入”法，把57看作60，240里面最多有4个60，所以我估算的商是4。

请学生独立计算，并指名汇报。

教师明确：计算时，先看被除数的前两位数，如果前两位数不够除，就看被除数的前三位数；除到被除数的哪一位，商就写在哪一位的上面；每次除过后余下的数必须比除数小。

课件出示：先说出商是几位数，再计算。

279÷31　727÷27　208÷38　868÷62。

思考：你是怎么判断它的商是几位数的？

生：279的前两位不够除31，所以商的最高位在个位，第一道算式的商是一位数。

生：727的前两位够除27，所以商的最高位在十位，第二道算式的商是两位数。

生：208的前两位不够除38，所以商的最高位在个位，第三道算式的商是一位数。

生：868的前两位够除62，所以商的最高位在十位，第四道算式的商是两位数。

明确：当被除数的前两位比除数小，商就是一位数；当被除数的前两位比除数大，商就是两位数。

师：你们分析得真不错！那谁能来说说什么情况下要把除数看作比它小的整十数来试商？什么情况下要把除数看作比它大的整十数来试商？

生：如果除数的个位上是4或者比4小，要把除数看作比它小的整十数来试商。例如第一道算式的除数31就看作30来试商，第四道算式的除数62就看作60来试商。

生：如果除数的个位上是5或者比5大，要把除数看作比它大的整十数来试商。例如第二道算式的除数27就看作30来试商，第三道算式的除数38就看作40来试商。

师：现在请你们动笔算一算吧！

核对：279÷31=9　727÷27=26……25

208÷38=5……18　868÷62=14

四、互动交流，体验估算

师：又来了一位同学小强加入大家制订读书计划的队伍中！

课件出示：小强手里的书共92页，小强同小芳一样决定每天看30页，你觉得小强大约需要几天能看完？

师：仔细读题，该如何列式解答？

生：92÷30=3（天）……2（页）。所以小强需要看3天，还剩2页没有看。看完的话，就需要4天。

生：不对不对，题目问的是大约需要几天，所以大约是3天！

师：怎么有争议了呀？那谁说得对呢？

生：3天！3天！

生：这题不需要精算。

师：哦？那根据我们学习过的知识，要解决这个问题是用笔算计算出精确的结果，还是运用估算只要算出一个大约数就可以？请你说一说。

生：这题要求的是大约需要几天看完，精算是可以的，但是通过估一估更简洁。

生：这题不需要精算出结果，因为问题里出现了“大约”一词，所以我们只需要估算出结果就可以了。

师：是的，这题同上面的题目不同的地方在于问题里出现了“大约”，所以我们可以直接用估算的方法算出结果，那该如何估算呢？

生：把被除数92看作90，90÷30=3，所以92÷30≈3（天）。

师：回答得可真棒！因为估算的结果并不是准确值，所以要用“≈”连接。所以小强大约需要3天看完这本书。

师：小强看大家已经帮他算出看完一本书大概的时间，他又拿来一本90页的课外书，这时他计划每天少看一些，每天只看28页，那这本书他大约需要几天看完？你们能帮帮他吗？

课件出示：小强另一本课外书共90页，决定每天看28页，你觉得小强大约需要几天能看完？

师：这题该怎么列式解答？谁来说一说！

生：90÷28。

生：这题也只需要估算出结果就行了。

师：哦！这题也只需要估算出结果，可刚刚我们是把92页当作90页来估算的，但这本书只有90页，该怎样估算呀？

生：这里我们可以把除数28看作30，因为90÷30=3，所以90÷28≈3（天）。所以这本课外书也大约需要3天看完。

师：回答得可真不错。这题我们可以先将除数估算成近似值，那么观察以上两组算式：

92÷30，把92看作90，90÷30=3，92÷30≈3。

90÷28，把28看作30，90÷30=3，90÷28≈3。

师：请大家思考，小组交流，尝试着总结两位数除以两位数的估算方法。

归纳总结：两位数除以两位数估算时，通常把算式中不是整十数的数看作与它接近的整十数，然后再用整十数除以整十数算出结果。

师：这时小军也带着他的两本课外书来了，他两本书的页数有点多，一本《数学天地》有124页，还有一本120页的《小故事大道理》。

课件出示：小军有两本课外书，《数学天地》有124页，计划每天看40页，大约需要几天看完？还有一本120页的《小故事大道理》，计划每天看38页，大约需要几天看完？

师：仔细读题，思考以后在作业纸上解答。

师：请你说一说。

生：这两个问题都是问的大约需要几天，所以我们可以直接用估算的方法来解答。把《数学天地》的124页看作120，120÷40=3，所以124÷40≈3（天），小军看完《数学天地》大约需要3天。再把《小故事大道理》计划每天看的38页看作40，120÷40=3，所以120÷38≈3（天），小军看完《小故事大道理》大约也需要3天。

师：说得可真好！那么观察以上两组算式：

124÷40，把124看作120，120÷40=3，124÷40≈3。

120÷38，把38看作40，120÷40=3，120÷38≈3。

师：请大家思考，小组交流，尝试着总结两位数除以两位数的估算方法。

归纳总结：三位数除以两位数的估算时，通常先把两位数看作与它接近的整十数，或把三位数看作与它接近的整百数或几百几十数，再算出得数，注意结果用“≈”连接。

师强调：在两、三位数除以两位数时，什么时候需要利用估算的思想运用“四舍五入”法试商，算出精确结果，什么时候可以直接利用估算解决问题，需要具体情况具体分析，让我们用心体会。

【案例分析】

《除法的估算》也是难上的估算课，有些学生甚至先算出标准答案后再进行估算。估算是《课程标准》中要加强的计算教学内容。因为估算在日常生活中应用很广，具有重要的应用价值，同时对培养学生的数感具有重要的意义。教材在“两、三位数除以两位数”中虽然没有专门安排估算的教学内容，但在除法的运算试商过程中却处处利用了估算方法，尤其是运用“四舍五入”法试商，更是在除法中渗透了估算思想，真正体现了“加强估算”“提倡算法多样化”的改革理念。教学时，要充分利用教材资源，扎扎实实地组织数学活动，让学生学会估算的方法。这部分内容是在学生学会除数是整十数的除法口算和笔算的基础上，进一步教学除数不是整十数的笔算除法，着重让学生学会用“四舍五入”法把除数看作与它接近的整十数来试商，从而掌握除数是两位数的笔算除法。让学生掌握这部分内容，不仅可以完整地掌握整数除法的计算，而且为以后进一步学习小数除法打下基础。特别值得强调的是，估算意识和估算能力需要逐步培养。这就需要教师有意识、有计划地给学生提供估算的机会，让学生运用估算解决简单的实际问题或检查计算结果，在实践中体会学习估算的必要性，逐步形成估算意识，提高估算能力。

知识的学习不是简单地“搭积木”，而是一个生态式“孕育”的过程。在教学时，努力将“静态的”知识赋予“生命”，还原生成“过程”，激发学生的参与热情，向学生提供充分从事数学活动的机会，引导学生在自主探索与合作交流中获得新知。另外，教学中要注意处理好口算、估算、笔算三者之间的关系。一要做到三算互相促进，达成共同提高的目标。二更要鼓励学生运用不同的方法解决问题，通过比较、交流，知道什么时候选择什么方法进行计算更合理。这样，可以培养学生“能为解决问题选择适当的算法”的能力，从而培养学生的数感。

生活中很多地方都要用到除法估算，我们要鼓励学生仔细观察，善于思考，有意识地运用估算解决生活中的数学问题，体会数学的趣味性。估算的方法多种多样，在解决问题时要注意估算结果是否与实际情况相符合，真正学会用数学的思维思考现实世界，用数学的眼光观察现实世界，用数学的语言表达现实世界。

〖案例8〗

《除法的估算——小数除法》教学片段

一、创设情境，激趣导入

课件出示瓶装食用油图片。(略)

师：同学们，你们在超市看到过食用油吗?

生：看到过。

师：超市里食用油的瓶子大小一样吗?

生：不一样，有大瓶的，还有小瓶的。

师：同学们观察得真仔细！其实食用油的包装也有大学问。接下来我们一起来探究食用油包装中的知识。

二、合作探究，感受估算

1.感受“四舍五入”法

课件出示：某市的食用油加工厂有一批食用油需要包装，每个油瓶可以装5千克油，64千克的食用油需要多少个油瓶来装?

师：仔细读题，说一说从题目中你能知道哪些数学信息?

学生读题后举手回答。

生：我知道每个油瓶装5千克油，一共有64千克的油需要装。

生：我还知道题目让我们求64千克的食用油需要多少个油瓶来装。

师：同学们从题目中找到了很多关键的数学信息，特别棒！谁能来说一说解决这个问题，要怎么列式呢?

学生独立思考后举手回答。

生：我认为列式应该为64÷5。

师：想一想，为什么这样列式？哪位同学能说说理由?

给足时间让学生思考并组织语言。

生：想要求64千克的食用油需要多少个油瓶来装，其实就是求64里面有多少个5，我认为应该用除法计算，所以列式为64÷5。

师：有理有据，老师为你点赞！(板书：64÷5)

师：同学们，根据这个算式你们能算出结果吗？

生：能。

师：赶快在作业纸上算一算。

提醒：算出的结果记得加单位，还要写答句。

学生自主计算。

师：算出结果了吗？是多少？

生：算出来了，需要12.8个油瓶。

师：大家都觉得需要12.8个油瓶吗？有没有不同意见？

让学生思考后回答。

师：这位同学，你有什么不同意见？

生：我认为油瓶的个数应该是整数，不会有0.8个瓶子。

师：那你认为需要多少个油瓶？

生：我认为需要13个油瓶。

师：13是怎么得来的呢？

生：是由12.8四舍五入得来的。

师：这位同学考虑问题很全面，非常棒！我们现实生活中没有0.8个瓶子，所以我们的计算结果需要保留整数，12.8四舍五入之后可以得知需要13个油瓶。同学们要注意的是，这里的结果不是准确数字，需要用到“≈”。

师：请写错的同学抓紧时间订正一下。

2.感受“进一”法

师：同学们，加工厂又生产了一批新的食用油，这次需要更换包装，请看大屏幕。

课件出示：这个加工厂又生产了一批食用油，并且更换了包装，每个油瓶装3千克油，40千克的油需要多少个油瓶？

师：仔细审题，从题目中你知道了哪些新的信息？

学生认真读题后汇报。

生：我知道这次只生产了40千克的食用油。

生：我知道这次换了新的包装，油瓶变小了，每个油瓶只能装3千克的油。

生：我还知道题目是让我们求40千克的油需要多少个油瓶来装。

师：同学们观察得真仔细，这些数学信息都是我们解题的关键。想一想，这道题目应该怎样列式呢？

学生思考后回答。

生：我认为列式应该为40÷3。

师：哪位同学能说一说这样列式的理由？

生：想要求40千克的食用油需要多少个油瓶来装，其实就是求40里面有多少个3，所以用除法计算，列式为40÷3。

师：是的，这道题我们还是用除法计算，同学们，请你口算一下，40÷3可以整除吗？

学生尝试口算，发现40÷3不能整除。

师：40÷3不能整除，说明40÷3的结果是什么数？

生：小数。

师：根据我们刚刚经历的探究过程，我们知道，瓶子的个数会是小数吗？

生：不会，瓶子的个数应该是整数。

师：所以这道题的结果需要保留到哪一位？

生：保留到个位，也就是保留整数。

师：接下来就请同学们在作业纸上开始计算吧！我们看哪些同学算得又快又对！

学生尝试列竖式计算。

教师提醒学生不要忘记单位和答语。

师：算出结果了吗？把你的计算过程和计算结果与你的同桌交流一下。

同桌交流，互相说一说。

师：完成交流的同学用你的坐姿告诉老师。

师：哪位同学愿意跟我们分享一下你的计算过程和结果？

生：我通过列竖式计算出40÷3=13.33……，但是油瓶的个数需要保留整数，所以“四舍五入”之后得到结果需要13个油瓶。

师：这位同学根据我们上一题的经验，算出的小数“四舍五入”后近似于13。大家都认为需要13个油瓶吗？有没有哪位同学的计算结果跟这位同学不一样？

生：我的计算结果跟他不一样，我认为需要14个油瓶。

师：请说一说你的计算过程好吗？

生：我计算40÷3的结果跟他一样，都是13.33……，但是我刚刚验算了一下，发现13×3=39（千克），也就是说13个油瓶只能装39千克的食用油，但是题目告诉我们需要装40千克的食用油，还有1千克的食用油没有瓶子装。所以我认为需要14个油瓶来装。

师：同学们听明白了吗？是不是应该送给这位同学一些掌声？

学生掌声鼓励这位同学。

师：这位同学解决问题时有验算的好习惯，所以发现了题目中的小陷阱，特别棒！根据上一题的经验，很多同学把这道题的结果“四舍五入”为13，但是只要我们验算一下就会发现，13个油瓶只能装下39千克的食用油，还有1千克的食用油没有装，所以需要第14个瓶子来装最后这1千克的食用油。

小结：看来解决问题时也不能完全按照“四舍五入”法来找近似数，有些时候还需要考虑现实情况。这道题我们就是用了“进一”法来确定近似数。

3.探究“去尾”法

师：新包装上市后顾客反映油瓶有点小，希望可以出一款大一点的包装，加工厂就设计了第三款包装，我们一起来看看吧！

课件出示：根据顾客反映的情况，加工厂设计了第三款包装，每个油瓶可以装4千克油，加工厂新生产的43千克油可以装满几个油瓶？

师：仔细审题，你能发现这道题与之前两道题有什么不同吗？

留足时间给学生观察、思考，学生思考后举手回答。

生：我发现这道题中的包装变了，之前的油瓶装的是5千克或3千克的油，这道题中一个油瓶可以装4千克的食用油。

生：我发现这道题中食用油的数量变了，一共是43千克。

教师引导：再仔细对比一下，还有哪些地方不一样？

生：我发现之前是让我们求需要多少个油瓶，这道题是问我们可以装满多少个油瓶。

教师追问：你会列式解决这个新问题吗？

学生思考后回答。

生：可以列式为43÷4。（教师同步板书：43÷4）

师：口算一下，得数是整数吗？

生：得数不是整数，是小数。

师：你能列竖式计算出这个算式的结果吗？在你的作业纸上算一算。

学生尝试列竖式计算。

师：算出结果了吗？把你的答案跟你们小组的同学交流一下，说一说你是怎么想的。

学生小组交流，表达自己的想法。

师：有结论了吗？哪个小组的同学愿意跟我们分享一下你们的想法？

选取小组代表汇报。

生：我们小组的成员都计算出43÷4=10.75（个），但是下一步我们有了不同的想法，我认为无论是根据“四舍五入”法还是根据刚刚学习的“进一”法都应该约等于11，所以我的结果是11个。

师：请这个小组中有不同想法的同学说一说。

生：刚刚我们已经发现这道题是让我们求可以装满多少个油瓶，我们列式计算的结果是10.75，我认为只装满了10个油瓶，另外一个油瓶并没有装满，所以不能算在内。

师：同学们还记得刚刚那位同学是怎么发现题目陷阱的吗？

生：他验算了。

师：是的，通过验算，我们可以检验出一些容易被忽视的问题，请同学们试着在作业纸上验算一下。

学生尝试验算，得出结论后举手汇报。

生：我刚刚用11×4=44（千克），说明装满11个油瓶需要44千克的食用油，但是加工厂只生产了43千克的食用油，第11个油瓶没有装满。所以答案应该是10个油瓶。

师：同学们听明白了吗？是的，这位同学总结得很好，43千克的食用油只能装满10个油瓶，剩下的3千克食用油并不能装满1个油瓶。[（板书：43÷4≈10（个）]

小结：在解决这道题的过程中，我们可以发现，无论是“四舍五入”法还是“进一”法，得出的答案都不太合适。根据现实情况，我们需要转变取近似数的方法，刚刚我们将10.75≈10就是数学中的“去尾”法。

三、练习巩固，应用估算

课件出示：服装厂为学生制作校服，每套校服用布2.2米，30米布可以做多少套校服？

师：认真读题，你能根据刚刚学习到的知识正确解决这个问题吗？

学生读题后自主完成，教师巡视。

师：完成了吗？完成的同学用你的坐姿告诉老师。哪位同学能来说一说你的解题过程？

学生举手回答。

生：30米布可以做多少套校服其实就是求30里面有多少个2.2，所以我用除法计算，列式为30÷2.2=13.6363……，根据实际情况，只能做好13套校服，剩下的布做不出一整套校服，所以30米布可以做13套校服。

师：讲解得很详细，老师为你鼓掌！其他同学跟他的结果一样吗？

学生反馈。

师总结：同学们做得很好，我们在解决实际问题时不能刻板地去套用方法，而是要根据题目的实际情况，灵活地选择估算方法。

【案例分析】

小数除法的估算内容不多，教学时经常一带而过，学生也是“照葫芦画瓢”，很多学生只能写出估算的过程，但是说不清估算的方法和道理。本节课利用生活中食用油包装上的知识情境，激发学生的学习兴趣，再通过层层递进的估算与思考，引导学生学会初步估算，通过观察、思考、交流等活动，逐步掌握估算方法，理解估算的道理。

《课程标准》中明确指出要加强估算的教学，培养学生的估算意识。估算在生活中很常见，但是很少有学生注意到这一知识点。通过本节课的学习，引导学生多观察生活中的估算问题，能够将数学与生活紧密结合，感受数学的实用性。本节课将估算与笔算相结合，通过先估算、再笔算的方式，引导学生感受二者的联系与区别，在潜移默化中培养学生的估算意识。估算就是对事物的数量或算式的结果作出大致推断或估计。它是心算、数概念以及各种计算技巧的综合运用，是计算能力的重要组成部分。估算方法多种多样，在教学中，教师主要从以下几个方面评价学生的多种答案，培养估算意识，发展估算能力。

一是合理评价学生的估算结果。估算的结果是多样的，教师要科学地评价学生估算方法的合理性。估算结果不是离精确值越近越好，而要关注它是否合情合理。只要是切合估算的目的或解决问题需要的就是好方法。二是鼓励学生合理解释估算的理由。教师要提供足够的时间让学生充分交流，表达自己的估算想法，了解他人的估算思路，从而学会用数学的眼光与同伴交流。三是引导学生进行二次反思和调整。在充分交流的基础上，教师引导学生比较各种估算方法的优劣，并进行自我反思，让学生潜移默化地掌握估算的方法。同时，还要引导学生对估算结果和精确计算结果进行比较，学会自我调整，积累估算的经验。

估算是一种数学思想，学生估算能力的提升不是靠一两节课就能完成的，它是一个长期锤炼、不断积累的过程。教师要学会做这个过程的“助推器”，帮助学生在现实生活中学会灵活运用估算，在实践中不断总结估算的策略，提高估算的能力。整合概念感知巧用估算。教师要结合有关概念教学内容开展经常性的估算感知活动，使学生具有良好的估算意识继而成为习惯。融合问题情景巧用估算。教师要精心预设有关问题情境，让学生巧用估算来解决问题。充分利用现有的例题资源出示问题，让学生独立思考，小组交流，选择有用的信息解决相关的问题，加深对估算的理解，体验估算与实际计算的不同；同时提高解决问题的能力，让不同层次的学生在课堂上都有思考，都有不同层次的收获。

“四舍五入”法、“进一”法与“去尾”法是小数除法计算取近似值中比较常见的估算方法，学生在学习时容易混淆，有时也被“绕晕”，本节课利用包装大小不同的油瓶问题，引导学生逐步认识并理解这三种方法。根据三个不同的包装要求，学生通过观察、思考、交流、对比、计算、验算等活动，从本质上认识这三种方法的不同之处以及运用的情境，以便在今后的数学学习中可以更好地进行区分。

本节课在教学过程中也注重培养学生的口算与笔算能力，通过计算方式的转变，感受不同计算方式的优越性与适用性。同时，鼓励学生根据不同的问题情境选用不同的计算方法，增强应用意识。学生有了一定的估算意识和估算能力后，教师还应该在平时的教学中加强渗透和训练，让学生养成估算的习惯，并能把这个习惯带到实际生活和数学学习中，从而将估算内化为一种自觉意识，这样才会迸发出许多有价值的、创造性的估算方法，才能真正提高估算能力。

〖案例9〗

《乘法的估算——用乘法估算解决问题》教学片段

一、创设情境，唤醒回忆

师：(课件出示）老师将组织三（1）班同学去参观航天航空展览，

小明可开心了。他去书店挑选了3本航天航空类的书，其中有2本书的价格是30多元，1本是10多元。小明带了100元钱，够买这3本书吗？

生：我认为够买。

师：每本书的具体价格都不知道，你们怎么判断的？

生：30多元可往大了估，估成40元，10多元往大了估，估成20元，40+40+20=100（元），所以够了。

生：每本30多元的，小于40元，2本就小于80元，1本10多元的，小于20元，80+20=100（元），3本加起来就小于100元，所以够了。

师：你们对加法估算掌握得很好。生活中很多问题，不用求出精确值，通过估算就能找出结果。这节课我们继续用估算解决问题。（板书：用乘法估算解决问题）

二、经历过程，探究策略

1.呈现例题，理解题意

课件出示：三（1）班有29名同学去参观航天航空展览，门票8元/人，带250元买门票够吗？

师：仔细观察，你知道了哪些数学信息？

生：我知道了有29名同学会去参观，门票为每人8元，问题是250元买门票够吗？

师：如何解决这个问题呢？请大家独立思考，在练习本上写出来。

2.合作交流，分析解答

学生独立思考后，全班交流。

生1：29×8，把29估成30，8估成10，有30×10=300，300>250，所以250元不够（方法1）

生2：先求29个8元是多少钱，29×8=232，232<250，所以250元够了。（方法2）

生3：29接近30，把29估成30，30×8=240，240<250，所以250元够了。（方法3）

师：听完同学们的汇报，你会选择哪种方法解决这个问题？请各小组讨论，并说明理由。

小组讨论，分析比较，体会估算的价值。

生：我们组选方法3，因为问题是问250元够不够，我们认为不用求出29×8的准确结果，只要估算就行。

生：我们组也是选方法3，把29往大了估，估成30，往大估都比250小，所以250元够了。

生：方法1把两个数都往大了估，与精确结果相差太大，所以不行。

师：看得出来大家都善于观察与思考，这个问题“带250元够吗”实质是要我们干什么？

生：比大小。

师：谁和谁比大小？请你来说。

生：29×8的积和250比大小。

师：比较方法2和方法3，哪种能快速地比较出大小？

生：方法3。

师：把29往大估，估成30，往大估都够了，那实际更足够。原来解决“够不够”的问题可以通过估算快速比较大小，从而判断出结果。[板书：29×8≈30×8=240<250（往大估）]

师：由于我们不用算出29×8的精确值，只是把29估成30，30×8的结果为240，因此，我们可以把29×8的值估算成240，把“=”改写成“≈”，“≈”像两条波浪线，读作“约等于”。请大家跟老师一起再读一读，写一写。

3.回顾与反思

师：我们已经解决了这个问题，那到底对不对，怎样验算？

生：把29估成30，30×8=240，29×8<240<250。所以估算对了。

生：刚才有同学算出29×8=232，232<250，所以是对的。

师：是的，我们可以用估算验证精确值是否正确，同样我们也可以用精确值来验证估算是否正确。

4.对比两种策略

师：如果只带240元，够吗？请你快速判断。

生：我认为带240元够了。因为把29往大估成30，30×8=240，往大估都够了，那实际240元更足够。

师：如果又来了3人，现在有32人参观，250元买门票够吗？

学生独立思考后，教师指名回答。

生：32×8≈240<250，够了。

生：不对！把32估成30，是往小估，少估了2个8，因此250元不够。

师：（问上一个学生）你认为呢？

生：他的想法是对的。

师：29和32都是估成30，估算结果都是240，但一个正确，另一个错误，这是为什么呢？

生：因为将29估成30是往大估，往大估算足够，那29个8元肯定够了；将32估成30是往小估，往小估时，少估了2个8元，跟250比大了，所以不够。

师：我们刚才说“往大估足够，那实际就更够了”，反过来呢？

生：往小估都不够，那实际就更不够。

生：这里往小估虽然够了，但估算值与精确值相差不大时，我们还要看少估了多少，再进行比较。

师：你们很会举一反三！在现实生活中解决问题时，有时要往大估，有时要往小估，可用“进一”法也可用“去尾”法，不是必须要用“四舍五入”法。大家要灵活选择方法，具体情况具体分析，才能做出正确的判断。

师：下面老师来考考大家，看大家掌握得怎么样。想一想：如果三年级学生92人都来参观航天航空展览，带700元买门票够吗？800元呢？请在练习本上写出来。

学生在练习本上列式计算。

师：谁来和大家分享一下你的想法？

生：92×8≈720，把92往小估成90，90×8=720,720>700，因为往小估都不够，所以700元钱更不够。

生：92×8≈800，把92往大估成100，100×8=800，往大估够了，所以800元够了。

师：说得都很好！真会活学活用，老师为你们点赞！

三、运用知识，巩固拓展

1. 我会算

师：参观完快要离开时，工作人员说："抽签回答问题，回答正确的，可以获得纪念品。"同学们准备好了吗？开始！

76×9≈　　106×5≈　　503×7≈　　129×3≈

2. 我会做

课件出示：

（1）在停车场，遇到了参观航天航空展览的180名四年级学生，他们正准备返校，一辆车最多能坐32人，6辆车能坐得下四年级的学生吗？

（2）如果五年级和六年级分别有196名和226名学生，航天航空展览厅最多可以容纳441人，这两个年级学生同时进入，展览厅可以容纳得下吗？

学生独立思考后，全班交流。

对比总结：这两道题虽然计算方法不同，但有没有什么相同的地方呢？

生：它们相同的地方是都可以用估算解决，把数据往大估或往小估。

生：它们都要根据具体情况来选择方法，看是估大还是估小。

师：是的，你们的概括能力真强！这两道题的估算策略是相同的。都是根据实际情况，将数据往大估或往小估，再进行推理判断。

3. 我会估

师：（课件出示）回到家，小明写了一篇作文，你能估算出这篇作文有多少字吗？要说说每行大约有多少个字，有多少行，你是怎样估算的？

生1：我数了一下，第一行有28个字，有9行，把每行都估成28个字，求一共有多少个字，把28往大估成30，30×9=270，一共有270个字。

生2：我数的是第二行，因为第一行前面空了两个字，第二行有31个字，我把每一行都估成31个字，有9行，把31往小估成30，30×9=270，一共有270个字。

生3：我数的是第一行，有28个字，有9行，列式28×9≈280，把9估成10，28×10=280，这篇作文有280个字。

师：你们真是太了不起了！想出了这么多方法来解决这个问题。生活中还有很多这样的问题，我们都可以用估算快速地解决。

四、总结提升，强化价值

师：这节课你学到了什么，有什么收获？什么情况下我们可以用估算来解决问题？

生：这节课我学习了估算，知道了估算可以用“四舍五入”法，可以“进一”法，也可以用“去尾”法，到底用哪一种，要根据具体的情况灵活应用。

生：通过这节课的学习，我知道在解决问题时如果不需要精确结果，可以用估算法，既快捷又实用。同时，我也明白了“往大估都够了，那实际就更够了”“往小估都不够，那实际就更不够”。

【案例分析】

估算是日常生活中一种常用的计算方法，也是一种思维方式，具有快捷、实用、相对准确等特点，对培养学生的口算数感以及灵活快速处理问题的能力有着重要的作用。《重要的作用。《义务教育数学课程标准（2011年版）》对第一学段的估算教学要求是“能结合具体情境，选择适当的单位进行简单估算，体会估算在生活中的作用”。为了实现估算教学的价值，本节课以“解决问题”为抓手，以“为什么要估算？”“怎样估算？”为线索，把估算教学融入解决问题的过程中，引导学生经历用估算来解决实际问题的过程，掌握估算方法，体会估算的现实意义。

（1）创设问题情境，体会估算的价值。

学生刚学过三位数的加法估算，已有一定的估算经验，但乘法估算还是第一次接触。为了更好地激发学生的兴趣，教师围绕参观航天航空展览这一主题，创设了问题情境，把“创设情境，唤醒回忆”“经历过程，探究策略”“运用知识，巩固拓展”三个环节串联起来。运用类比，引导学生将加减法估算经验迁移至乘法估算中来，使新知识与学生的学习经验紧密结合，并将其纳入原来的知识体系中。教师在复习环节有意不给出具体数据“逼迫”学生通过分析数据来推断结果，在探究环节提出问题“哪种方法能快速地比较大小?”让学生在解决问题的过程中体会估算的价值。

（2）渗透估算策略，凸显数学的思辨。

在实际教学中，学生不愿意用估算解决问题。为防止学生不仔细审题就直奔主题列式计算，教师带领学生经历了“阅读与理解—分析与解答—回顾与反思”这样一个过程。通过“两种往大估比较”“估算与精算比较”“估大与估小比较”“加法估算与乘法估算比较”，让学生了解估算运用中的不同方法，引导学生根据具体情况灵活地选择合适的估算方法，以保证估算结果的合理性，从而让学生体会数学的思辨性。

（3）聚焦难点问题，体验推理的过程。

解决“够吗”这种类型的问题其实质就是比较大小，因此教师引导学生聚焦问题“带250元够吗，实质是要我们干什么?”“如果只带240元，够吗？请你快速判断。”“29和32都是估成30，估算结果都是240，但一个正确，另一个错误，这是为什么呢?”让学生理解用估算解决“够不够”这种类型的问题，其实质是运用了不等式的性质，通过估算得出结果，进而比较两个数的大小关系，这里找到中间数，才是解决问题的关键。估算时可以用“进一”法，也可以用“去尾”法，而不是必须要用“四舍五入”法。同时引导学生进行逻辑推理“往大估都够了，那实际就更够了”“往小估都不够，那实际就更不够”，让学生学会思考与判断。

由此可见，估算教学的重点应由单纯的技巧训练转变为估算意识的培养，教师要结合具体的情境培养学生的估算习惯，让学生体会估算的价值。总的来说，估算策略的灵活选择及估算意识的培养需要教师在计算教学的每一个阶段、每一堂课中有意识地进行渗透。只有根据学情对教学素材进行加工处理，让学生真正地感受到估算的价值，养成估算的习惯，他们才会主动地选择用估算解决问题。

三、图形的测量与计算领域

1.整体把握测量估算教学内容

估测属于小学数学估测的四大类型之一，估测的知识结构的特点应与估测的一般知识结构的特点相同，都体现了整体性、关联性和层次性。从估测知识结构中可以看出，知识内容连接在一起形成了一个统一的整体。而关联性和层次性需要从长度估测、面积估测以及体积估测三种不同的估测类型着手分析。这三种估测类型的对象分别是长度、面积和体积，因此几何估测知识结构的特点之一是测量对象具有维度上的不同，这是几何估测知识结构与物理、时间或价值估测知识结构最大的不同。但是尽管维度不同，这三者却存在密不可分的联系，无论是二维的面积还是三维的体积都可以转变为一维的长度问题，即通过估测长度运用计算公式得到相应的面积估测值和体积估测值。这种知识结构的关联性启示我们，可以类比学习长度估测、面积估测以及体积估测的内容。这样的关联性同样体现在测量单位的学习上。我们发现长度单位、面积单位和体积单位都是一一对应的，但是在寻找测量对象之间关系的时候，只是将一维的长度、二维的面积以及三维的体积联系了起来，没有涉及角度。这是因为在小学阶段，角度的测量是与其他三类测量不同的一种测量类型，体现在测量单位和测量工具等方面。具体来说，角度的测量单位在小学阶段认识的是度，测量工具为量角器。而其他三种类型可由长度作为纽带联系起来。因此角度与长度、面积、体积属于不同层次的测量，这便是几何知识结构中层次性的体现。

纵观小学数学教材，我们可以清楚地看到估测内容几乎都分布在“数与代数”“图形与几何”这两大领域中。由于“图形与几何”中的第二部分内容即为测量，因此，在第一、第二学段中估测的大部分内容均在此体现。第一学段对测量的六条要求中，对长度的要求占了四条，概括起来是：经历用不同方式测量长度的过程，体会建立统一度量单位的重要性；认识长度单位间的换算，能恰当选择合适的长度单位；能估测和测量物体的长度和周长。与面积有关的要求是：认识一些面积单位并进行单位换算；会估计简单图形的面积。第二学段对测量的要求更高。第一学段接触了长度和面积测量的相关知识，第二学段继续学习与面积测量有关的知识并开始接触一类新的对象的测量——体积和容积的测量。在面积的学习上学习新的、更大的面积单位（公顷和平方千米），会用方格纸估测不规则图形的面积。在体积和容积的学习上遵循着认识体积（容积）的概念—学习测量单位—掌握常见立方体体积计算方法—体验不规则实物体积测量方法的顺序。可见，“图形与几何”领域中，测量是沿着长度测量—面积测量—体积（容积）测量这样从一维到二维再到三维的顺序展开的，其中很大一部分内容是在测量单位的认识上。

除了一年级上册和四年级下册，小学阶段的每一学期都涉及估测的教学，且多以几何估测中的长度、面积和体积估测为主，除此之外还有物理估测、时间估测和价值估测。这可以说明估测应用的广泛性，使得小学阶段的估测非常常见。但是从教材中有关估测的单元标题上看，每个单元并不是都与估测有关甚至教材中估测内容并不都出现在例题中，而是出现在教材的课后习题中，由此可见虽然估测引起了专家学者们的重视，但是在教材中还没有系统地编排，一些含有估测知识的单元的教学重点可能也不是估测，而是计算、图形的认识等。这样一来，估测教学就缺乏整体性，只能是浅显的、分散的、零乱的。从数学的知识结构上看，教材编排忽视估测的知识结构，教学组织相对分散，教师更是难以精确地把握估测教学的目标、重难点，由于估测结果强调合理下的准确性，因此估测问题的答案更具有开放性，估测的学习评价更难。

教材是课标精神和内容的具体化载体。根据苏教版小学数学教材中估测内容的分布情况，可以看出1—6年级并不是所有教材中都包含估测内容，但是在每一学年都安排了估测的教学内容，并处理好了内容之间的衔接问题。从一年级下册第五单元《元、角、分》开始便让学生对几样商品的总价值进行简单的估测，严格来说这里估测的意味并不强，更多是考查简单的价格累加问题。从二年级开始，以长度估测—面积估测—体积估测为主线展开了相应的教学内容，在这条主线上又设置了时间估测、质量估测、角度估测以及容积估测。具体来说，时间估测和质量估测穿插在长度估测和面积估测之中，时间估测体现在二年级下册《时、分、秒》单元中对完成一件事的时间大致推测上，三年级下册设置了《年、月、日》单元，但是教材中未涉及具体的估测内容。质量估测在三年级上册和三年级下册教材中均有体现，教学内容为估测一个物体的重量。在四年级上册教材中，设置了容器容量的估测和角度估测。长度估测内容主要编排在二、三年级，但在六年级上册有关分数的单元中有一道估测不同颜色彩带长度比的习题。面积估测开始于三年级下册，而后在五年级和六年级都有所涉及，尤其是五年级上册在例题中设置了用方格纸估测不规则图形的面积。体积估测内容是在六年级上册和下册教材中设置了估测物体体积的题目。从教材单元设置上看，估测的分布具有“非独立性”，即没有单独的一个单元只讲估测，但它贯穿于整个小学数学的具体内容之中。比如《厘米和米》《分米和毫米》单元中存在长度估测，《长方形和正方形》中也存在长度估测，前者是长度单位与长度估测有关，后者是物体的周长可以通过估测来得到大体的结果。《垂线和平行线》单元蕴含角度估测，《长方体和正方体的面积》

《多边形的面积》则蕴含面积估测，《长方体和正方体》蕴含体积估测，《千克和克》蕴含质量估测等。这样的设置凸显了估测与其他内容之间的紧密联系却也减弱了测量在小学数学中的重要价值，教师难以把握教学目标，往往更注重常见单位以及单位之间进率的学习。

学习估测必然伴随着测量单位的学习。几何估测、物理估测、时间估测以及价值估测等估测类型中测量单位都不少。在估测学习中，只有对每一种测量单位在头脑中形成清晰的表象或者是在生活中能找到这一测量单位在具体事物上的体现，才能更好地去选择适合自己测量目的的测量单位。以质量估测为例，课标中涉及千克和克以及吨的认识。千克是国际单位，在日常生活中非常常见，例如去超市买零食、买水果的总量，体重秤上显示的体重的计量单位等都是千克，所以这些常见的测量单位在教学时不会花费太多时间。还是以质量单位为例，克和吨这两个单位在生活中见得相对较少，但是克比吨常见一些，比如让学生回家掂一掂鸡蛋的重量，大概是50克，那么学生能对克有一个比较直观的认识和体验。但是单位吨，是质量估测中的一个教学难点，生活中学生很难亲身感受，即使通过想象也很难想象1吨有多重。

2.学生调研

（1）调研背景与调研目的。

随着课程改革的深入，估算教学作为计算教学的一项重要内容被不断加强。《课程标准》强调要“加强估算”，明确提出了“能结合具体情境进行估算，并解释估算的过程（第一学段），在解决具体问题的过程中，能选择合适的估算方法，养成估算的习惯（第二学段）”的目标要求。在小学阶段，培养学生的估算意识，发展学生的估算能力，让学生拥有良好的数感，具有重要的价值。《课程标准》中还指出，空间与图形的教学，应注重所学知识与日常生活的密切联系，应注重学生在观察、操作等活动中获得直观经验，建立初步的空间观念。而学生在综合应用时，运用估算的能力和自觉性又如何呢?

通过问卷调查，了解目前学生估算的意识及对估算方法的掌握情况。

（2）调研过程。

调研对象：千秋小学三、四、五年级学生。（三年级166人，四年级422人，五年级126人）

调研题目：

三年级题目：

①你知道什么是估测吗?

②你知道什么是误差吗?

③当测量仪器足够精密就可以完全消灭测量误差。你认为这句话对吗?

④请你估计一下，你们班教室的面积大约是多少平方米?

⑤请你估计一下，从教室到校门口大约有多少米?

⑥沿学校操场跑多少圈大约是1千米?

⑦拎一拎你的书包，估一估大约有多重?

四年级题目：

①你知道什么是估测吗?

②你知道什么是误差吗?

③当测量仪器足够精密就可以完全消灭测量误差。你认为这句话对吗?

④请你估计一下，你们班教室的面积大约是多少平方米?

⑤请你估计一下，这个角$\angle$___大约有多少度?

⑥一个饭厅长4.8米，宽3.4米，铺边长为5分米的正方形地砖，你能估计一下大约需要多少块吗?

⑦请你估计一下，学校篮球场的面积大约是教室面积的几倍?

五年级题目：

①你知道什么是估测吗?

②你知道什么是误差吗?

③当测量仪器足够精密就可以完全消灭测量误差。你认为这句话对吗?

④车的长度大约是5米，两个路灯之间的距离大约是多少米？

⑤这是我国两个湖泊的缩小图，方格纸的1格代表1公顷，你能估测一下这两个湖泊的面积是多大吗？

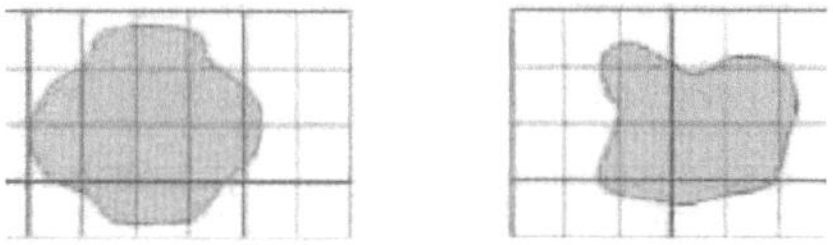

⑥你能估一估下图中手掌的面积有多大吗？图中一个方格代表1平方厘米。

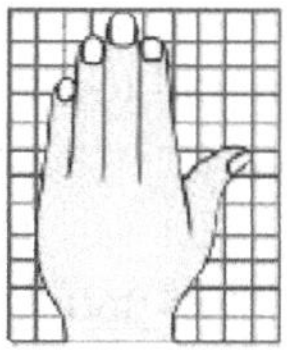

（3）调研结果分析与教学建议。

三年级调研结果分析：

第1题，知道什么是估测的有145人，占87.35%；不知道估测的有21人，占12.65%。

第2题，知道什么是误差的有142人，占85.54%；不知道误差的有24人，占14.46%。

第3题，认为当测量仪器足够精密就可以完全消灭测量误差的有36人，占21.69%；认为当测量仪器足够精密也不可以完全消灭测量误差的有130人，占78.31%。

第4题，需要学生根据实际情况进行面积估测。其中，有23人估测教室的面积大于100平方米，占13.86%；有37人估测教室面积小于50平方米，占22.29%.不能根据实际情况给出合理答案的一共占36.15%，能根据实际情况进行估计的有106人，占63.86%。

第5题，需要学生根据实际情况进行长度估测。能进行合理估测的有70人，占42.17%；估测距离大于1000米的有17人，占10.24%；估测距离小于200米的有79人，占47.59%。

第6题，需要学生根据实际情况进行长度估测。符合实际情况的有54人，占32.53%；估测操场1圈是1千米的有4人，占2.41%；估测操场3圈是1千米的有4人，占2.41%；其余104人估测1圈半是1千米，占62.65%。

第7题，需要学生根据实际情况进行质量估测。估测结果符合实际情况的有139人，占83.74%；估测书包质量在10千克以上的有25人，占15.06%；估测书包质量在1千克以下的有2人，占1.2%。

四年级调研结果分析：

第1题，知道什么是估测的有393人，占93.13%；不知道估测的有29人，占6.87%。

第2题，知道什么是误差的有360人，占85.31%；不知道误差的有62人，占14.69%。

第3题，认为当测量仪器足够精密就可以完全消灭测量误差的有108人，占25.59%；认为当测量仪器足够精密也不可以完全消灭测量误差的有314人，占74.41%。

第4题，需要学生根据实际情况进行估测。其中，有79人估测教室的面积大于100平方米，占18.72%；有164人估测教室面积小于50平方米，占38.87%。不能根据实际情况作出合理答案的一共占57.59%，能根据实际情况进行估计的有179人，占42.41%。

第5题，是对角度的估测。图中给出的这个角实际度数为78度。能进行合理估测的有247人，占58.53%；估测角度大于90度的有14人，占0.33%；估测角度小于70度的有161人，占38.15%。

第6题，估算正确的有98人，占23.22%。其中，列式计算后再估算的有14人，占0.33%；估算错误的有324人，占76.78%，其中又有82人犯了知识性错误，占19.43%。

第7题，篮球场的面积大约是教室面积的6至7倍。估测正确的有12人，占2.84%；估测错误的有410人，占97.16%。其中，估测值小于6倍的有132人，占31.27%；估测值大于7倍的有278人，占65.89%。

五年级调研结果分析：

第1题，知道什么是估测的有105人，占83.33%；不知道估测的有21人，占16.67%。

第2题，知道什么是误差的有120人，占95.24%；不知道误差的有6人，占4.76%。

第3题，认为当测量仪器足够精密就可以完全消灭测量误差的有108人，占85.71%；认为当测量仪器足够精密也不可以完全消灭测量误差的有14人，占14.29%。

第4题，能够合理估测的有96人，占76.19%；估测不合理的有30人，占23.81%。

第5题，能够在合理范围内估计出湖泊面积的有95人，占75.4%；估测不合理的有31人，占24.6%。

第6题，能够在合理范围内估计出手掌面积的有88人，占69.84%；估测不合理的有38人，占30.16%。

从上面的调查可以看出：

①学生没有真正意识到估算的重要性和实际意义。由于教材内容编排较少，教师很少进行专门的估算教学，涉及估算的课程往往也只是简单的几句话带过，通常以题目中是否出现“大约”来决定是否估算，使学生对估算的认识停留在一个浅薄的层面，没有深入地理解、读懂估算，更不愿将自己大量的时间和精力花费在一个他们也认为“不那么重要的知识点上”。由此可知，教师对估算的重视程度不够。在日常教学中，教师应该提

高自己对估算的重视程度，加强估算训练，渗透估算意识，使估算真正融入学生的生活，培养学生估算的习惯。

②学生常常习惯于精确计算，不愿意进行估算。从计算方法角度来看，学生擅于精确计算，对估算的作用与价值没有真实的体验与感受，从而使他们在认识和行为上都感觉到“不习惯”。这种“不习惯”具体表现为：题目要求估算才估算，求估算结果经常先精确计算后再估算，等等。比如四年级测试题的第6题，让学生估算一共需要多少块砖，估计正确的人非常少，而估计正确的有一大半是通过精确计算后再求近似数的。

③学生对估算方法举棋不定。学生不喜欢估算而喜欢精确计算的原因是：精确计算答案唯一，方法也常常具有唯一性，而估算的方法和结果都具有多样性，学生在估算能力不强的情况下对估算方法的选择上感到信心不足，从而举棋不定。

④学生缺少估算的策略。从解决实际问题的过程中可以看出，学生对于如何估算还缺少策略，同时也没有运用到实际计算中，往往不能根据实际情况作出正确的分析。比如四年级测试题第7题，从答案的分布上来看，说明学生对篮球场的面积估计根本是胡乱猜测。如果平时就经常布置一些有关测量估计的小任务（多积累测量的感性经验），比如说测量操场的长度，测量从家到学校的距离，那么在教学目标的指引下，学生会借助一些工具和方法去尝试估测，然后再做这道题。即便学生没有实地去测量，只要有行走的经验外加平常积累的测量感性经验，那么就可以有理有据地推测出来。总而言之，学生对测量的感性经验的积累，需要教师有目的地引导，学生有计划地实施。

教学建议：

在小学的测量估算中，学生主要遇到的是长度估算、时间估算、质量估算、容量估算和面积估算，与之相对应的目的是让学生充分地建立长度单位、时间单位、质量单位、容量单位和面积单位的概念。

①增强估测结构意识，提升估测研究能力。确立估测的单元知识结构

是整体教学设计的前提和基础，而做到这一点并不容易，它对教师本身的素质提出了更高的要求，主要体现在教师需要有扎实的学科专业知识以及一定的教学研究能力。即使作为一名小学数学教师，也应至少在本学科范围内具有较精深的专业知识，并且对教学有着研究热情。教师不仅需要知道教材中每个单元具体内容应该如何教、每一单元课时与课时之间的联系，还需要知道某一部分知识在整个小学阶段的作用和地位，以及学习之前学生有什么样的基础、之后还会学习哪些相关的知识，甚至能够熟悉数学史并有着良好的数学思维，能够从数学知识本身梳理知识结构，确立某一专题、单元的知识结构。在对数学学科知识本身理解透彻的基础上，教师还应根据课程标准的要求，批判性地看待和使用教材，从而冲破教材的桎梏，创造性地进行更适合学生学习的教学设计。

因此，教师应有成为小学数学学科专家型教师的底气和信心，对数学知识怀有敬畏之心并充满研究热情，不能满足于现有教材内容的编排，应从整体这一更高视角去研究知识，厘清知识的结构。

②关注估测学习心理，调控估测学习进程。估测的整体教学设计坚持“以生为本”，让学生将知识内化成自己的经验结构。知识是客观普遍的，但是每个班级学生的学习基础等却是特殊的、不完全相同的，学生的学习心理在很大程度上会影响学习效果。

因此，在估测知识结构确立这一环节结束后，紧接着就需要教师分析学生的学习心理。这里给教师提一点建议：从学生学习估测新知本身的心理状态和已有知识经验引起的学生学习心理的变化入手。前者可以从怎样激发学生的学习动机入手，教师需要创造引起学生学习兴趣的情境，采用适宜的手段导入新课。后者需要教师了解本班学生对估测知识的认识程度，这个认识可以来源于学生已有的生活经验和已有的数学经验。在充分了解学生已有的估测经验后，教师就要在教学中引起学生的认知冲突，肯定和巩固那些正确的认识，纠正错误的认识。教师还要时刻关注学生的情绪体验和变化，避免学生对估测知识产生消极对抗情绪。通过及时关注和关心学生估测的学习心理，进而调节和控制整个估测教学的进程。

③联系估测内容本身，完善估测学习评价。以往教学过程中学生的学习评价通常采用测试卷进行，这样的测试卷往往是基于已有教材的编写体系和已有的单元结构来编制的，试题中客观题占据大多数，开放的主观题较少。本研究的估测其整体教学设计在一定程度上打破了教材的限制，是从估测本身的知识结构出发分析学生学习心理、确立估测教学目标和重难点，因此评价方式和评价的题目设计也应该是根据以上环节来确定。由于本研究发现估测内容的教学重点应放在对估测本质的理解和对估测单位的选择上，所以测量过程是考察的重点，而估测结果往往是不确定的，只要在合理范围之内就是对的。因此，现有的测试卷不能满足评价的要求，教师就需要自己编制一部分测试题用来检验学生的学习效果。这体现了“教—学—评”一致的重要性，具体的教学内容决定评价的形式及内容，应增加主观题，从关注题目最终结果转向关注学生解决问题的过程、关注学生的思维发展。

④突出活动整体构思，优化估测活动设计。笔者研究发现，估测整体教学设计能改善现有教学设计指导下课堂中出现的知识零散、枯燥甚至重复学习的情况。因此，建议一线教师能够从整体视角出发，开展相应的课堂教学活动，确保活动安排的科学性、有效性、关联性和衔接性。那么从整体视角进行的教学设计应该注意些什么呢？笔者认为，其一，在教学活动开展前教师所进行的一系列准备工作是基于整体视角的。这要求教师需要将所教知识的知识结构、小学（甚至初中）阶段教材中所有有关教学的内容等从整体上分析，以此为基点考虑教学目标是什么、什么样的教学活动有利于实现教学目标、这些教学活动应该怎么安排等。其二，在具体的教学活动实施中，教师不应将目光只聚焦在本节课，而要从整体视角出发判断本节课的内容在整个知识结构的学习中占什么地位、是否涉及整体目标或重难点中的内容。只有教师具备这样的教学观，才能将目光放宽。教师不仅要关注一节课的活动组织，更要关注课与课之间活动安排的衔接性

与有效性，从整体上构思活动安排，不断优化估测整体教学设计。其三，教师应从整体视角出发看待这些教学活动，从高角度来判断所设置的教学活动是否达到教学目标。

3.测量估算教学案例思考

〖案例1〗

《认识公顷》教学片段

一、复习回顾，唤醒经验

师：同学们，上课之前老师先考考大家！请看大屏幕。请同学们在括号中填上合适的单位。(略)

生：一张银行卡的面积大约是40（平方厘米）。

生：信封的面积大约是2（平方分米）。

生：我们教室的面积大约是50（平方米）。

师：回答得可真不错。下面我请几位同学用数学语言分别说一说什么是1平方厘米、1平方分米和1平方米。

生：边长1厘米的正方形面积是1平方厘米。

生：边长1分米的正方形面积是1平方分米。

生：边长1米的正方形面积是1平方米。

师：谁再来说一说生活中哪些物体的面积大约是1平方厘米、1平方分米和1平方米。

生：大拇指的指甲盖面积大约是1平方厘米，开关面板的面积大约是1平方分米，我们教室一块小黑板面积大约是1平方米。

二、激趣导入，提出问题

师：同学们，估计一下篮球场有我们几个教室大？

师：接下来，我们一起欣赏几幅图片吧！

课件出示：(图略)

世界文化遗产——南京明孝陵占地面积大约是1 700 000平方米。

北京中华世纪坛占地面积大约是45 000平方米。

美丽的台湾日月潭面积大约是8 270 000平方米。

2004年，我国森林面积达到17 500亿平方米。

师：看到这些图片你有什么想说的？

生：这些地方的面积好大。

生：这些面积数太大，读起来不方便，如果是更大的地方，那不是更难读了。

师：想一想，有什么解决方法呢？

生：有没有比平方米更大的面积单位呢？

生：换一个更大的面积单位！这样数就变小了。

师：你们知道比平方米更大的面积单位是什么吗？

生：我知道，是公顷。

师：刚才有同学说比平方米更大的面积单位是公顷，那接下来我们研究一下这个新的面积单位。（板书：认识公顷）

三、独立思考，探究新知

1.探究公顷与平方米之间的进率

师：我们以前学习过相邻面积单位之间的进率是100，那公顷和平方米之间的进率也是100吗？

生：不是，好像是1000。

生：不对，应该是10000。

师：1公顷究竟等于多少平方米呢？

……

2.解决课前问题，进行单位换算

师：既然知道了公顷与平方米之间的进率，那我们就可以解决这节课一开始遇到的问题了，赶紧把数据改写一下吧！

生：世界文化遗产——南京明孝陵占地面积大约是170公顷。

生：北京中华世纪坛占地面积大约是4.5公顷。

生：美丽的台湾日月潭面积大约是827公顷。

生：2004年，我国森林面积达到1.75亿公顷。

生：我发现改写后数字变小了。

师：看来选择合适的单位很重要啊！

3.感受1公顷有多大

师：同学们估一估我们的教室大约有多少平方米？

生：大约60平方米，长约8米，宽约7米。

生：教室的长我走了8步，大约9米，宽我走了7步，大约8米，教室的面约70平方米。

师：现在跟着老师走向操场，你们能估一估篮球场大约有几间教室的面积吗？

生：篮球场的长我走了20步，大约22米，宽我走了12步，大约14米。篮球场的面积大约300平方米。教室的面积大约70平方米，那么篮球场的面积就是教室面积的4倍多。

生：篮球场的长我走了25步，大约26米，宽我走了14步，大约15米，篮球场的面积大约400平方米，是教室面积的5倍多。

师：刚才我们说1公顷是10000平方米，想一想，多少个篮球场的面积大约是1公顷？

生：哇！大约25个篮球场的面积是1公顷。

四、小组合作，应用探究

师：同学们我们刚刚一起感受了1公顷有多大，请估测一下我们的学校比1公顷大还是小呢？

生：大！

师：都觉得大，那我们学校到底大约有多少公顷呢？你们一定有很多想法，下面我们进行小组讨论。别着急，先看大屏幕，看清楚活动要求和提示后再开始探究！

课件出示：

（1）学校的平面图像一个什么图形？

（2）有什么方法可以估测出学校的面积？

（3）在学习单上写出你们小组的想法，可以画图辅助说明。

（4）组内选出一位代表发言，有结果后请举手示意，待会儿上台展示。

生：我们先估计足球场的面积，再估计学校的占地面积。

生：我们先估计教学楼的面积，再估计学校的占地面积。

……

【案例分析】

《认识公顷》这一节课属于测量单位的认识，是在学习了其他面积单位后的一个难点。本节课先从学过的最小的面积单位开始，帮助学生从本质上梳理面积单位之间的关系，随后呈现了一组以平方米为单位的数据，引起学生的认知冲突；然后弄清公顷与平方米之间的进率以及解决单位间的换算问题；接着以生活中学生熟知的事物面积——教室的面积、篮球场的面积为参照点，通过推理、想象等方式帮助学生建立1公顷的表象；最后小组合作讨论探究学校占地面积。教师在整节课的教学过程中渗透了估测策略，通过“你能估计一下我们教室的面积是多大吗？”“篮球场大约是我们教室的几个大？”“学校的占地面积大约是多少公顷？”“你是怎样估算的？”这样一系列的问题，引发学生的思考，培养估测能力。

我们知道，完整的测量（估测）过程首先需要一个测量问题和目的，激发学生强烈的学习兴趣。因为它能够关注真实的问题情境，贴近实际生活，能够让学生感受到估测的真实价值。而以往教师很少会让学生估测，以至于学生不太清楚怎么估，只是凭感觉猜测。其次，关注知识的前后联系，从整体视角看待知识的结构与其产生发展的过程。测量教学中测量单位是关键一环，往往只是“教单位”，学生不知道单位的学习可以解决什么问题，而几何估测的整体教学设计关注单位的产生过程和每一类测量单位之间的关系。最后，估测应该关注测量本质，强调估测的现实意义，让学生从数学角度理解测量，而非追求物理上的精准测量。从而，在解决问题的过程中，培养学生的想象能力，发展学生的数学思维，让学生深刻体会到估测的价值。

〖案例2〗

《认识千米》教学片段

一、问题引领，初识“千米”

1.激发需求，引入“千米”

师：在国庆假期的时候，小刚去了上海的几个景点，并且在回家后写了一篇数学日记，我们一起来看一下。

课件出示：我是小刚，国庆假期我和爸爸、妈妈到上海去旅游，我们从宾馆出发，坐地铁去参观高468（　　）的东方明珠电视塔。因为我的身高已经是138（　　），所以买了全票，爸爸说我长大了。参观完后，我们又坐地铁来到18（　　）以外的迪士尼乐园游玩。（①米；②厘米；③千米）

师：你们能不能帮助小刚选择适当的长度单位？

师：第一、第二空大家的选择都很统一，第三空有的同学有些犹豫，你们觉得应该选“米”是吗？（有学生点头）

师：公布答案前我们先来复习一下，关于米、厘米、毫米你们都知道什么？

生：1米等于100厘米，1厘米等于10毫米。

生：我知道相邻两个长度单位之间的进率是10。

生：我知道1毫米差不多是银行卡的厚度，1厘米大约是大拇指甲的宽度。

生：1米大约是两臂的长度。

师：复习完之前学习的长度单位，再回到刚才的问题，这里填“米”合适吗？我看到有的同学摇头了，为什么呢？

生：我觉得不合适，18米大约就是18个小朋友手拉手的长度，这么近的距离干吗还要坐地铁呢？

师：那你们觉得这里应该填什么长度单位呢？

生：我觉得应该填“千米”。

师：今天这节课我们一起来认识一下“千米”。（揭示课题：千米的认识）

2.激活经验，认识“千米”

师：你们在哪里看到过“千米”？

生：地铁上的液晶屏。

生：高速公路上的标志牌。

生：我在手机导航上看到过。

师：（出示手机导航截图）老师之前查询了一下从学校到天发广场的路线，可是这上面没有“千米”啊？

生：那上面的“公里”就是“千米”。

师：有谁知道高速公路上的标志牌又是怎么表示“千米”的呢？

生：我知道，高速公路的标志牌是用英文字母“km”表示千米的。

师：谁知道千米和米之间的关系？

生：我知道，1千米=1000米。

师：是的，千米和米之间的进率是1000。想一想，18千米如果用“米”作单位，那是多少米呢？

生：18000米。

师：无论是18千米还是18000米，表示的长度相同。你觉得哪种表示方式更好？

生：我觉得18千米更好，因为18000米这个数据很大，容易写错，18千米比较简洁明了。

师：所以表示较长的路程时，通常用千米作单位。

二、借助中介，体验“千米”

师：我们认识了“千米”，那你知道1千米大约有多长吗？

生：我觉得1千米大约是1000个小朋友手拉手的长度。

生：我觉得可能是从学校走到吾悦广场的距离。

生：我觉得可能是从学校走到市政府的距离。

生：1千米应该很长，我估计能从学校走到天发广场。

师：看来大家对1千米到底有多长的感觉相差还是挺大的，你们有什么好办法能让大家的感觉更准一点吗？

生：在体育课上，老师让我们走过10米，可以用10米来了解1千米。

师：你能具体说一说，怎样用之前走的10米来了解1千米吗？

生：我记得我走10米需要18步。

生：我走10米需要17步。

生：我走10米需要16步。

师：因为每个人的步幅不一样，所以几位同学走同样的10米，步数也不一定相同。能够根据最后这位同学走10米的步数估计一下他走100米大约需要多少步吗？

生：大约需要160步。

师：同意他的想法吗？照这样行走，走1千米大约需要多少步？

生：大约需要1600步。

师：大家同意吗？也请大家估一估自己走1千米大约需要多少步？

学生自己估算。

师：回到体育课上的小实践，谁来分享一下你走10米用多长时间？

生：我走10米用了8秒。

师：大家能不能先帮助他估测一下走100米大约需要多长时间？走1千米大约需要多长时间？

生：走10米大约是8秒，走100米大约就是80秒，走1千米大约就是800秒。

师：800秒大约是13分钟。也就是说，这位小朋友走1千米大约需要13分钟。你们能不能估算一下自己走1千米大约要用多长时间？

生：我走1千米大约需要700秒，约12分钟。

生：我走1千米大约需要900秒，约15分钟。

师：看来同学们走1千米用的时间可能不一样，但都是十几分钟。

师：小刚也学了千米，他说他走完1千米大约需要5分钟。你有什么想法？

学生小组讨论、交流。

生：不可能，我们没有人可以用5分钟走完1千米。

生：我估计他跑1千米大约5分钟。

师：他提出了一个新的想法——跑，我们一起来看一下。

课件出示：普通成人跑1千米需要5分钟以上，如果经过专业训练可以更快，男子1千米跑的世界纪录是2分11秒96。

师：提到跑步，我国百米目前跑得最快的是谁？（苏炳添）在东京奥运会上，苏炳添在100米短跑比赛中创造了9秒83的好成绩。我们来重温一下这令人激动的时刻。

课件播放苏炳添参加东京奥运会100米短跑半决赛视频。（略）

师：苏炳添跑的百米和今天学的1千米是什么关系？

生：10个100米就是1千米。

师：那请你估测一下，如果苏炳添跑1千米，大约需要多少时间？为了方便大家推算，我们先把9秒83看成10秒。

生：需要100秒，就是1分40秒。

师：我们再回忆一下，刚才知道男子1千米跑的世界纪录是2分11秒96。如果让苏炳添去参加1千米跑的比赛，世界纪录是不是就是我们国家的了？

生：不对，他跑100米是冲刺，如果让他跑1千米，他跑到后面不可能像跑100米一样一直很快。

师：对呀，用苏炳添百米赛跑的时间来估测跑1千米的时间是不科学的。因此，我们在估测时需要用正常情况下相对稳定的数据。

师：现在看来走路肯定不可能，除了跑步还有吗？

生：还有可能坐汽车。

师：汽车的行驶速度是每小时60千米，也就是每分钟行驶1千米，和小刚说得有些差距，汽车太快了。还有什么想法吗？

生：他可能是骑自行车。

师：（出示截图）这是老师某次骑共享单车的截图，我骑1千米刚好5分钟。

……

【案例分析】

千米是一个比较大的长度单位，它不同于毫米、厘米和米，很难“亲身”感知。这一点从刚开始估测“1千米大约有多长”的结果可见。教师在教室内也无法直观呈现这一长度，仅凭语言描述去让学生想象，这种感受是虚无缥缈的。因此，教师借助“步数”“时间”的推算帮助学生逐渐形成对千米的量感。

学生对“千米”的量感无法基于“身上的尺”直接体验获得，需要借助数感来帮助定量刻画。本环节以“米”为中介，通过“步数”和“时间”的估算，帮助学生建立1千米的长度概念，并且引导学生关注估测的数据需要常态化，从而更好地突破教学难点。

教师通过课前、课中、课后三次实践活动来帮助学生感知米与千米的关系，并建立1千米的长度概念。课前活动：提前走一走，记录走10米的步数与时间。通过这一活动，学生找到了建构1千米长度概念的基础，同时为感知米与千米的关系做好铺垫。课中活动：虚拟走一走，了解学生问题所在。通过这个活动，教师发现大部分学生对于1千米这一量感欠缺，也为后续学习提供了自我纠错的素材。课后活动：实际走一走，巩固1千米的量感。在这一活动中，基于学生已有的步行10米的经验，又凭借教师课堂中的教学指导，知道可以借助步数和时间来估测1千米，并能用导航软件加以验证。因此，学生对1千米的量感准确率显著提升。

教师借助走10米所用的步数与时间推算1千米的长度，即利用10个10米是100米，10个100米是1千米，推算出10个100米所用的步数、时间即为走1千米所用的步数、时间。通过步数、时间来估计1千米大约有多长，这样不仅使抽象内容具体化，而且使学生在已有体验的基础上主动探索新知识，培养了空间想象能力。

〖案例3〗

《认识千克》教学片段

一、创设趣味情境，引入新知

师：同学们，平常和爸爸妈妈逛超市的时候，你们除了关注物品的价格，还会关注什么呢？

生：我会关注包装，我喜欢卡通的包装。

生：我会关注重量，看下物品有多重。

师：这里有两位小朋友，它们发生了一点小争执，到底谁说得对呢？今天想请同学们来评评理。

课件播放挂面和薯片争执的动画。(视频略)

师：你们有什么好办法来比较一下，它们谁更重些？

生：掂一掂。(板书：掂一掂)

生：也可以称一称。

师：要知道挂面和薯片孰重孰轻，我们能掂一掂，也能用秤称一称。

二、自主实践操作，探究新知

1.在对比活动中培养量感

出示一个装有挂面的红袋子和一个装有薯片的银袋子。

师：你看到了什么？

生：我看到了红色的小袋子和银色的大袋子。

师：你在比较颜色和大小，还可以比什么？

生：比高低。

师：除了比大小、比高低，还可以比什么呢？

生：比轻重。

师：猜一猜，哪一袋重？

生：银袋子重。

师：为什么？

生：因为银袋子大，里面东西多。

师：有不同的意见吗？

生：我认为大的物品不一定就是重的。

师：出现了不同的意见，怎么办？

生：用秤称一称。

师：如果没有秤，怎么办？

生：用手掂一掂。

师：好，请你上来掂一掂，并说出你的判断。

生：我感觉红袋子重。

师：老师也来掂一掂，我感觉银袋子重。到底谁的感觉准呢？怎么办？

生：用秤称一称。

师：为什么一定要称一称呢？

生：能判断得更加准确一点。

师：秤是用来称物体有多重的。（出示盘秤）这是盘秤，你们认识吗？请大家仔细观察。

生：盘秤由托盘和秤面两部分组成。

师：上面的盘叫托盘，是用来放物品的；下面有指针的圆盘是秤面刻度盘，是用来读数的。

师：仔细观察秤面，你有什么发现？

生：秤面上有刻度，有数字0、1、2、3、4、5，指针，字母kg。

师：观察得真仔细。你们知道kg表示什么意思吗？

生：kg表示千克。

师：是的，千克可以用字母kg表示。（板书：千克kg）

2. 在操作活动中建立量感

（1）称1千克物品。

教师把两个袋子分别放在盘秤上，让学生仔细观察指针的变化。

学生发现两个袋子一样重，从而感受到大的物品不一定更重。

（2）掂1千克挂面。

师：刚才我们知道，这包挂面重1千克。1千克有多重呢？谁来用手掂一掂这包挂面，是什么感觉？

生：我感觉有点重。

师：老师给每人都准备了这样的一包挂面，请同学们掂一掂，感受1千克有多重。静下心来，闭眼想想，你花了多少力气来掂这包挂面？换一只手，再找找感觉，想想你平常拿的什么东西和它一样重。把这1千克的感觉记在头脑里。

（3）拎1千克红枣。

师：桌面盒子里有一大袋红枣，组长拿出来拎一拎，估一估，这袋红枣有多重？

生1：我估计是1千克。

生2：我也估计是1千克。

师：估得对吗？我们来称一称。哇，真的是1千克。小组内轮流拎一拎这袋红枣，感受一下拎1千克红枣要花多少力气。

师：掂一掂、拎一拎、估一估、称一称，这些都是感受物体有多重的好方法。

师：这袋挂面重1千克，这包红枣也重1千克，现在你对1千克有点感觉了吗？

师：同学们都说有感觉，那就请大家用1千克的感觉找出桌面上重

1千克的物品吧！

活动要求：

（1）轮流拎一拎两袋物品；

（2）小组合作讨论，哪一袋更接近1千克；

（3）确定后，把找出的这袋物品放在组长处。

师：同学们找出来了吗？请组长拎起这袋物品，上来称一称。

生：我们组称的是苹果。

师：数一数，一共有几个苹果？（4个）像这样的4个苹果大约重1千克。如果苹果再大一点，1千克可能有几个？

生：2个、3个。

师：如果苹果小一点，1千克可能有几个？

生：5个、6个。

其他小组分别继续汇报：12个鸭蛋、4本数学书、5个橘子、2个火龙果、1棵大头菜。

课件出示“1个甜瓜比1千克重一些”“5个橘子比1千克轻一些”的图片。(图略)

师：同学们请看，刚才称的结果比1千克重一些，或比1千克轻一些，但都接近1千克，我们就说大约重1千克。

师：刚才同学们认识和感受了很多个“1千克”，现在记住1千克的感觉了吗？我们一起来装大米试试看。

活动要求：

（1）装米：请组长把自己心中的1千克大米装在袋子里；

（2）比、调：小组成员轮流掂一掂这袋大米，如果觉得重了或轻了，可以进行调整。

（3）最后打结，放在组长处。

师：请组长拎着米袋上来，我们轮流称一称，看看班上的“小神秤”是谁。现在，见证奇迹的时刻到了……

师：哇，太厉害了，“小神秤”们和我招招手，看来很多同学心里都有一杆秤了。

师：（学生从两袋物品中找出1千克的物品后）同学们怎么都找得这么准呀？谁愿意和大家分享一下你的秘诀？

生：我将这袋1千克的挂面放在左手，再去拎其他袋子。

师：你们听明白了什么？他用1千克的挂面作为标准，再进行比较，真是一个懂得学习的孩子。

师：有不同的方法吗？

生：我把1千克挂面的感觉记在心里，然后去拎其他东西。

师：现在就让我们用心中的这杆秤迎接新的挑战。估一估这个哈密瓜大约有多重？

生：我估计是2千克。

生：我也估计是2千克。

师：称一称，哇，大约是2千克。掌声送给我们班的“估测小能手”。

师：还有什么东西重2千克呢？

生：这一袋红枣重1千克，两袋就是2千克。

师：同桌轮流掂一掂这两袋红枣，感受一下2千克有多重。

【案例分析】

《认识千克》属于“常见的量”这一板块，是学生首次对物体的轻重进行定量刻画，是进一步学习其他质量单位及单位换算的基础，也是培养量感的有效载体。由于受限于已有的生活经验，有些学生常把它们混淆，在感知物体的质量时造成一些错觉：认为不管什么物体，只要体积越大，质量也越大；反之，质量则越小。这样仅凭物体的大小来判断其质量，影响学生对物体质量的正确认识和把握。笔者认为，剥离物体大小与质量间的机械联系，是学生正确认识物体的质量、建立量感的基础。

如何针对学生特点，有效帮助学生初步建立质量观念、形成量感呢？

笔者认为，与其他数学知识可以通过间接学习来获取某些结论不同，量感的建立更多需要活动与体验。“活动与体验”是深度学习的特征。通过研读教材不难发现，本课教材中虽有不少操作体验，但仍然比较单薄；虽有不少联系实际的观察与比较，但不足以替代学生的动手操作与思考。为此，笔者在教学中设计了丰富的实践活动，立足动手操作，强化动脑思考，多维反复体验，在操作中感知，在体验中内化，逐步帮助学生形成1千克的量感。

教师为每个学生准备一袋1千克挂面，为每个小组准备一袋1千克红枣。1千克到底有多重？每个学生通过动手操作，以1千克的挂面作为标准掂一掂，初步感受并积累1千克的量感。对1千克红枣的体验，小组内先估一估，再轮流掂一掂，调动学生之前掂1千克挂面的经验，并与之比较，进一步强化学生的切身感受。通过有效的操作对比，形成更加清晰、稳定的1千克的量感，便于学生以后在实践中不断用标准去规范和修正模糊认识。量感的建立离不开操作活动，但仅有活动仍是不够的。在操作活动之后，引导学生加以反省，帮助学生总结方法、提升经验、促进迁移。在寻找大约1千克物品的过程中，有的学生借助身边的1千克物品，有的学生以已有的1千克的感觉作为参照，这种内隐式的思考方法给其他学生以启发。

在教学《认识千克》时，不管是“估一估”还是“拎一拎”，教师都十分注重引导思考“你觉得它含有几个1千克”，使学生认识到常见量的量化需要有一个标准，从而渗透“单位”思想，凸显量的计量价值。

〖案例4〗

《长方体的体积》教学片段

一、提出研究问题

师：今天我们一起来研究长方体的体积。关于长方体的体积，你都了解些什么？

生：我知道长方体所占空间的大小就是长方体的体积。

生：我还知道长方体的体积可以通过“长×宽×高”来计算。

师：“长×宽×高”可以计算出长方体的体积，这个方法你们都知道吗?

大部分学生举起了手。

师：既然你们都已经知道怎么计算长方体的体积了，那这节课你们还想知道关于长方体体积的哪些知识？或者说你们还想研究有关长方体体积的哪些问题?

生：我想知道长方体的体积为什么可以用“长×宽×高”来计算?

生：长方体的体积是长×宽×高，背后的道理是什么?

师：你们两个人提出的其实是同一个问题。这个问题很有价值，也很有挑战性。这节课，我们就来探索这个问题。

二、估计气球的体积

师：请你根据经验，估一估这个气球的体积大约是多大，并说一说你是怎么估计的。

生：我估计它的体积大约有2立方厘米，因为这个气球是瘪的，把它揉成一个团，大约有2粒花生米那么大。

生：我估测它的体积应该有3立方厘米，我的想法也是把它揉在一起变成一个团，但是我感觉它应该有3个1立方厘米的小正方体那么大。

师：(教师向气球里吹气）现在它的体积大约是多大呢?

生：我估计它的体积大约有1立方分米，有1个粉笔盒那么大。

师：(教师继续给气球吹气）现在它的体积大约是多大呢?

生：我估计现在它的体积大约有2个粉笔盒那么大，应该是2立方分米。

生：我觉得应该有2.5立方分米，用1立方分米的正方体模型做对比，现在气球应该有2个半模型那么大。

师：无论前面同学估的几立方厘米，还是后面同学估的几立方分米，实际上都是在用这个气球和1立方厘米或1立方分米的体积单位进行比较，有多少个1立方厘米（立方分米），它的体积就是多少立方厘米（立方分米）。

三、探索体积公式

出示大约250毫升牛奶盒大小的长方体纸盒。

师：它的体积大约是多少呢？每个小组有一个塑料筐，里面有若干个1立方厘米的小正方体。你觉得多少个小正方体能表示出这个长方体纸盒的体积，就抓出多少个小正方体。

学生估测长方体纸盒的体积，根据估测结果抓取大致数量的小正方体。

师：估测得到的结果总是不够准确。今天我们来实测一下。小组分工合作，共同完成任务：用筐里的小正方体表示长方体纸盒的体积（纸盒的厚度忽略不计）。

学生小组操作、测量后，全班展示、交流。

生：我们用小正方体比对着长方体纸盒拼摆出和它一样大的长方体，数出小正方体（也就是体积单位）的个数是240：每一层摆放的是10×6＝60（个），总共摆了4层，总数就是60×4＝240（个）。因为每个小正方体的体积是1立方厘米，所以我们认为，长方体纸盒的体积是240立方厘米。大家同意我们的想法吗？

生：我们组最终得到的结果和你们一样，也是240立方厘米。但是，我们表示这个长方体体积的过程和你们不一样。

师：有新的表示方法！快和大家分享一下。

生：我们是这样表示的。我们先在纸盒里摆满一层，摆这层的时候，先沿着长方体的长摆一行，是10个，然后共摆了6行，这样底下这一层就是10×6＝60（个）。接着往上摆，我们发现，其实用不着全部摆满，因为这个纸盒正好能摆这样的4层，一层摆60个，4层就是60×4＝240（个）。所以，长方体纸盒的体积就是240立方厘米。大家觉得我们组的方法怎么样？

生：我们组赞成你们的方法，其实我们组跟你们组差不多，也是没有全部摆满。我们组摆完是这样计算的，算式是10×6×4=240（个）。大家能看懂我们的方法吗?

师：我看懂了。其实，你们两个组表示的方法基本上是一样的，都没摆满。因为摆出一部分之后就能看出来结果了，用不着再摆下去，就能直接算出体积单位的个数了。这样省了很多力气!

生：我们组也没有全摆满。我们是这样摆的：先在盒子底部摆满一层，是10×6=60（个），然后直接在盒子的拐角处往上连续摆3个。这样就能计算出摆满时小正方体的总数是60×4=240（个），所以盒子的体积就是240立方厘米。

师：我觉得，你们组和前面两个组的表示方法差不多，你们组摆得更加清楚：摆满一层之后再连续摆3个，其他多余的一个都不用摆，就完全能说明这个长方体纸盒能这样摆4层，就可以计算出小正方体的总数了。

生：他们只摆出底面一层和高的个数，就可以算出体积单位的总数了。这样摆既简便，又清楚!

生：我们组还有更简便的表示方法，我们是这样表示的。大家能看懂吗?

生：我看懂了，他们组只摆出长、宽、高的个数，这样就可以计算出体积单位的总数了：10×6×4=240（个）。

生：只要分别沿着长方体盒子的长、宽、高摆小正方体就可以了。沿长摆10个，沿宽摆6个，就能算出一层是10×6=60（个）；沿高摆4个，就表示一共能摆4层，总数就是60×4=240（个）。他们这样的表示方法确实更简便!

师：刚刚我们一起交流了这么多种用小正方体摆拼表示长方体纸盒体积的方法。纵观这五种方法，你发现了什么？不同表示方法的背后有没有共同之处?

生：我发现，都是通过摆放作为体积单位的小正方体来表示长方体纸盒的体积的。

生：虽然表示方法不同，但是最终通过计算得出用到的小正方体个数都是240，得出长方体的体积就是240立方厘米。

生：我发现这几种表示方法在计算小正方体总数时的算式都是10×6×4＝240（个），都是用长方体的长×宽×高。

师：还真是如此！那么大家认真想一想：为什么会这样呢？为什么用“长×宽×高”就能得到小正方体的总数，也就是长方体的体积呢？长方体的长、宽、高与小正方体的总数之间是不是存在着一定的关系？那是什么关系呢？

生：知道了！大家看啊，长方体的长对应的是这一行的个数，长方体的宽就是这一层的行数，那么长方体的长×宽就是这一层中一行的个数乘行数，也就算出了一层小正方体的个数；长方体的高就是层数，用一层小正方体的个数乘层数，对应的就是长×宽×高，计算得出的就是小正方体的总数，也就是这个长方体的体积。

生：正方体摆拼的行、列和层，也就是一行的个数、行数和层数，分别对应长方体的长、宽和高，它们相乘就能得出小正方体的总数，也就是长方体的体积。

师：你们理解得很透彻！现在大家想象一下：如果不用这些1立方厘米的小正方体摆拼表示，你能直接算出这个长方体的体积吗？

生：能，只要知道长方体的长、宽、高，相乘就可以了。长、宽、高分别是10厘米、6厘米和4厘米，那么体积就是10×6×4＝240（立方厘米）。

生：我终于明白长方体的体积公式为什么是长×宽×高了！长、宽、高在这里都有各自的含义，也就是分别对应着一行的个数、行数和层数，三者相乘是为了计算出作为体积单位的小正方体的总数，也就是长方体的体积。

出示课件：

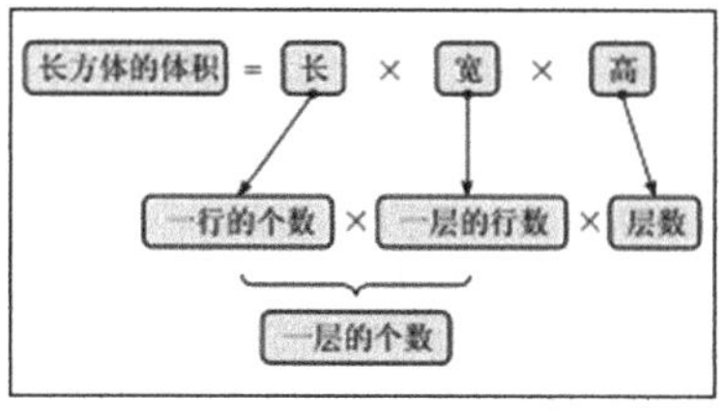

师：这么容易就能算出长方体的体积，那我们还利用小正方体体积单位又摆又拼又数的，有用吗？

生：有用，数体积单位的小正方体个数这种方法还可以用来测量形状不规则的物体的体积。

生：数体积单位的小正方体个数是最基本的体积测量方法。我们不能因为有了简单的公式，就忘了基本的方法，还有很多情况不能直接用简单的公式，但可以用基本的方法。

师：同学们说得真好！我们已经获得了长方体体积的计算公式，那么正方体的体积又该怎么计算呢？

师：你能用字母简化表示这两个公式吗？

……

师：同学们很善于推理，还有很好的符号意识，真了不起！

四、比较多维度量

师：（课件演示长度、面积、体积的度量及计算过程）从一维长度到二维面积再到三维体积，你对图形的度量及计算有了哪些新的认识？

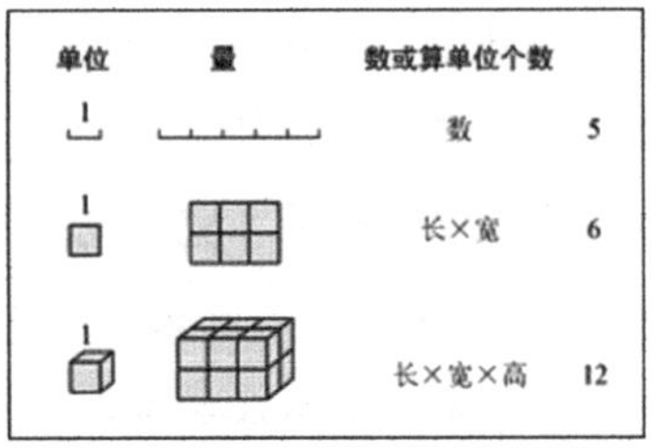

生：我发现，从长度测量到面积测量再到体积测量，它们都有各自的单位。

生：我发现，测量的过程就是在数单位的个数，面积公式、体积公式也都是在计算单位的个数，有多少个相应的单位，长度、面积、体积就知道分别是多少。

……

【案例分析】

《长方体的体积》是小学数学“图形与几何”领域度量内容的核心课之一，也是学生在完成一维空间图形长度度量和二维空间图形面积度量的基础上学习三维空间图形体积度量的起始课，能为学生学习其他三维空间图形体积的计算（间接度量）奠定基础。

学习本节课之前，学生已经认识了体积和容积，建立了体积、容积的概念，理解了体积、容积的意义；同时，也认识了体积、容积的计量单位，会进行单位之间的换算，了解了1立方米、1立方分米、1立方厘米以及1升、1毫升的实际意义，发展了一定的量感。

对比人教、苏教、北师大三版小学数学教材可以发现，本节课的重点是，借助体积单位（小正方体）摆拼，探索长方体体积的计算公式（经历长方体体积计算公式的形成过程）。这样能帮助学生进一步认识度量的本质是计量单位的累加，感受度量方法在计算公式推导中的作用。

课前，教师对自己执教的两个平行班的学生做了前测。对于“你认为长方体的体积与什么有关”，70.2%的学生认为与长、宽、高有关（追访发现，其中有50.0%是利用长方体体积计算公式解释的，有33.3%是举例解释的，比如纸摞起来，高变了，体积就变了）；13.5%的学生认为与所占空间的大小有关，而没有涉及长方体的要素；16.3%的学生认为与面有关（追访发现，其中有33.3%认为与底面积有关，有66.7%认为与表面积有关，比如表面积大六个面就大，围起来构成的空间也就大）。可见，多数学生对长方体的三个维度有一定的感知，能自觉地进行关联。

对于“长方体的体积怎么计算？说说道理”，89.2%的学生知道长方体体积计算公式，其中有72.5%的学生说不清楚道理，有16.7%的学生可利用“长乘宽是底面积，再乘高就是有多少个底面积”解释；10.8%的学生不知道怎么计算。可见，虽然大部分学生知道长方体体积计算公式，但是几乎没有学生能够正确解释。

由前测结果可知，学生虽然有过一维长度和二维面积的度量经验，而且学过体积的计量单位，但是依然不能很好地把握度量本质、认识度量价值，因而依然缺乏度量意识，不能在三维体积的度量情境中迁移度量思想（所以不理解公式背后的道理）。因此，本节课的教学，重在帮助学生把握度量本质，认识度量价值，从而发展度量意识。为此，需要引导学生利用体积单位（小正方体）度量长方体的体积，从而建构体积与其他要素的关系，得到长方体体积计算公式；还要引导学生比较长度、面积、体积的度量及计算（间接度量），建立小学数学图形度量的知识结构。

新课伊始，教师开门见山，揭示主题。了解学生的已有知识后，引导学生提出有价值、有挑战性的问题，引发本节课的数学探究。在估计气球这样不规则物体体积的过程中，学生借助1立方厘米、1立方分米的正方体做参照，发展了量感；同时，回顾体积和体积单位知识，激活体积度量经验，为后面的研究做铺垫。

本节课，教师将学生带回度量认知的原点，让学生用体积单位（小正方体）表示长方体的体积，经历摆拼、数算体积单位的过程，发现长方体体积计算公式实际上就是数算体积单位的结果，帮助学生把握度量本质，认识度量价值，从而培养度量意识。

〖案例5〗

《认识米》教学片段

一、复习旧知，导入新课

1.复习长度单位厘米

师：我们已经认识了长度单位厘米，谁来说一说，关于厘米你都知道哪些知识？

生1：直尺上刻度0到1之间的长度是1厘米。

生2：测量比较短的物体的长度，比如铅笔的长、文具盒的长，可以用厘米作单位。

生3：食指的宽大约是1厘米，我还能用手比画出来。

生4：厘米可以用字母“cm”表示，5厘米可以写成“5cm”。

2.制造认知冲突

师：谁能用你手里的直尺帮老师量一量黑板的长？

学生尝试测量，量了几次后放弃了。

师：为什么不量了呢？

生：黑板太长了，用直尺量它的长度太麻烦了。

师：这样测量确实太麻烦，有没有更好的办法呢？

生：要是能有一个大一点的尺子和大一点的长度单位就好了。

师：老师这里有一把尺子，比你们的直尺长多了，用它测量黑板的长就方便多了，有人认识它吗？

生：米尺。

师：你知道测量比较长的物体时，通常用什么长度单位吗？

生：通常用米作单位。

3.揭示课题

师：今天这节课，我们就一起来认识新的长度单位“米”。

教师板书课题：认识米

二、自主探究，学习新知

1.认识米尺

出示米尺。(图略)

师：这是米尺，它的长度是1米。米可以用字母“m”表示，1米可以写成“1 m”。

师：请同学们看一看1米的长度，并在心里记一记1米的长度。

2.感知1米有多长

师：1米有多长？请同学们4人一小组，拿出准备好的米尺找一些物体去量一量。

学生测量后，小组交流。

师：谁来汇报一下你们小组测量的结果？

生1：1米大约有5支铅笔长。

生2：1米是脚到我的胸口。

生3：黑板的宽大约是1米。

师：你们能比画出1米的长度吗?

学生张开双臂比画1米大约有多长。

师：我们的双臂打开的长度和我们的身高差不多，都比1米长，所以我们在比画1米时，可以把双臂略微向内收拢一些。

师：生活中还有哪些物体的长度大约是1米?

生1：讲台的高大约是1米。

生2：方桌的长大约是1米。

生3：洗衣机的高大约是1米。

师：现在你知道1米有多长了吗?有什么好办法能很快记住1米有多长呢?

生：我用自己的身体记住了1米的长度，1米大约是我双臂张开的长度，1米大约从脚到我的肩膀处。

生：我用物体帮助自己记住了1米的长度，黑板的宽大约是1米，洗衣机的高大约是1米。

师：你们的方法都很棒，想要记住1米有多长，可以选择一个1米长的物体作参照。

3.学习厘米和米的进率

师：请同学们再次拿出米尺，一边感受它的长度，一边观察米尺上有什么?

生：米尺上有小格有大格，还有0、10、20……100这些刻度。

师：请你看一看、想一想，米尺上1个小格的长度是多少?1大格的长度是多少?1个大格里有几个小格?米尺上一共有多少个大格?多少个小格?

学生仔细观察，然后组内交流。

师：谁来说说你的发现?

生1：米尺上的1个小格是1厘米，1个大格是10厘米。

生2：我发现1大格里有10个小格，1个小格是1厘米，10个1厘米是10厘米，1个大格就是10厘米。

生3：米尺上一共有10个大格，每个大格里都有10个小格，10个十是100，米尺上一共有100个小格。

师：1米有多少个1厘米？

生：1米有100个1厘米。

师：同学们观察得真仔细！米尺的长度是1米，米尺上还标注100厘米，你发现了什么？

生：1米等于100厘米，也就是100厘米等于1米。

教师板书：1米=100厘米。

师：这是厘米和米的关系，如果一个物体的长度是1米，也可以说该物体的长度是100厘米。

三、估计并测量物体的长度

1.指导完成“试一试”

师：请同学们想一想测量哪些物体的长度可以用米作单位呢？

生1：量黑板的长和门的高都可以用米单位。

生2：量教室的长和宽也可以用米作单位。

生3：量大树的高可以用米作单位。

师：你能先估计黑板的长大约是多少米，再量一量吗？

生：黑板有4块，每一块的长度大约是1米，所以我估计黑板的长大约是4米。

师：请两位同学上讲台来合作量一量黑板的长，其他同学帮忙数一数黑板的长大约是多少米。

学生合作测量，教师指导。

师：黑板的长度大约是多少米呢？测量时我们要注意什么？

生：黑板的长度约为4米，测量时要把米尺的刻度0和黑板的一端对齐，米尺要放平，与黑板下面的边贴合，每测量1米也就是刻度对准100厘米处要用粉笔做个记号，然后从记号处接着量，边量边数出一共有几个1米。

师：这位同学总结得真好！其他同学听明白了吗？如果黑板的长不是整米数怎么表示呢？

生1：可以用大约长为几米表示。

生2：也可以用几米多一些或者用几米少一些来表示。

师：测量时，物体的长度如果不是整米数，我们可以先量出整米数，不足1米的部分，我们还可以用厘米作单位测量它的长度是多少厘米，再把两部分合起来。

2.做“想想做做”第2题

师：教室的门大约高几米？先估一估，再用刚刚的测量方法来量一量。

教师请两位同学合作测量门的高度，其他同学一边看一边帮他们数。

师：教室的门大约高几米？你觉得他们测量得怎么样？

生1：教室的门大约高2米。

生2：我觉得他们测量得很规范，先量出1米的长度并做上了记号，再接着量出门的高。

3.做“想想做做”第3题

师：先估计教室的长和宽大约是多少米，再量一量。

师：你估计教室的宽大约是几米？你是怎样估计的？

生：我估计教室的宽大约是7米，我是这样估计的，先拿教室的宽和黑板的长作比较，教室的宽比黑板长。黑板大约长4米，黑板左边到墙角的距离大约1米多，黑板右边到墙角的距离大约也是1米多，所以我估计教室宽大约是7米。

师：能和黑板的长做比较去估计教室的宽真是个好办法。教室的长大约是几米呢？说说你的估计方法？

生：教室的长比教室的宽要长一些，大约有两个黑板的长度，所以我估计教室的长大约是8米。

师：要知道我们的估计是否准确，就需要实际测量一下教室的长和宽。

全班同学分成四组，合作完成测量教室的长和宽，测量后组织反馈。

师：你们量得教室的长和宽大约是多少米？

生1：教室的宽为7米少一些，和7米很接近。

生2：教室的长大约是9米。

师：同学们真是火眼金睛！你们估计的教室的长和宽和实际测量的结果很接近。

四、课堂小结

师：今天我们学习了哪些知识，你有哪些收获？

生1：我认识了长度单位米，知道了米可以用字母“m”表示。

生2：我知道了1米有多长，1米大约有5支铅笔长。

生3：我认识了米尺，从米尺上知道了“1米等于100厘米”。

生4：我学会了用米尺测量物体的长度。

生5：我学会了估计物体的长度，而且在估计物体的长度时要选择一个比较的对象，这样估计更准确。

师：你能估计一下老师的身高吗？

生1：老师的身高比1米高，比2米矮，大约是一米多。

生2：老师比讲台高，比门矮，老师的身高大约是1米60厘米。

师：老师很开心，同学们估计得很准确，老师的身高是1米63厘米。请你和老师比一比，估一估自己的身高。课后请同学们小组合作测量自己的身高，先量出1米，超出1米的部分再用厘米作单位去测量，最后把1米和多少厘米合起来就是自己的身高。

【案例分析】

《认识米》这节课是在学生认识了长度单位厘米的基础上进行教学的。学生对长度单位已经有了初步的感知，也积累了一些学习计量单位的经验。本节课安排四个层次的学习活动。第一层次，介绍长度单位米，观察米尺上1米的实际长度，初步建立1米的长度概念。第二层次，让学生用米尺去量身边的物体，进一步感知1米的实际长度，形成1米的表象。第三层次，让学生通过观察米尺，学习米和厘米之间的进率，加深对米的认识。第四层次，让学生估计并测量物体的长度，在估计和测量的活动中积累数学经验。

本节估算教学内容主要有：估计哪些物体的长度大约是1米；估计黑板的长、教室门的高、教室的长和宽大约是多少米；估计教师和学生自己的身高大约是多少。估计哪些物体的长度大约是1米，帮助学生形成1米表象。估计黑板的长、教室门的高、教室的长和宽，不仅能加深学生对米的认识，也能培养学生估测的习惯，还能提高学生估测的技能。估计教师的身高和学生自己的身高，能让学生感受估算的价值和数学学习的实用性。

估算教学，不能只关注估算的结果，要让学生交流估算的方法。本节课中教师多次让学生估计物体的长度大约是多少，没有只停留在估计的结果上，而是每次都追问学生“你是怎样估计的?”。估计物体的长度要选择合适的参照物，例如：估计教室的宽可以和黑板长度做比较，估计教师的身高可以和讲台的高、教室门的高做比较。教学中多样化的估算方法，能使学生的思维更灵活。

特级教师吴正宪指出：结合具体的情境，选择适当的单位是第一学段估算的核心。学生在学习了长度单位厘米和米后，估计物体的长度时，就有了选择，例如估计黑板的长、教室的长时，通常用“米”作单位，估计铅笔的长、书本的长时，通常以“厘米”为单位。估计物体的长度时，也可以用身体熟悉的物体的长度为参照，如门高、步长等，让学生结合长度单位和物体的实际长短建立相应的表象。

〖案例6〗

《分米和毫米的认识》教学片段

一、复习旧知，导入新课

1.出示直尺（略）

师：看到直尺，你能想到哪些和它相关的数学知识?

生1：直尺是测量长度的工具。

生2：我想到了长度单位厘米和米。

生3：厘米可以用字母“cm”表示，米可以用字母“m”表示。

生4：米是比厘米大的长度单位，1米等于100厘米。

师：1米有多长？1厘米呢？请你用手比画比画。

师：同学们对已学的知识掌握得很牢固！直尺上还有没有其他的长度单位呢？有没有比厘米小的长度单位？有没有比厘米大的长度单位？

2.揭示课题

师：今天这节课，我们就一起来学习新的长度单位。

二、认识分米

1.初步认识分米

课件出示例1：已知一个长大约是20厘米、宽大约是10厘米的文具盒。用直尺量出文具盒的长边和短边的长。

明确：这个文具盒的长大约是20厘米，宽大约是10厘米。

师：10厘米可以用新的长度单位“分米”来表示，10厘米是1分米，分米是比厘米大的长度单位，分米可以用字母“dm”表示。(板书：分米dm)

师：这个文具盒的长大约是几分米？

生：10厘米是1分米，20厘米就是2分米，文具盒的长大约是2分米。

2.借助活动，建立1分米的表象

（1）指一指。

师：按照10厘米是1分米，在直尺上找出1分米的长度，看看1分米有多长，再指给你的同桌看一看。

师：1分米有多长？

生：1分米正好是10厘米。

师：在心里记一记1分米的长度，闭上眼想一想1分米的长度。(板书：1分米=10厘米)

（2）比画。

师：你能用手比画出1分米有多长吗？你是怎样比画的？

生：我把大拇指对准直尺的刻度0，食指对准刻度10，大拇指和食指之间的距离大约是1分米。

（3）画一画。

师：你能用直尺画一条长1分米的线段吗？

学生动手画一画。

师：你是怎样画的？

生：我从刻度0画到刻度10，正好10厘米，就是1分米。

师：测量和画线段都是从刻度0开始，比较方便，还可以怎样画1分米长的线段？

生：还可以从刻度10画到20，其实从任意刻度开始都可以，只要画10个1厘米就是1分米。

师：同桌之间互相检查一下，画的1分米的线段是不是一样长。

（4）找一找。

师：估一估生活中有哪些物体的长度大约是1分米，同桌互相说一说。

教师组织全班相互交流。

师：哪些物体的长度大约是1分米呢？

生1：水杯的高大约是1分米。

生2：粉笔盒的长大约是1分米。

生3：《新华字典》的宽大约是1分米。

3.建立分米和米的联系

师：分米和米之间有着怎样的联系呢？猜一猜1米等于多少分米，再想办法验证。

学生操作后小组内交流。

师：谁来分享你的发现？

生1：我是这样想的，因为1分米=10厘米，所以10分米=100厘米，又因为100厘米=1米，所以1米=10分米。

生2：我是在米尺上数的，1米有10个1分米，所以1米等于10分米。

师：在米尺上数一数，更直观，请你带领同学们一起数一数，看1米有几分米。

学生共同在米尺上数一数。

师：经过刚刚的学习，我们认识了一个新的长度单位分米，它就在我们的直尺上，它是介于厘米和米的长度单位，1米等于10分米，1分米等于10厘米。（板书：1米=10分米）

三、认识毫米

1.初步体验学习毫米的意义

课件出示例2：量一量数学书的厚度，你有什么发现？

生：数学书的厚度不到1厘米，大约看作1厘米。

师：要准确表示数学书的厚度是多少，怎么办呢？

生：需要认识比厘米小的长度单位。

师：直尺上1厘米中间1个小格的长度是1毫米。毫米可以用字母“mm”表示。毫米就是我们今天要认识的另一个长度单位。（板书：毫米 mm）

师：数一数，数学书的厚度有几个小格，是多少毫米？

生：数学书的厚度有了6个小格，是6毫米。

2.借助活动，建立1毫米的表象

（1）指一指。

师：在直尺上找到1毫米，记一记1毫米的长度，并指给同桌看一看。

（2）画一画。

师：画出1毫米长的线段，你觉得1毫米怎么样？

学生操作后小组交流。

生：我觉得1毫米太短了。

（3）找一找。

师：刚刚我们在直尺上找到了1毫米，生活中哪些物体的长度或厚度大约是1毫米呢？

生1：铅笔笔芯的宽度大约是1毫米。

生2：5角硬币的厚度大约是1毫米。

生3：身份证的厚度大约是1毫米。

师：是的，还有银行卡、光盘、直尺、借书卡等它们的厚度大约都是1毫米。

（4）比画。

师：你能像老师这样操作吗？先用右手大拇指和食指轻轻地捏住5角硬币，再把硬币抽出，大拇指和食指之间的窄窄的缝隙就是1毫米。

学生尝试比画1毫米的长度。

师：同学们再次比画一下1毫米的长度，闭上眼想一想1毫米的长度，在你的小脑袋里留下一个印象。

（5）估一估。

师：数学书中1张纸的厚度有1毫米吗？

生：数学书中1张纸的厚度太薄，没有1毫米。

师：估一估数学书中几张纸的厚度大约是1毫米，请你先估计，再数一数、量一量。

学生操作后组内交流。

师：谁能说一说，你估计和测量的结果是多少？

生：我估计8到10张纸的厚度大约是1毫米，测量发现10张纸的厚度大约是1毫米。

师：测量时我们要把10张纸捏紧，这样更准确。

师：10张纸的厚度大约是1毫米，那么100张纸的厚度大约是多少呢？

生：100里面有10个10，每10张纸厚度大约是1毫米，100张纸的厚度大约是10毫米，也就是1厘米。

3.建立厘米和毫米的联系

师：请你在直尺上数出10毫米，你是怎么数的？

生1：我从刻度0开始数，数10个小格，到刻度1是10毫米。

生2：我从刻度5开始数，数10个小格，到刻度6是10毫米。

师：同学们的数法不同，但是都数出了10毫米，通过数10毫米，你有什么发现？

生1：直尺上每一个小格的长度都是1毫米，10毫米就是10个小格的长度。

生2：我发现每个1厘米里都有10个小格，1厘米等于10毫米。

师：毫米是比较小的长度单位，量比较短的物体的长度或者需要精确测量时一般用毫米作单位，1厘米等于10毫米。（板书：1厘米=10毫米）

四、梳理归纳，建构体系

师：今天，我们一起学习了什么内容？

生：我们认识了新的长度单位分米和毫米。

板书课题：分米和毫米的认识

师：到目前为止，我们一共学习了几个长度单位？它们分别用什么字母表示？

生1：我们认识了4个长度单位，分别是厘米、米、分米、毫米。

生2：厘米用字母“cm”表示，米用字母“m”表示，分米用字母“dm”表示，毫米用字母“mm”表示。

师：观察这些字母你有什么发现？

生：它们都含有字母“m”。

师：米是长度单位中最基本的单位。

师：你能把这4个长度单位按从大到小的顺序排一排吗？它们之间有什么关系？

生1：米、分米、厘米、毫米。

生2：10毫米等于1厘米，10厘米等于1分米，10分米等于1米，相邻两个长度单位之间的进率都是10。

五、巩固应用，内化新知

师：我们为什么要学习这么多长度单位呢？

生：因为测量的物体有长有短，需要用到不同的长度单位。

1. 完成“练习五”第2题

师：你能在（ ）填上合适的长度单位吗？

生1：沙发长2米。

生2：中国象棋棋盘厚15毫米。

生3：洗衣机高8分米。

生4：乒乓球桌高76厘米。

师：选择合适的长度单位时，可以先用不同的单位试一试，看是否符合物体的实际长度，再确定所选择的单位。

2. 完成“想想做做”第4题

	估计	实际
数学书的宽	（ ）厘米	（ ）厘米（ ）毫米
讲台的宽	（ ）分米	（ ）分米（ ）厘米

师：你是怎样估计的？测量的结果是多少？

生1：数学书的宽比我的一拃长一些，估计大约是20厘米，测量的结果是18厘米5毫米。

生2：讲台的宽比我的一庹长度短一些，估计大约是8分米，实际测量是6分米8厘米。

六、课堂小结，拓展延伸

师：今天，我们认识了新的长度单位分米和毫米，关于长度单位你还有什么疑问？

生：有没有比米大的长度单位，有没有比毫米还小的长度单位？

师：问得真好！如果有，会是哪些？课后有兴趣的同学可以去了解，下节课我们再探讨。

【案例分析】

本节课是在学生认识了长度单位厘米和米的基础上展开教学的，学生已具备对长度的感性认识，并掌握了一些测量的方法，有用直尺测量的能力。认识分米和毫米，一方面可以丰富学生对长度单位的认识，为进一步学习千米、周长、面积和体积等内容积累经验，打好基础；另一方面能使学生进一步增强从测量的角度观察和分析日常生活现象的意识，感受数学与生活的密切联系，提高实践能力，发现空间观念，培养估测意识。

（1）重视培养学生的估测意识。

估测和测量物体的长度在日常生活和生产中的应用都十分广泛，只有教师深刻地认识了估测的价值，才能在教学中重视培养学生的估测意识，并将估测意识的培养作为重要的教学目标。本节课十分重视学生估测意识的培养，安排学生估计哪些物体长度大约是1分米，哪些物体的长度大约是1毫米，通过估计帮助他们建立1分米和1毫米的长度观念，同时提升学生对物体长度的把握能力；练习时又安排了先估计后测量数学书的宽、讲台的宽等实践活动，让学生在估与量的对比中，进一步建立长度观念，提高估计常见物体长度的能力。

（2）巧设估计的氛围。

教学中，教师要选择适合的题目，恰当地提出问题，让学生体会估计的必要性。本节课中，先估计数学书中1张纸的厚度有没有1毫米，再估一估多少张纸的厚度大约是1毫米，最后估计100张纸的厚度大约是多少。设计这样一个体现估计价值的情境，营造估计的氛围，让学生积极主动地进行估计，提高估计的兴趣，真切地感受估计的价值。

〖案例7〗

《圆的周长》教学片段

一、创设情境，导入新课

1.感知周长与直径的关系

课件出示：

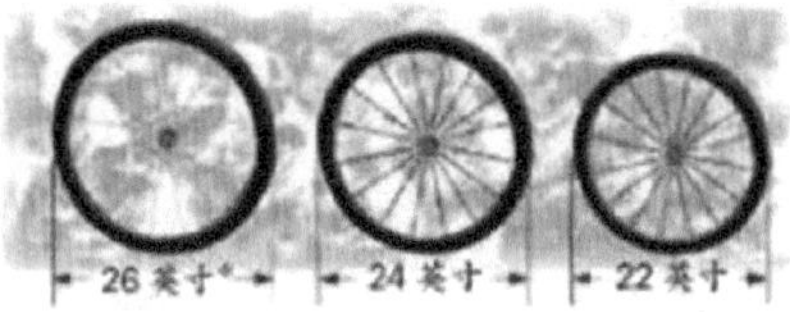

师：请同学们认真观察这幅图，并思考这3个自行车车轮各滚动一周，哪个车轮行驶的路程比较长？

师：图中有三种规格的自行车车轮，22英寸、24英寸、26英寸是车轮的什么？

生：这些数字是车轮的直径。

师：生活中，人们习惯用英寸作单位来表示自行车车轮的规格，英寸是英制的长度单位，它与我们认识的长度单位是可以换算的。

课件出示：26英寸大约是66厘米，24英寸大约是61厘米，22英寸大约是56厘米。

师：这3个车轮各滚动一周，哪个车轮行驶的路程比较长呢？

生：我认为图中26英寸的车轮也就是最大的那个车轮滚动一周行驶的路程比较长。

师：你是怎样想的？

生：生活经验告诉我，车轮越大滚动一周行驶路程越长。

课件演示3个车轮滚动一周的轨迹。

师：车轮的一周是一条曲线，它滚动一周留下的痕迹是一条直线，车轮滚动一周所行路程的长度就是车轮一周的长度。

师：车轮滚动一周的长度是车轮的什么呢？

生：车轮滚动一周的长度就是车轮的周长。

师：车轮滚动一周的长度和什么有关？

生：和车轮的直径或者半径有关。

师：比较3个车轮的直径和周长，你有什么发现？

生：我发现车轮的直径越长，它的周长也越长；车轮的直径越短，它的周长也越短。

师：车轮的形状是圆，也就是说圆的周长和直径有关系，那么圆的周长与直径之间存在着怎样的关系呢？

2.揭示课题

师：今天这节课，我们就一起探究圆的周长。

板书课题：圆的周长。

二、探究圆的周长与直径的倍数关系

1.回顾正方形的周长与边长的关系，提出猜想

师：正方形的周长和它的什么有关？

生：正方形的周长和它的边长有关，正方形的周长是它边长的4倍。

课件出示正方形：

师：圆的周长和直径有关，那么圆的周长与它的直径之间存在着怎样的关系呢？

2.估计圆的周长与直径的关系

课件出示正方形的内切圆：

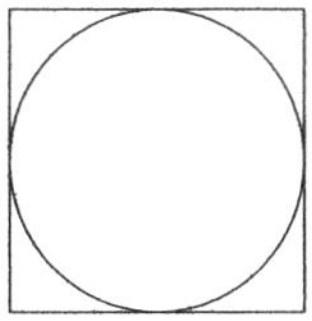

师：这是正方形内最大的圆，正方形的边长与圆的直径有什么关系，观察这幅图，你有什么发现？

生1：正方形的边长等于圆的直径。

生2：圆的周长小于正方形的周长，正方形的周长等于圆的直径的4倍，所以圆的周长小于它的直径的4倍。

师：推理非常合理！圆的周长小于它的直径的4倍，但是这个范围有点广，只是知道了圆的周长与它直径关系的上界，能不能把范围缩小一些呢？我们再来看图。

课件出示正方形内切圆并画出一条直径：

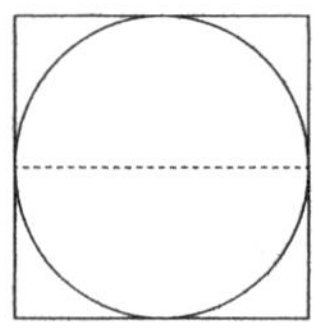

师：直径把圆分成两个半圆，比较半圆的弧长与直径的长，你有什么新的发现？

生：因为连接两点的所有连线中线段最短，所以每条半圆弧的长度都大于直径的长，两个半圆的弧合起来就是一个圆的周长，因此圆的周长大于直径长度的2倍。

师：通过观察和比较，我们发现圆的周长比它的直径的2倍大，比它的直径的4倍小，也就是估计了圆的周长与它的直径的倍数关系在2和4之间，这个范围还能不能再缩小呢？

课件出示圆内切正六边形：

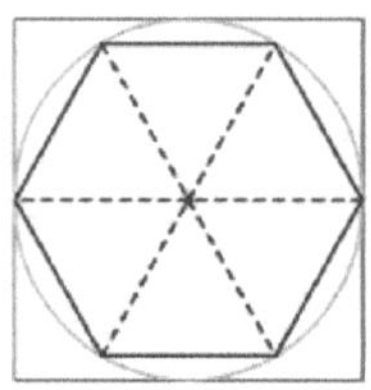

师：观察这幅图，你又有什么新的发现？

生：圆内正六边形的边长和圆的半径相等，这个正六边形的周长等于圆的半径的6倍，也就是圆的直径的3倍。圆的周长大于这个正六边形的周长，所以圆的周长比它的直径的3倍大，比它的直径的4倍小。

师：圆的周长是它的直径3倍到4倍之间，也就是圆的周长是它的直径3倍多一些，这真是了不起的发现。这个3倍多一些会不会是一个固定的数值呢？大胆地猜想一下圆的周长是它直径的多少倍，伟大的发现往往起源于大胆的猜想。

生1：我猜圆的周长可能是直径的3.5倍，这个数正好在3和4之间。

生2：我觉得圆的周长和直径的倍数可能是一个固定的数值，如果有了这个数值我们就可以根据直径的长度直接计算出一个圆的周长了。

师：猜想需要举例去验证，你打算怎样去验证猜想呢？

生：测量一些圆的周长与它的直径，并计算周长除以直径的商，看看这个值是多少。

师：实验是验证猜想的好办法。

三、验证圆的周长和它直径的关系

1.出示实验步骤，提出实验要求

师：4人一组，拿出课前用硬纸板剪出的3个大小不同的圆，利用准备好的材料想办法测量圆的周长和直径，用不同的办法测量，再计算圆的周长除以它直径的商，把表格填写完整。

周长/cm	直径/cm	周长除以直径的商 （得数保留两位小数）

2.讨论测量圆的周长和直径的方法

师：可以怎样测量圆的周长和直径，测量时要注意什么？

生1：测量直径，只要在圆上画出一条直径，测量这条线段的长度就可以了。

生2：测量圆的周长可以用线绕圆一周并在接头处做上记号，再把线拉直，测量出这条线两个记号之间的长度，就是圆的周长。

生3：可以在圆的边线上先做个记号，把记号对准直尺的刻度0，然后把圆片放在直尺上滚动，当记号再次对准直尺刻度线时，这个圆就在直尺上滚动了一周，也就测量出了这个圆的周长。

师：都是好方法，我们把绕线的方法称之为“绕线法”，把滚动的方法称之为“滚动法”，这两种方法有什么相同点呢？

生：都是把曲线转化成了直线去测量。

师：方法不同，却有异曲同工之妙，都用了“化曲为直”的策略。

3. 学生动手操作

记录测量结果，并计算圆的周长除以直径的商。（得数保留两位小数）

4. 组织学生交流汇报

师：观察汇总的数据，你有什么发现？

生：圆的周长总是它的直径3倍多一些。

师：同学们所测量的圆大小不同，圆的直径不相同，周长也不相同，但是圆的周长除以它的直径的商都是3倍多一些。

教师板书：3倍多一些。

师：回顾刚刚的学习，恭喜同学们，经历了探索圆的周长和它的直径的关系的过程。刚开始我们只觉得圆的周长和它的直径有关系，后来我们发现它们的倍数关系在3和4之间，再后来通过测量和计算验证，它们的关系确实是3倍多一些，且大部分数据在3.1和3.2之间。

四、认识圆周率，推导圆的周长公式

1. 自学教材，认识圆周率

师：3倍多一些到底是3倍多多少呢？数学家给了我们答案，请同学们打开课本翻到第93页，自学这部分内容。

师：通过自学，你了解到了什么？

生：圆的周长除以直径的商是一个固定的数，这个固定的数叫“圆周率”，用字母“π”表示。π=3.1415926…，是一个无限不循环小数，在计算时，一般保留两位小数，取它的近似值3.14。

师：圆周率的由来经历了一个漫长的过程，我们一起来了解圆周率的发现过程。(课件出示，略)

2.总结圆的周长公式

师：根据圆周率的含义，我们知道了圆的周长÷直径=π，那么圆的周长等于什么？小组内互相说一说。

生：圆的周长 = π ×直径。

师：如果用大写字母C表示圆的周长，那么周长C和直径d或半径r的关系怎样表示？

生1：$C = \pi d$。

生2：$C = 2\pi r$

师：π是一个常数，要写在d和r的前面。

五、巩固练习，应用提升

师：圆的直径是2厘米，它的周长是多少厘米？

生：圆的周长是6.28厘米。

师：圆的半径是2厘米，它的周长是多少厘米？

生：圆的周长是12.56厘米。

师：有了圆的周长公式，你能计算出例题中三个车轮的周长大约是多少了吗？每位同学选择其中一个算一算。

六、课堂小结，交流收获

师：今天这节课你有哪些收获？

……

【案例分析】

估计或估测的意识和能力是在实践中发展起来的，应渗透到“数与代数”“几何与图形”“统计与概率”“综合与实践”等领域的教学内容之中，贯穿于小学数学学习的全过程。把“图形与几何”的教学与估算有机整合，是估算的重要应用。

（1）运用估算，预测范围。

探究圆的周长的起点是估计周长和直径的倍数关系，从而根据估计的结果提出猜想。推导圆的周长和直径的倍数关系，教材首先以“自行车车轮滚动一周哪个车轮行走的路程比较长”这一问题为起点，引出圆的周长和它的直径存在关系，设置思维的台阶。接着通过观察和比较正方形、正方形内切圆、半圆和直径、圆内切正六边形这四组图，引导学生归纳、推理，估计出圆的周长和直径的倍数关系。然后圆的周长和直径的倍数关系，从小于4倍到大于2倍小于4倍，再到大于3倍小于4倍，不断缩小估计的范围，直到确定上下界。估计出圆的周长和直径倍数关系为接下来提出猜想圆的周长和直径的倍数关系是一个固定值，以及测量圆的周长和直径的实验做好了准备，使得圆周率的揭示和圆的周长公式的推导水到渠成。

（2）结合估算，发展数感。

学生用不同的方法测量圆的周长和直径，并计算圆的周长除以直径的商，这是运用“四舍五入”法估算了商。学生在测量圆的周长和直径并计算圆的周长和直径的倍数关系时，已经事先把握了运算结果的范围，这样的估算非常有利于学生培养数感，提升数学素养。

〖案例8〗

《我们身体的“尺”》教学片段

一、创设情境，激发估测兴趣

出示视频：服装店里，妈妈准备给阳阳买一条裤子，可是阳阳没有和妈妈一起来，妈妈不知道裤子长短是否合适，她会怎么办呢？

生1：打电话问一下阳阳。

生2：打电话让阳阳量一下裤子长短。

师：想知道阳阳的妈妈是怎么办的吗？只见她把裤子放平拉直，从裤腰一拃一拃地量到裤脚。你看懂了吗?

生：妈妈一定是提前量了一下阳阳的旧裤子长有几拃，再去测量新裤子有几拃，比对一下就知道合适不合适了。

师：“拃”是我们每个身体上自带的“尺”，生活中我们随时可以用它测量物体的长度。除了“拃”，我们身体还有许多“尺”，今天这节课我们就一起来学习“身体尺”。

板书课题：我们身体的“尺”。

二、认识“身体尺”，为测量做准备

1.认识“身体尺”，介绍相应的测量方法

师：前几天的学习中，我们认识了哪两个长度单位?

生：厘米和米。

师：我们还学会了用直尺和米尺测量一些物体的长度。生活中常常需要测量物体的大概长度，而我们又不能时时刻刻随身带着尺，该怎么办呢?

生：可以用我们身体的“尺”估测物体的长度。

师：我们的身体都有哪些“尺”呢?

生：一拃、一庹、身高、一脚长、手掌宽、一步长。

师：要用身体的“尺”去测量，必须先知道什么呢?

生：要知道自己一拃、一步、一庹等的长度。

师：你知道一拃、一庹、一步、一脚是怎么规定的吗?怎样测量自己一拃、一庹、一步、一脚的长度呢?

学生先说一说，教师示范，并用课件演示测量方法。

一拃：手指用力张开后，大拇指指尖到中指指尖的距离。

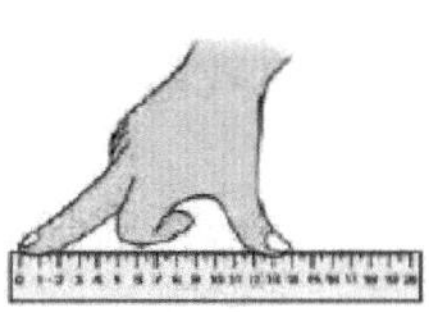

一庹：两臂左右平伸，两个中指指尖的距离。

一步：步行时，两个脚尖（或者两个脚跟）之间的距离。

一脚：脚尖到脚跟的长度。

师：我们的“身体尺”还有许多，今天就先学这些。

2.测量并比较我们“身体尺”的长度

师：刚刚的测量方法你们看明白了吗？4人一小组合作测量自己的一拃、一庹、一步、一脚的长度，并完成表格的填写。(表格略)

师：比一比，你们测量的结果一样吗？

学生相互说一说、比一比，然后全班交流测量的结果。

师：通过比较你们有什么发现？

生：我发现每个人的“身体尺”是不一样的。

师：是的，因为发育的快慢、遗传等原因，我们每个人的“身体尺”是不一样，标准不同测量结果也就不同，所以用“身体尺”测量的结果都是物体的大约长度。

师：那么假如再过5年、10年、15年，你的“身体尺”还是这么长吗？

生1：不一样了，“身体尺”会变化。

生2：大人的“身体尺”比小孩的长。

师：我们“身体尺”在短时间内不会有太大的变化，随着时间推移，我们“身体尺”也会慢慢发现变化。

3.与1米比较，建立“身体尺”的表象

师：你的“身体尺”与1米比较，有哪些比1米长，有哪些比1米短？

生：我的一庹比一米长，一拃、一步、一脚都比1米短。

师：我们身体上的“尺”除了一庹超过1米，其余都比1米短。你知道1米大约有几拃？大约有几步？大约有几脚？先量出1米，再用这些“身体尺”量一量。

师：两人一小组，按图中方法合作完成，并记录数据。

学生测量并记录数据，再组织全班交流。

师：现在你能告诉我你的1米大约有几拃？

生1：我的1米约7拃。

生2：我的1米只有6拃。

生3：我的1米大约是8拃。

师：为什么同样是1米，有的同学量的是7拃，有的同学量的是6拃，还有的同学量了8拃呢？

生：因为我们的手不一样，有的人手小，有的人手大。

师：说得真好！正因为如此，我们每个人的“身体尺”是不一样的。

师：那么1米大约有几步？1米大约有几脚长？

生：1米大约有2步，1米大约有5脚长。

……

三、学会选择“身体尺”测量物体长度

1.讨论“身体尺”的适应范围

师：咱们身体有那么多“尺”，这些“尺”你会用吗？测量时如何选择呢？

生1：可以根据要测量的物体的长度去选择，比如测量课桌的长可以用拃。

师：用拃测量篮球场的长可以吗？

生2：测量篮球场的长用拃不方便，太慢了，要用步测量。

师：我用一庹测量篮球场的长可以吗？

生3：也不方便，要俯下身体在地面上量，不卫生，也会很累。

师：那测量什么的长度可以用庹呢？

生4：测量黑板的长可以用庹。

师：测量黑板的长可不可以用步呢？

生5：我觉得可以。

师：测量教室的长用什么比较合适呢？

生6：可以用步，也可以用脚长去测量。

师：同学们很会思考，知道根据测量对象的特点灵活选择测量的“尺”。下面我们一起来测量一下课桌的长。

2.实际测量并交流用“身体尺”测量的结果

学生操作，全班交流。

师：谁来说一说你测量的结果？

生：我测的课桌长约4拃。

师：那么课桌的长有1米吗？

生：没有1米，因为1米大约7拃。

师：那你能估计课桌的长约多少厘米吗？

生：7拃大约是1米，4拃比7拃的一半多一点，所以我估计课桌的长约是60厘米。

师：说得非常好！要知道估计的对不对怎么办呢？

生：用直尺去测量一下，就知道估计的对不对了。

师：好办法，不妨去量一量，验证一下。

学生用直尺测量，验证估测的结果。

师：你还想测量哪些物体的长度呢?

生：我想测量黑板的长。

师：请你上台来测量。

学生测量，全班交流。

师：这位同学量的黑板的长度是3庹多一些，多余部分还可以用拃测量，那么黑板的长度大约是几米呢?

生：一庹长度比1米多一些，黑板的长是3庹多一些，所以黑板的长比3米多，大约是4米。

师：估测非常合理，我们在用自己的“身体尺”测量物体的长度后，可以再估计该物体的长度大约是几厘米或者是几米。

四、课堂小结，拓展延伸

师：这节课我们学习了哪些知识?回顾活动过程你有哪些收获和体会?

生1：我知道自己一拃、一步、一庹、一脚的长度，还知道1米大约有几拃、几步、几脚长。

生2：用“身体尺”测量很方便。

生3：“身体尺”能帮助我们记住长度单位，快速解决问题。

生4：要知道测量的准确结果，还是要用尺子去量。

师：同学们一定还有许多想要测量的物体，课后可以用这节课学到的方法去量一量、估一估所测物体的长度大约是多少厘米或米。

【案例分析】

《我们身体的“尺”》是一节综合与实践活动课，是估测或者估计教学、综合与实践活动课的有机整合。本节课是在学生已经认识了长度单位厘米和米，初步建立了厘米和米的表象，能够用厘米和米为单位测量和估测一些物体的长度的基础上进行教学的。教材安排了丰富的实践操作活动，引导学生认识一拃、一步、一脚、一庹等“身体尺”，测量出“身体尺”的长度，能估计出1米大约是几拃、几步、几脚长等，学会选择合适的“身体尺”测量周围的物体长度并估测该物体长度大约是多少厘米或米，从而感受数学与生活的联系，感受估测在生活中的广泛应用，培养初步的估测意识和估测能力。

（1）在实践活动中培养估测能力。

估测的能力并不是靠教就能培养出来的，而是需要学生亲自去实践。本节课是一节综合与实践活动课，可让学生有更多的机会体验估测的过程和方法。学生经历了测量自己一拃、一步、一庹、一脚的长，测量1米大约有几拃、几步、几脚长，估测数学书封面的长、课桌的长、黑板的长等一系列丰富多彩的实践活动，加深了对长度单位厘米和米的认识，建立了1厘米和1米有多长的表象。这些实践活动的最终目的是培养学生的估测意识，让学生初步掌握一些估测的方法，积累估测的经验，逐步形成一定的估测能力。

（2）在对比中优化估测策略。

恰当地选择估测的策略，也是估测能力的一方面。日常生活中经常需要估测物体的长度，学生要能够根据估测对象的不同，灵活地选择估测策略，使估测活动更高效，估测结果更准确。例如，估测黑板的长可以用庹也可以用步，估测篮球场的长适合用步，估测数学书封面的长可以用拃。因此，根据具体的应用环境，合理选用估测方法，优化估测的策略，有利于提高学生的判断能力和选择能力。

（3）在生活情境中感受估测的价值。

数学家华罗庚曾经说过：人们对数学产生枯燥无味、神秘难懂的印象，原因之一就是脱离实际。研究表明，教学情境越接近学生的生活，越能激发学生的学习兴趣。本节课从认识“身体尺”，到测量“身体尺”，再到用“身体尺”去估测物体的长度，这些都是学生最熟悉的生活情境，可激发学生的学习兴趣。这样的实践活动能让学生体会到估测就在身边，真正感受到估测的应用价值。

〖案例9〗

《认识厘米》教学片段

一、创设情境，导入新课

1.制造认知冲突，让学生产生认识厘米的需求

师：新学期开始了，学校为同学们购买了许多新课桌。李老师想从网上买一些桌布把课桌套起来，这样既美观又能更好地保护课桌。可是网上的桌布有很多种，长短不同，怎样挑选桌布才合适呢？你能帮李老师想想办法吗？

生：桌布的大小是否合适，需要测量课桌的长。

师：有三个小朋友和你的想法一样，他们都在忙着帮李老师测量课桌的长，想看看他们是怎么测量的吗？

出示例2，引导学生看图。

师：他们是用什么测量的？测量的数量是多少？

生1：第一个小朋友用拃量，量的课桌大约有7拃长。

生2：第二个小朋友用文具盒量，量的课桌大约有5个文具盒长。

生3：第三个小朋友用数学书量，量的课桌大约有4本数学书长。

师：热心的小朋友量的数量都不一样，这下可把李老师难坏了，课桌的长到底是多少呢？小朋友测量的数量为什么不同？

生：因为他们用的测量工具不同，数学书比文具盒长，文具盒比拃长，所以测量结果不同。

师：这三个热心的小朋友听了你说的话都觉得有道理，他们都忙着

用拃去量了，结果第二个小朋友量得课桌的长大约有8拃，第三个小朋友量得课桌的长大约有6拃。

师：同样都用拃测量课桌的长，为什么结果还是不一样呢？

生：因为他们的手大小不同，有的手大，有的手小，所以一拃的长度也不同，测量结果也就不一样。

师：用不同的工具去测量课桌的长结果不同，都用拃去量又因为一拃的长度不同，测量课桌的长结果也不相同。看来测量物体的长度需要有统一的工具，还要有统一的长度单位。

师：你们有什么好办法帮助李老师测量课桌的长吗？

生：用尺量。

师：尺是测量长度的统一工具，有了尺，我们还需要有什么？

生：统一的长度单位。

师：你听说过长度单位吗？

生：我在测量身高时听到过，长度单位好像有米，还有厘米。

师：你的见识真广！

2.揭示课题，明确教学目标

师：随着社会发展的需要，人们制定了统一的长度单位，今天这节课，我们就一起来认识长度单位——厘米。

板书课题：认识厘米。

二、自主探究，学习新知

1.认识直尺，引出长度单位厘米

出示直尺。

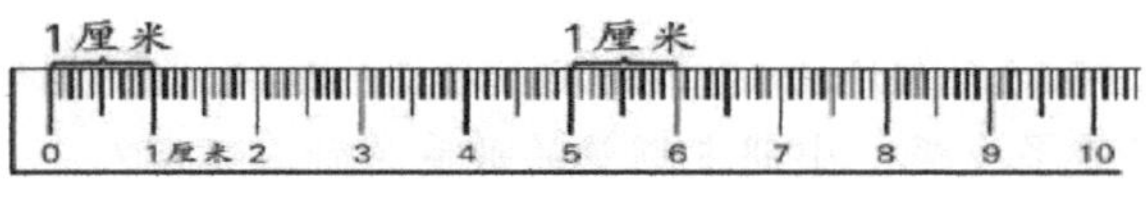

师：直尺是我们常用的测量长度的工具，厘米就藏在直尺上，所以我们先来认识直尺。请同学们拿出直尺，细致观察，看看直尺上都有什么？

生1：直尺上有长短不同的3种竖线。

生2：直尺上有0、2、3、4、5、6、7…这些数字。

生3：直尺上还有两个字母“cm”。

师：同学们观察得真仔细！直尺上长短不同的竖线是刻度线，数字是刻度，字母“cm”就是长度单位厘米，就是说厘米用字母“cm”表示。

2.认识1厘米，建立1厘米长度的表象

师：直尺上刻度0到刻度1的长度就是1厘米。

师：（在黑板上贴出1厘米的小棒模型）你觉得这个长度怎么样？

生：1厘米很短。

师：所以测量比较短的物体的长度，可以用厘米作单位。

师：你还能在直尺上找到1厘米的长度吗？先找一找，再和同桌说一说。

生1：刻度2到刻度3的长度是1厘米。

生2：刻度3到刻度4的长度也是1厘米。

生3：刻度4到刻度5的长度也是1厘米。

……

师：同学们说得都对，直尺上相邻两个长刻度线之间的长度都是1厘米。

师：你们找到的1厘米都一样长吗？

生：都一样长。

师：再看一看1厘米的长度，闭上眼睛想一想，在心里记一记1厘米的长度。

师：现在我们来找一找，我们身边有哪些物体的长度大约是1厘米？先找一找，再用1厘米长的小棒去比一比，验证一下，然后把你的发现分享给同桌。

学生寻找1厘米长的物体，再进行交流。

师：谁能说一说你找的什么物体的长度大约是1厘米？

生1：田字格的一条边长度大约是1厘米。

生2：橡皮的厚度大约是1厘米。

生3：食指的宽大约是1厘米。

生4：订书针的宽约是1厘米。

师：你能用大拇指和食指手比画出1厘米的长度吗？你是怎样比画的？

学生尝试比画，再进行交流。

生1：我先用手比画出大约1厘米的长度，然后用直尺量一下是不是1厘米，再调整一下。

师：我们可以借助食指宽大约是1厘米去比画，用右手大拇指和食指轻轻捏出左手的食指，左手食指竖放，再把左手食指抽出，右手大拇指和食指之间的距离大约是1厘米。

教师示范，学生跟着一起比画出1厘米的长度。

3.认识几厘米的长度

师：刚刚我们认识了1厘米，知道了1厘米有多长，那么2厘米、5厘米、10厘米各有多长呢？请你在直尺上找一找，指一指。

学生操作后，组织全班汇报。

师：2厘米有多长？你是怎样找的？5厘米、10厘米呢？

生1：2厘米是2个1厘米合起来的长度，从刻度0到刻度2是2厘米。

生2：5厘米是5个1厘米的长度，从刻度0到刻度5正好是5个1厘米，就是5厘米。

生3：10厘米里有10个1厘米，从刻度0到刻度10是10厘米。

师：是不是一定要从刻度0开始数呢？

生：不一定，比如5厘米也可以从刻度3数到刻度8，只要数5个1厘米就是5厘米。

师：几厘米就是含有几个1厘米，从任意刻度开始数都行。

师：2厘米、5厘米和10厘米谁最长？

生：2厘米最短，10厘米最长。

师：你们能比画出10厘米的长度吗？比画好了，大拇指和食指保持不动，再用尺子量一量。

4.用厘米作单位估计物体的长度

师：请同学拿出学习袋里的蜡笔，先不要用直尺测量，你能估一估这支蜡笔的长大约是几厘米吗?

学生拿出蜡笔估计它的长度。

师：你是怎样估计的？蜡笔的长大约是几厘米呢?

生1：我是和自己食指的宽比较的，蜡笔大约是8个食指的宽，所以我估计蜡笔大约有8厘米长。

生2：我觉得蜡笔的长和我们刚刚比画的10厘米的长差不多，所以我觉得蜡笔大约有10厘米长。

师：你们真会思考！知道估计物体的长度要先选定一个对象再去做比较。请你用尺子量一量，看看谁估计的长度最接近蜡笔的长度。

5.用厘米作单位测量物体的长度

学生测量蜡笔的长度，测量后组织交流。

师：谁来汇报一下，你测量的结果是多少，并说一说你是怎样测量的。

生：蜡笔的长是8厘米，我先把蜡笔放平，直尺也和蜡笔一样放平，把蜡笔的一端对准直尺的刻度0，再看蜡笔的另一端，对准刻度几蜡笔的长就是几厘米。

师：你的测量方法非常好！测量物体长度时要注意把物体和直尺保持一致，还要把物体一端和刻度0对齐，再看物体另一端，对准刻度几它的长度就是几厘米。(课件演示测量方法。)

出示例题，画指定长度的线段。

④ 画一条长4厘米的线段。

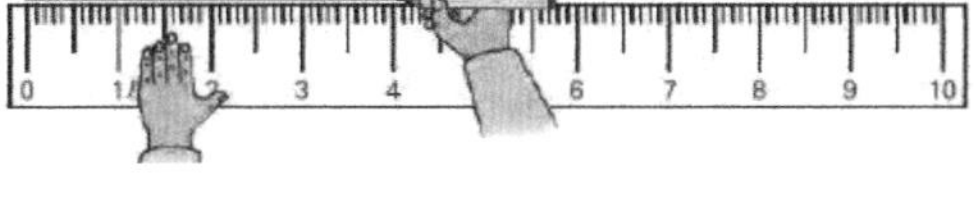

师：你能画出一条长4厘米的线段吗?

学生尝试画图，再进行交流。

师：谁能说一说，你是怎么画的？

生：我从刻度0开始画，画到刻度4，这条线段的长就是4厘米。

师：还有其他的画法吗？

生：也可以从刻度1画到刻度5，只要是4个1厘米的长度都可以。

师：对的，只要画4个1厘米就是4厘米。同学们在画的时候要记得给线段加上两个端点。

三、巩固练习，加深理解

1.做“想想做做”第1题

1. 说说哪一种量法对。

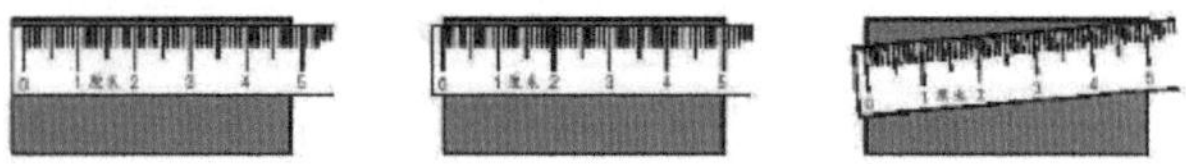

师：谁能说一说，哪一种量法正确？为什么？

生1：第一种量法是错误的，因为物体的一端没有和刻度0对齐。

生2：第二种量法是正确的。

生3：第三种量法也是错误的，因为直尺放斜了，这样测量不标准。

2.做“想想做做”第3题

3. 红色线段比(　　)厘米长一些，蓝色线段比(　　)厘米短一些，这两条线段的长大约都是(　　)厘米。

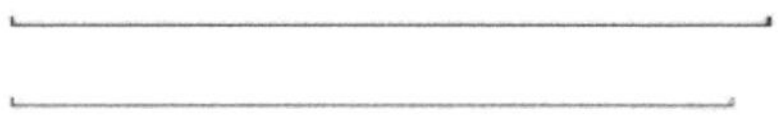

师：请同学们测量这两条线段的长度，它们的长度分别是几厘米？

生1：红色线段比5厘米长一些。

生2：蓝色线段比5厘米短一些。

师：我们在测量物体长度时，测量的结果不一定都是整厘米，接近整厘米的长度可以用“大约几厘米”来表示。

生：我听明白了，这两条线段的长度一个比5厘米长一些，一个比5厘米短一些，它们都和5厘米比较接近，所以这两条线段的长大约都是5厘米。

四、课堂小结，交流收获

师：今天这节课你有哪些收获？

生1：我认识了长度单位厘米，知道了1厘米大约有多长。

生2：我学会了用尺子测量物体的长度。

生3：我还知道了测量要有统一的长度单位。

生4：测量物体长度时，如果测量的结果不是整厘米，就要看它更接近哪个整厘米，它的长度大约就是几厘米。

【案例分析】

《认识厘米》是苏教版小学数学教材二年级上册的内容。本节课是小学阶段认识长度单位的起始课，也是学习计量单位的起始课。在日常生活中，学生对厘米和直尺有过接触，也具有初步比较物体长短的经验和基础，但感性认识还不够丰富，抽象思维能力还未形成，对长度单位的理解和应用有一定困难。因此，教学中应充分利用学生的生活经验，为学生创设一个开放的思维空间，使学生在观察、操作、想象、交流等活动中，认识厘米，建立1厘米的长度观念。

本节课有三个教学环节有估算教学的内容。第一环节的估算教学内容是：认识1厘米。本环节设置了找一找哪些物体的长度大约是1厘米，学生通过寻找1厘米长的物体，初步培养了估测能力和估测意识；用手比画1厘米的长度也是估测1厘米大约有多长，通过估测帮助学生建立1厘米长度的表象。第二环节的估算教学内容是：估计蜡笔的长度大约是几厘米。教师让学生先估测蜡笔的长度，再测量蜡笔的长度是几厘米，这样安排教学内容有利于培养学生的估算习惯，提高学生的操作兴趣。估计蜡笔的长度时，学生要选定参照点，有的学生和自己食指的宽做比较，有的学生和比画过的10厘米的长度做比较。在估测之前设定一个标准，再据此进行合理的估测，这样的学习过程利于学生提升自身估算能力。第三环节的估算教学内容是：测量红色线段和蓝色线段的长度，并用大约几厘米表示。红色线段和蓝色线段的长度都不是整厘米，怎样表示它们的长度，是学生未接触过的一个知识点。因为学生知识的局限性，教师告知学生测量结果不是整厘米，那么和哪个整厘米接近就说大约是几厘米，实际上就是采用了“四舍五入”法。

实际测量和估计在日常生产和生活中都有十分广泛的应用。加强实际测量和估计能力的培养，有利于学生逐步形成长度单位的概念，积累丰富的测量和估计经验，发展初步的空间观念和数感。

〖案例10〗

《估计不规则图形的面积》教学片段

一、复习旧知，引出课题

1.复习规则图形的面积计算

师：你会计算下面这几个图形的面积吗？

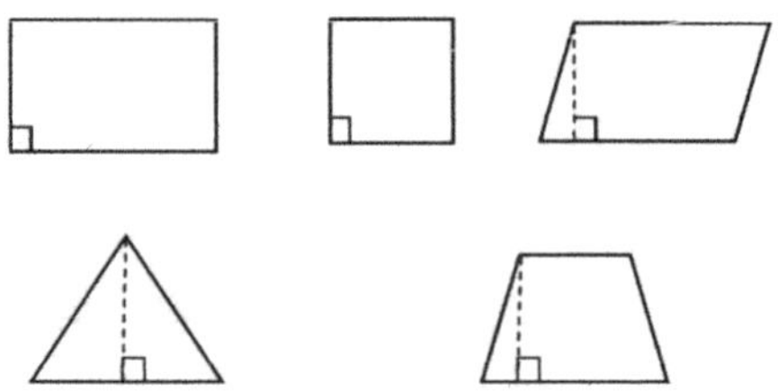

生1：先测量长方形的长和宽，再用长乘宽就算出了长方形的面积。

生2：先测量正方形的边长，再用边长乘边长就算出了正方形的面积。

生3：先测量平行四边形的底和高，底乘高等于平行四边形的面积。

生4：先测量三角形的底和高，再用底乘高除以2算出三角形的面积。

生5：可以先测量出梯形上底、下底和高，再根据梯形的面积公式“上底加下底的和乘高除以2”计算出梯形的面积。

2.复习组合图形的面积计算

师：下面这些图形的面积可以怎样计算？

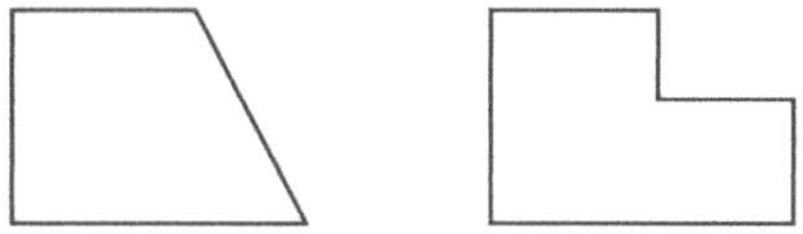

生1：左图可以把它分割成一个长方形和一个三角形，再计算出长方形和三角形的面积之和。

生2：右图可以先把缺少的部分先填补上，然后用大长方形面积减去空白部分小长方形的面积。

师：正如同学们所说的，像这样的组合图形可以先把它分割或者填补成规则图形，再计算出它的面积。

3.复习不规则图形的面积计算

师：如果你们想知道自己手掌的面积，该怎么求呢？

生：把自己的手掌按在方格纸上，描出手掌的轮廓线，然后数方格数量。

师：手掌的图形是不规则的，你们想到了用数方格的方法去估计它的面积，那么还有没有其他方法也能估计出手掌的面积呢？

师：今天这节课，我们就一起来探究不规则图形的面积。（板书课题：不规则图形的面积）

二、巧设问题，探究方法

1.从例题入手，初探不规则图形的面积

出示例题：下面是某自然保护区一个湖泊的平面图（每个小方格表示1公顷）。你能估计这个湖泊的面积大约是多少公顷吗？

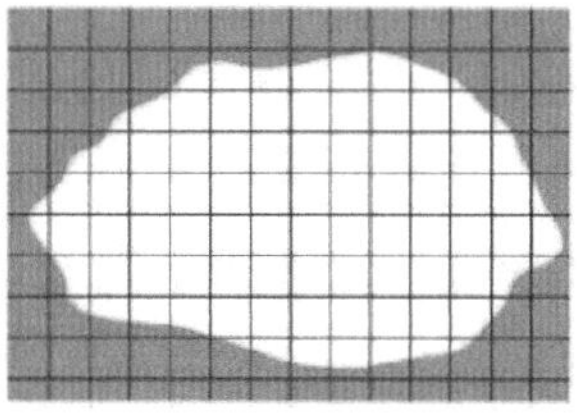

（1）学生独立探究，鼓励方法的多样化。

师：请你用合适的方法独立尝试探究图中这个湖泊的面积，并记录在学习任务单上。

（2）小组交流，分享方法和结果。

师：每个同学经过思考都有了估计这个湖泊面积的方法，同学们用的方法是否相同呢？先在小组内进行交流。

（3）全班交流，汇报方法。

师：谁能说一说，你们组都用到了哪些估计的方法？

生：我们组用了数格子的方法，但是我们数格子的方法不相同。

师：我们先来看一看数格子的方法，谁能说一说你是怎样数的？

生：我是这样数的，题中的湖泊平面图，如果只数整格，一共55格，也就是说湖泊的面积最小是55公顷；如果把36个不满整格的格子都当作整格计算，共计91格，也就是说湖泊面积最大是91公顷，所以这个湖泊的面积在55～91公顷。

师：非常好！你估计出了湖泊的面积范围，估计计算结果的范围是估算常用的方法之一。我们可以给它取个名字叫估计范围法。（板书：估计范围法）

师：有什么办法把这个范围缩小一些呢？谁再说一说，你是怎样数格子的？

生1：我先数整格，再把大半格与小半格拼起来算一格，整格55，合成的格子一共16个，湖泊的面积大约是55+16=71（公顷）。

生2：我也是先数整格，图中共计55个整格，再数不满整格的，不满整格的不论大小都看作半格，这样图中共计36个半格，每两个半格凑成一个整格，36个半格可以凑成18个整格，湖泊的面积大约是55+18=73（公顷）。

师：这种数格子的方法无论是把大半格与小半格凑成一个整格还是把每两个半格凑成一个整格，都和我们计算时“凑整”很相似，我们可以称它“凑整”法。（板书：凑整法）

生：我是这样数的，一行一行地数，大于半格的数成1格，小于半格的直接舍掉，一边数一边标上序号，共计72格，每格1公顷，所以湖泊的面积大约是72公顷。

师：这种数格子的方法很像我们用“四舍五入”法取近似数，我们可以称它“四舍五入”法。（板书：四舍五入法）

师：同学们思维很灵活，尽管都是数格子，数法还各不相同，那么还有没有其他的方法呢？

生1：我是把湖泊平面图看成近似长方形，先画出长方形的边线，再把长方形边线以外的部分填补到内部空缺的地方，这个长方形的长为11格，宽为6格，所以湖泊的面积大约是11×6=66（公顷）。

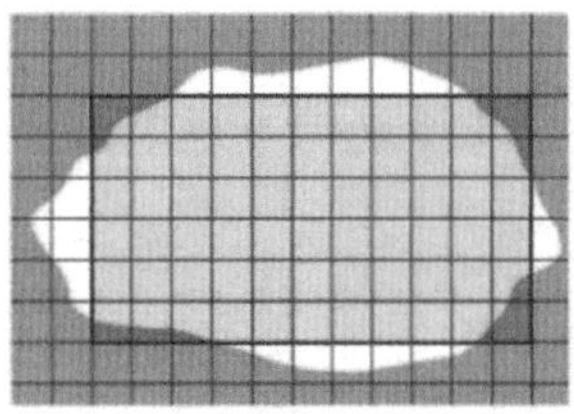

生2：我也是把湖泊平面图看成长方形去估计它的面积的，我画出的长方形长是10格，宽是7格，所以湖泊的面积大约是10×7=70（公顷）。

师：对于这样的估计方法，你们有什么看法？

生：方法比较简单，算起来很方便，比数格子快多了。

师：这种方法很巧妙，用一个长方形去替代不规则图形，像这样把不规则的图形转化成规则的图形去估计它的面积的方法，我们可以称它“看作近似的规则图形”法。（板书：看作近似的规则图形法）

2.比较方法，感受优劣

师：同学们用了多种方法估计图中这个湖泊的面积，大家估计的结果也不完全相同，那么是不是有人估计错了呢？

生：我们要估计的是湖泊的大约面积，由于每个人的方法不同，因此得到的结果有一些差距，但是结果都比较接近。所以，我们的方法应该都是正确的。

师：的确，由于方法不同，估计的结果存在一些差距，但是只要方法合理，这个差距就会比较小，是允许存在的。无论哪种方法，我们得到的都是湖泊面积的近似值，而不是准确值。

师：既然方法都是正确的，那么谁能总结一下我们用到的方法，以及需要注意的问题？

生1：方法一是数格子，数格子又可以分成三类，可以估计范围，也可以用“四舍五入”法，还可以用“凑整”法；方法二是看作近似的规则图形。

生2：数格子需要注意不重复不遗漏地数，为了看清楚可以在图中标注序号。

生3：“看作近似的规则图形”法，注意看作的规则图形不要太大也不要太小，能使图形外面多余的部分把图形里面的空缺部分填满即可。

师：这些估计方法中，你们更喜欢哪一种方法？为什么？

生：我更喜欢“看作近似的规则图形”法，因为这种方法速度快，数格子太慢了。

师：同学们总结得非常好，每一种方法都各有优劣，有的估计方法简单，但结果不一定准确，有的估计方法能做到比较准确，但过程可能比较复杂。解决实际问题时我们可以根据需要灵活地选择方法，再细心地操作，使估计的结果尽可能准确。

三、巩固应用，深化方法

1.指导完成“练一练”第1题

出示题目：

师：今天，我们学到的知识能解决生活中的很多问题。你能用刚刚学到的方法，估计一下图中这片树叶的面积大约是多少平方厘米吗？（每个小方格表示1平方厘米）

（1）学生独立完成。

（2）学生操作后，组织交流。

师：谁能说一说，你是怎样估计这片树叶的面积的?

生1：我是数格子的，图中共有22个整格，34个不满整格，树叶的面积大约是在22平方厘米到56平方厘米之间。

生2：我是把不满整格的都当作半格，每两个半格合成一个整格，34个半格相当于17个整格，所以树叶的面积大约是22+17=39（平方厘米）。

生3：我是把这片树叶看作近似的正方形，这个正方形的边长是6厘米，所以估计这片树叶的面积大约是6×6=36（平方厘米）。

师：再次估计不规则图形的面积，你感受到哪种方法更快捷了吗?

生：我觉得把不规则图形看作近似的规则图形更快捷，只要看作的图形大小合适就可以用规则图形的面积公式去计算。

2.指导完成“练一练”第2题

出示题目：

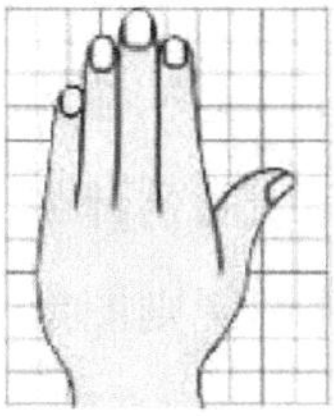

师：同学们请你举起自己的左手，掌心朝内，观察手掌的形状，你觉得它像什么图形？如何变成它像的那个图形呢?

生：我发现手掌的形状像长方形，如果五个手指长度相等，它就更接近长方形了。

师：手掌面积大约是多少呢？请同学们先在边长是1厘米的方格纸上描出自己手掌的轮廓线，再用自己喜欢的方法估计自己手掌的面积大约是多少平方厘米？

四、全课小结，拓展延伸

师：不知不觉，这节课已经接近尾声，通过这节课的学习你有哪些收获？

生1：我知道了估计不规则图形的面积可以数格子，也可以把不规则图形看作近似的规则图形。

生2：我懂得了正确的方法和细心的操作可以使估计更快捷更准确。

师：测量手掌的面积如果都是画在方格纸上去估计，你知道画在什么样的方格纸上估计出的面积更精准吗？带着这样的思考课后去探索一下吧！

【案例分析】

不规则图形面积的估计是多边形面积教学的难点。这不仅是因为不规则图形面积的估计方法与多边形面积的计算方法存在明显差异，学生习惯了间接计算方法之后，反而对直接计算方法不太适应；而且是因为用数格子的方法估计不规则图形的面积时，需要特别细致的态度，稍有不慎就会出现重复或者遗漏的现象，同时把不规则图形看作近似的规则图形，需要特别注意规则图形的大小要和不规则图形的大小要很接近，形状要很相似。这些因素，都给不规则图形面积的估计带来了一定的难度。如何突破这一教学难点，使学生在掌握估算不规则图形面积方法的同时又能养成估算习惯和估算的意识，是本节课思考的重点所在。

（1）在估计的过程中体会估计方法的多样性。

《课程标准》指出：要重视从学生的生活经验和已有知识中学习数学和理解数学。本节课的教学从复习规则图形的面积计算到组合图形的面积计算再到不规则图形的面积计算，在回顾对比中，制造认知冲突，激发学生的探究欲望。估测平面图中湖泊的面积，放手让学生自主探究，鼓励学生用多样化的方法解决问题，这种开放性的课堂设计，给学生提供了更广阔的思考空间，充分关注了个体差异。学生在数一数、算一算、画一画、比一比、说一说等活动过程中亲身经历了估计不规则图形面积的过程，同时也探究出多种估计不规则图形面积的方法。在教学中，教师让学生充分地交流，表达自己的想法，了解他人的估计方法。因此，交流时，有的学生的估计方法对其他学生而言具有一定的启发性，而有的学生在其他学生的启发下又能得到新的估计方法。同学们互相取长补短，了解到另外视角的观点和策略，体会到解决同一个问题可以有不同的方法，加深了对估计过程的体验。

(2) 让学生在对比中感受估计方法的优劣。

当学生运用正确的方法估计出平面图中湖泊的面积时，教师及时组织学生进行对比，对比哪种估计方法更有优势。学生在对比中发现把不规则图形看作近似的规则图形估计的方法更快，数方格的方法太慢了。在巩固练习时，再次追问哪种方法更有优势，让学生在问题情境中感受估计方法的优劣，加深对估计方法的理解。学生亲身经历不规则图形面积的估计过程，自主探究不规则图形面积的估计方法，在对比中加深对不规则图形面积估计的方法的认识，这样的学习过程既提高了学生的估测能力，又培养了学生估测的习惯和意识。

估测不规则图形的面积有很多种方法，不同的方法有不同的步骤。学生在估测前要确定好思路，计划好步骤，再逐步实施。例如，数格子的方法要先把格子分类，再数格子，再计算；看作近似的规则图形，也要考虑图形的大小和相似程度，再运用公式计算出规则图形的面积。因此，无论采用哪种估测方法，都有利于培养学生做事的计划性。